# 韓国語会話フレーズブック

すぐに使える日常表現2900

Phrase book

韓国語

李明姫 著

# はじめに

　世界の言語の約3分の1を占める印欧語族に対して、少数派のウラル・アルタイ語族系、中でも日本語と韓国語は明らかに同起源の言語と位置づけられています。

　まさに言葉の親戚。同じ語順や助詞の使用、尊敬語・謙譲語の発達など、日本人にとってはもっとも取っつきやすい言語なのです。

　近年、韓国のドラマや映画がたくさん日本で紹介されることになり、韓国語は日韓の地理的距離と同じぐらいぐんと身近になりました。これを機に韓国語を学び始める方、初級を終えた方のために、本書では実生活に則した多くの場面を想定し、その様々な場面に対応できるバリエーションに富んだ韓国語表現を集めました。本文のフレーズの中には同じ意味の異なる単語や違う言い回しを掲載しました。ドラマや映画、旅行や留学などに是非お役立て頂きたく思います。

　本文のフレーズには、発音の目安としてカタカナの読み方を付けてあります。ハングルは基本的には表音文字ですが、実際の構文の中では一つ一つの文字が必ずしも同じ音とは限らず、語頭・語中・語尾で異なり、また前後の子音の影響によって変化することがあります。

　その代表的なものがリエゾン（連音）現象・濃音化・激音化です。本書では、リエゾンは、다음에［タウメ］のように発音のままに、濃音・激音は、쓰다［ッスダ］、크다［ックダ］のように小さい［ッ］を入れました。次に日本人にとってもっともやっかいなパッチ

ムですが、「ㄹ」は지하철［チハチョﾙ］のように小さい［ﾙ］を、その他のパッチムは「ン・ッ」を基本として、합니다［ハンムニダ］、하지만［ハジマンヌ］、갑자기［カップﾟチャギ］、각자［カックﾟチャ］のように、それぞれ小さい［ﾑ･ﾇ･ﾌﾟ･ｸ］を入れ、自然な韓国語の口の形になるよう表記しました。小文字の部分は小声で発音するか、発音せず口の形だけを作っていただくと自然な感じになるかと思います。

　なお付属のCDには標準語のネイティブスピーカーによる韓国語フレーズと日本語の訳が自然なスピードで収録されておりますので、自然な韓国語の発音やリズムをつかんで下さい。

　最後にこの本の出版にあたってお世話になった編集の石塚さん、アシスタントの金キョンアさん、ハングル校正のソン・チスクさん、ナレーターの洪炳哲さんに心から感謝申し上げます。

2005年6月7日

李　明姫

leemh@v002.vaio.ne.jp

# 目次──목차

## ① あいさつ　　14

1. 初対面のあいさつ ……………………………………… **14**
   出会い／別れ
2. 友人・知人へのあいさつ ……………………………… **17**
   普段会った時
3. 特別な日のあいさつ …………………………………… **17**
4. 体調を尋ねる（気遣いの言葉） ……………………… **18**
5. 別れのあいさつ ………………………………………… **19**
6. 感謝 ……………………………………………………… **21**
   感謝の言葉に対して／ねぎらい
7. お祝い …………………………………………………… **23**
8. おわび（謝罪） ………………………………………… **24**
9. お悔やみ ………………………………………………… **26**

## ② 社交　　28

1. 相手のことを尋ねる …………………………………… **28**
2. 自分や家族について話す ……………………………… **29**
   自分について／家族について／兄弟について
3. 家族・友人・知人を紹介する ………………………… **33**
4. 誘う ……………………………………………………… **35**
   食事（飲み）に誘う／デートに誘う
5. 会う約束をする ………………………………………… **36**
   日にちを決める／時間を決める／場所を決める
6. 訪問する・もてなす …………………………………… **39**
   訪問／手みやげを持って行く／受け取る／もてなし／もてなしを受ける／おいとまする
7. 人付き合いのトラブル ………………………………… **44**
   誤解／言い争い／歩み寄り

## ③ 感情を表す表現　　　　　　　　　　　　　　　　　　　48

1. プラスの感情 …………………………………………… **48**
   うれしい・幸せ／楽しい・面白い／感動・感激／やすらぎ／充実感
2. マイナスの感情 ………………………………………… **51**
   悲しい／苦しい・辛い／寂しい・わびしい／腹が立つ／不満・イライラ／不安・自信喪失／落胆・うんざり／つまらない・退屈／後悔する
3. 驚き ……………………………………………………… **58**
4. 相づち …………………………………………………… **59**
5. ほめる …………………………………………………… **60**
6. けなす …………………………………………………… **61**
7. 叱る・たしなめる ……………………………………… **62**
8. 非難する ………………………………………………… **62**
9. 同情する ………………………………………………… **63**
10. アドバイスする ………………………………………… **64**
11. 励ます …………………………………………………… **65**
12. 慰める …………………………………………………… **66**

## ④ 人についての話題　　　　　　　　　　　　　　　　　　68

1. 外見：顔の特徴 ………………………………………… **68**
2. 外見：スタイル ………………………………………… **72**
3. 外見：服装・いでたちなど …………………………… **74**
4. 体質 ……………………………………………………… **77**
5. 性格 ……………………………………………………… **79**
   どんな人？／どんな性格？
6. 印象 ……………………………………………………… **81**
7. 好き嫌い・得意・苦手・特技 ………………………… **83**

## ⑤ 色々な話題　　　　　　　　　　　　　　　　　　　88

1. 天気と季節の話題 ………………………………………………… 88
   天候／明日の天気／天気／雪・霜・霧・雷・地震・台風
2. 四季と気温の話題 ………………………………………………… 92
   春／夏／秋／冬
3. 趣味の話題 ………………………………………………………… 96
   ご趣味は？／読書・映画鑑賞／料理／ムービーカメラ／釣り／ガーデニング／楽器／物を作る／運動／写真／登山／機械いじり／絵を描く・骨董品蒐集
4. 生活習慣・癖について …………………………………………… 106
5. 休日・余暇について ……………………………………………… 108
6. 宗教・信仰について ……………………………………………… 110
   信仰／キリスト教・カトリック／仏教
   <参考>　天気予報／日本の文化を紹介する

## ⑥ 観光・娯楽　　　　　　　　　　　　　　　　　　　134

1. ホテル ……………………………………………………………… 134
   ホテルの相談／予約の前に確認する／予約する／予約を受ける／予約の変更・取り消し／チェックイン／ルームサービス／サービス施設の利用／フロントにて／苦情／チェックアウト
2. 観光 ………………………………………………………………… 146
   どんなものに関心がありますか？／景勝地／旧跡／お寺
3. 文化施設 …………………………………………………………… 151
   美術館・画廊／感想を述べる／博物館
4. 映画 ………………………………………………………………… 155
   映画に行こう／映画を決める／映画の感想／俳優についての感想
5. 芝居・舞踊など …………………………………………………… 161
   芝居（演劇）／舞踊／ミュージカル／コンサート

6 リゾート・ロケ地・遊園地 ……………………………… **164**
スキー場／海水浴場／温泉／ロケ地／テーマパーク・遊園地
7 美容：エステ ……………………………………………… **171**
エステに行く／具体的な相談／痩身／メイク／マニュア／ペディキュア／ヘアケア
8 美容整形 …………………………………………………… **176**
顔／その他／美容整形後の質問

## ⑦ どこかへ行く 180

1 待ち合わせをする ……………………………………… **180**
位置の説明・待ち合わせの約束／行き方を聞く
2 道を聞く …………………………………………………… **182**
3 道を教える ………………………………………………… **184**
4 タクシー …………………………………………………… **187**
5 バス・高速バス ………………………………………… **189**
市内バス／高速バス
6 地下鉄・電車・KTX …………………………………… **191**
7 飛行機・船 ………………………………………………… **193**
8 遅れる・キャンセルする ……………………………… **196**

## ⑧ 食べる・飲む 198

1 食べに行く ………………………………………………… **198**
2 飲食店で …………………………………………………… **200**
注文する／料理が来てから／苦情／食後
3 ファーストフード・喫茶店 ……………………………… **207**
4 味について ………………………………………………… **209**
5 飲みに行く ………………………………………………… **211**
飲みに誘う／酒量／飲み屋で／勘定する

## ⑨ ショッピング　　220

1. 品物を買う …………………………………………………………… 220
   店に入る／品物を選ぶ／買う／返品・交換
2. 洋服を買う …………………………………………………………… 225
3. プレゼントを買う …………………………………………………… 228
4. 化粧品 ………………………………………………………………… 229
5. 靴 ……………………………………………………………………… 231
6. 鞄 ……………………………………………………………………… 233
7. 家具 …………………………………………………………………… 234
8. 寝具 …………………………………………………………………… 236
9. 家電製品 ……………………………………………………………… 237
10. 食料品 ………………………………………………………………… 239
    肉・魚／その他／果物
11. 生活雑貨・台所用品 ………………………………………………… 243
12. 書籍・CD・DVD・ビデオ ………………………………………… 244
13. 文房具 ………………………………………………………………… 245
14. 手芸品 ………………………………………………………………… 246
15. 大工用具 ……………………………………………………………… 248
16. 花屋 …………………………………………………………………… 249
17. ペットショップ ……………………………………………………… 250
18. 乳幼児用品 …………………………………………………………… 251

## ⑩ 緊急事態　　254

1. 助けを求める ………………………………………………………… 254
2. 紛失 …………………………………………………………………… 256
   お店に忘れ物
3. 盗難 …………………………………………………………………… 260
4. 交通事故 ……………………………………………………………… 261

| 5 | 交通違反 | 263 |
| 6 | 状況の説明 | 265 |
| 7 | 保険会社に連絡する | 266 |
| 8 | 誤認逮捕 | 268 |

## ⑪ 学校　　270

1 保育園・幼稚園 …………………………………………… 270
2 小学校・中学校・高校 …………………………………… 271
　学校について／学校へ連絡／学校からの連絡／学校の行事／保護者
　たちの話題
3 大学 ………………………………………………………… 277
　新入生／キャンパスライフ／就職活動
4 韓国への留学 ……………………………………………… 280
　情報を集める・問い合わせ／留学生活：授業／学外

## ⑫ 会社　　286

1 出社・退社 ………………………………………………… 286
2 会議 ………………………………………………………… 287
3 商談 ………………………………………………………… 289
4 作業の依頼 ………………………………………………… 290
5 パソコン …………………………………………………… 291
　操作／トラブル／周辺機器
6 メール関連 ………………………………………………… 293
7 インターネット …………………………………………… 295
8 電話 ………………………………………………………… 295
　電話を取り次ぐ／不在／伝言／伝言を伝える
9 接待 ………………………………………………………… 299
10 人事異動など ……………………………………………… 300

## ⑬ 住まい　　　　　　　　　　　　　　　　　　　　　　　302

1. 部屋探し ……………………………………………………………… **302**
   部屋探し情報／不動産屋にて／周辺環境を聞く／家（部屋）の状況を聞く／家（部屋）の見学／居住中の人との会話／家（部屋）を契約する
2. 下宿 …………………………………………………………………… **310**
   部屋探し情報／部屋を見に行く
3. 引っ越し ……………………………………………………………… **312**
   引っ越しセンター／引っ越しの手続き／引っ越し／引っ越し業者に対するクレーム／リフォームの了解を得る／リフォーム・修繕
4. 引っ越しのお知らせ ………………………………………………… **319**

## ⑭ 家の中で　　　　　　　　　　　　　　　　　　　　　　　320

1. 朝起きて出かけるまで ……………………………………………… **320**
   目覚め／朝の準備／出かける
2. 帰って寝るまで ……………………………………………………… **324**
   帰宅／寝るまで
3. 家事 …………………………………………………………………… **328**
   後片づけ・掃除／裁縫／洗濯／アイロンがけ／食事／その他の雑事
4. 電話 …………………………………………………………………… **333**
   電話をかける／電話に出る／不在を伝える／不在の場合／電話を切る／間違い電話
5. 育児 …………………………………………………………………… **338**
   赤ちゃん／幼児／幼稚園児
6. 家の中でのトラブル ………………………………………………… **343**
   探し物／トラブル／家の中での事故／対策
7. 泥棒 …………………………………………………………………… **348**

## ⑮ 街で　　350

1. 郵便局 ……………………………………………………… 350
   国内郵便／国際郵便／様々なサービス／郵便物の再配達に関する電話のやりとり
2. 銀行 ………………………………………………………… 356
   新規開設／その他のサービス
3. 図書館 ……………………………………………………… 359
   図書館情報／本を借りる
4. レンタルビデオショップ ………………………………… 363
5. カラオケ …………………………………………………… 364
6. レンタカー ………………………………………………… 366
7. 車の修理 …………………………………………………… 368
8. ガソリンスタンド・LPG充填所・洗車場 …………… 370
9. 眼鏡（コンタクトレンズ）屋 …………………………… 372
   眼鏡／コンタクトレンズ
10. 美容院・理髪店 …………………………………………… 374
    予約／カット／仕上げ／パーマ／髪を染める／理髪店
11. 写真店 ……………………………………………………… 383
    現像をお願いする／その他
12. クリーニング店 …………………………………………… 386
    クリーニング／修繕／クレーム

## ⑯ 美容と健康　　390

1. 健康管理 …………………………………………………… 390
   健康の話題／食生活・嗜好品など
2. フィットネスクラブ・スポーツクラブ ………………… 392
   フィットネスクラブを決める／クラブで／トレーニング／クラブ内での話題

③ 風呂・サウナ ················································· **398**
　風呂（銭湯）／サウナ（チムジルバング）
④ 健康食品・栄養補助食品（サプリメント） ············· **400**
⑤ 漢方 ······························································· **402**

## ⑰ 病気になったら　　**404**

① 病院の受付で ·················································· **404**
② 内科・小児科（医者） ······································· **405**
③ 内科・小児科（患者） ······································· **407**
④ 外科・整形外科 ··············································· **409**
　症状と原因／診断
⑤ 産婦人科 ························································ **412**
　診断／分娩
⑥ 検査 ······························································· **415**
⑦ 皮膚科 ··························································· **417**
⑧ 眼科 ······························································· **419**
⑨ 歯科 ······························································· **420**
⑩ 耳鼻咽喉科 ····················································· **423**
⑪ 泌尿器科・性病科 ············································ **424**
⑫ 神経科・精神科 ··············································· **425**
⑬ 急患 ······························································· **427**
⑭ 薬屋・薬局 ····················································· **429**
⑮ お見舞いに行く ··············································· **432**

## 初対面のあいさつ

### 出会い

**1** こんにちは。

안녕하십니까?
アンニョン ハ シㇺ ニ カ

**2** はじめまして。

처음 뵙겠습니다.
チョ ウㇺ ペッ ケッスㇺ ニ ダ

**3** お会いできてうれしいです。

만나서 반갑습니다.
マン ナ ソ バンガッスㇺ ニ ダ

**4** お話はかねがね伺っております。

말씀 많이 들었습니다.
マㇽ スㇺ マ ニ ドゥロッスㇺ ニ ダ

**5** 一度お会いしたいと思っていました。

한번 뵙고 싶었습니다.
ハン ボン ペッ コ シポッ スㇺ ニ ダ

**6** ようこそいらっしゃいました。

어서 오십시오.
オ ソ オ シㇷ゚ シ オ

**7** 遠いところを来て下さってありがとうございます。

먼 곳을 찾아와 주셔서 감사합니다.
モン ゴスㇽ チャジャ ワ ジュショ ソ カㇺ サ ハㇺ ニ ダ

**8** お目にかかれてうれしいです。

만나 뵙게 되어서 반갑습니다.
マン ナ ペッ ケ デ オ ソ バンガッスㇺ ニ ダ

---

韓国でも敬語や丁寧語、親しい間柄で使うカジュアルな表現（반말）があり、初対面の場合は敬語か丁寧語が一般的です。語尾の「〜합니까?」は固い感じ、「〜세요?」はソフトな感じで女性語のイメージがありますが、最近は男女とも使います。ただし「〜합니까?」の方が礼儀正しい印象を与えます。

**9** ー こちらこそ。

저야말로 반갑습니다.
<sub>チョ ヤ マル ロ パンガッスム ニ ダ</sub>

**10** 失礼ですがお名前は (何とおっしゃいますか)？

실례합니다만 성함이 어떻게 되십니까?
<sub>シル レ ハムニ ダマン ソン ハミ オトッケ デシム ニ カ</sub>

**11** (私は) 山田と申します。

(저는) 야마다라고 합니다.
<sub>チョヌン ヤ マ ダ ラ ゴ ハムニ ダ</sub>

**12** 私の名刺です。

제 명함입니다.
<sub>チェ ミョンハムイムニ ダ</sub>

メールアドレス・家 (携帯) の電話番号

메일 주소 / 집 (휴대폰) 전화번호

**13** こちらは住友商事の三井さんです。

이쪽 분은 스미토모 상사의 미츠이 씨입니다.
<sub>イ チョック プヌン ス ミ ト モ サンサ エ ミ ツ イ ッシイムニ ダ</sub>

**14** こんにちは。金サンウさんですね？

안녕하십니까? 김상우 씨죠?
<sub>アンニョン ハ シムニ カ キム サン ウ ッシジョ</sub>

**15** これからもよろしくお願いします。

앞으로도 잘 부탁드립니다.
<sub>アプ ロ ド ジャル プ タック ドゥリムニ ダ</sub>

**16** メールアドレスを教えていただけますか？

메일 주소를 가르쳐 주시겠습니까?
<sub>メ イル ジュ ソ ルル カ ル チョ チュ シ ゲッスムニ カ</sub>

あいさつ

## 別れ

**1** さようなら(見送る側)。

### 안녕히 가세요.
アンニョン ヒ　カ セ ヨ

**2** さようなら(去る側)。

### 안녕히 계세요.
アンニョン ヒ　ケ セ ヨ

**3** お会いできてうれしかったです。

### 만나서 반가웠습니다.
マン ナ ソ　バン ガ ウォッスム ニ　ダ

**4** これからも連絡を取り合いましょうね。

### 앞으로도 자주 연락하죠.
アプ　ロ ド　チャ ジュ　ヨル ラッ カ ジョ

**5** メールを送りますね。

### 메일 보낼게요.
メ イル　ボ ネル ケ ヨ

**6** 日本にいらしたらご連絡下さい。

### 일본에 오시면 연락 주십시오.
イル ボ ネ　オ シ ミョン　ヨル ラック　チュ シプ シ オ

**7** 楽しい旅行になりますように。

### 즐거운 여행 되시기 바랍니다.
チュル ゴ ウン　ヨ ヘン　テ シ ギ　パ ラム ニ ダ

## 友人・知人へのあいさつ

CD-1 [track2]

### 普段会った時

1 おはようございます。

안녕하세요?
アンニョン ハ セ ヨ

2 おはよう。

안녕? / 왔어?
アンニョン　　　ワッソ

3 こんにちは / こんばんは。今日は早いですね。

안녕하세요? 오늘은 일찍 나오셨네요.
アンニョン ハ セ ヨ　　オ ヌルン　イル チング ナ オ ション ネ ヨ

## 特別な日のあいさつ

CD-1 [track3]

1 新年明けましておめでとうございます。

새해 복 많이 받으세요.
セ ヘ　ボン　マニ　パドゥ セ ヨ

2 明けましておめでとう。

새해 복 많이 받아.
セ ヘ　ボン　マニ　パダ

3 メリークリスマス。

메리 크리스마스.
メ リ　ク リ ス マ ス

4 聖誕おめでとうございます。

성탄을 축하합니다.
ソン タヌル　チュカ ハンム ニ ダ

17

## 体調を尋ねる（気遣いの言葉）

CD-1
[track4]

**1** お体の具合はいかがですか？

몸 상태는 어떠세요 ?
モム サンテヌン オトセヨ

**2** おケガはもう大丈夫ですか？

다친 데는 다 나으셨어요 ?
タチン デヌン タ ナウショッソヨ

**3** ご病気の具合はいかがですか？

병환은 좀 어떠세요 ?
ビョンファヌン チョム オトセヨ

**4** ― もうすっかり治りました。

이제 완전히 다 나았어요.
イジェ ワンジョニ タ ナアッソヨ

**5** 顔色がずいぶん良くなりましたね。

얼굴색이 많이 좋아졌네요.
オルグルセギ マニ チョアジョンネヨ

**6** とてもお元気そうですね。

아주 좋아 보이십니다.
アジュ チョア ポイシムニダ

**7** 顔色がすぐれないようですが…

얼굴색이 안 좋아 보이는데…
オルグルセギ アン ジョア ポイヌンデ

**8** 元気がないようですが…

힘이 없어 보이는데…
ヒミ オプソ ポイヌンデ

9 どこか具合でも悪いのですか？

**어디 아프세요?**
オディ アプセヨ

10 お身体を大事になさって下さい。

**몸조리 잘 하세요.**
モムジョリ チャル ハセヨ

11 気持ちを楽にして下さいね。

**마음 편히 가지세요.**
マウム ピョニ カジセヨ

12 あまり心配しないで下さいね。

**너무 걱정하지 마세요.**
ノム コックチョン ハジ マセヨ

無理
무리하지

## 別れのあいさつ

CD-1
[track5]

1 さようなら (くだけた表現)。

**안녕. / 잘 가.**
アンニョン チャル ガ

2 さようなら (くだけた表現)。

**안녕. / 잘 있어.**
アンニョン チャル イッソ

3 それではまたお目にかかりましょう。

**그럼 또 뵙겠습니다.**
クロム ット ペッケッスムニダ

4 また会いましょう。

**또 만나요.**
ト マンナヨ

**5** また遊びに来て下さい。

**또 놀러 오세요.**
ト　ノルロ　オセヨ

**6** お気をつけてお帰り下さい。

**살펴 가십시오.**
サル ピョ　カ シッ プ シ オ

**7** 気をつけて帰ってね。

**조심해 가세요.**
チョ シメ　カ セ ヨ

**8** 今日はとても楽しかったです。

**오늘은 참 즐거웠어요.**
オ ヌルン　チャンムチュル ゴ　ウォッソ ヨ

**9** それでは失礼します。

**그럼 이만 실례하겠습니다.**
ク ロンム　イ マンヌ　シル レ ハ ゲッスンム ニ ダ

**10** じゃー行くね。

**그럼 갈게.**
ク ロンム　カル ケ

**11** また明日会いましょう。　　　　　　　　　来週

**내일 또 봐요.**　　　　　　　　　　　　**다음 주에**
ネ イル　ット　パ ヨ

**12** また明日 (会おうね)。

**내일 보자.**
ネ イル　ポ ジャ

## 感謝

**1** ありがとうございます。

감사합니다. /고맙습니다.
カンム サ ハンム ニ ダ　　コ マップ スンム ニ ダ

**2** ありがとう。

고마워.
コ　マ ウォ

**3** ご親切にしていただき、ありがとうございます。

친절하게 대해 주셔서 감사합니다.
チンジョル ハ ゲ　テ ヘ　チュ ショソ カンム サ ハンム ニ ダ

歓待して・助けて・ご招待して・お電話・お手紙・お心遣い（気配り）

환대해 / 도와 / 초대해 / 전화 / 편지 / 마음써

**4** 感謝いたします。

감사드립니다.
カンム サ ドゥリンム ニ ダ

## 感謝の言葉に対して

**1** こちらこそ、ありがとうございます。

저야말로 감사합니다.
チョ ヤ マル ロ カンム サ ハンム ニ ダ

**2** いやー、とんでもないです。

아이, 천만에요.
ア イ　チョン マネ ヨ

### 3 何をおっしゃるんですか。

## 무슨 말씀을요.
ム スン　マル　スムル　ヨ

### 4 何もしてませんよ。

## 아무것도 한 게 없어요.
ア ム ゴット　ハン　ゲ　オップソ　ヨ

### 5 当然のことをしたまでですよ。

## 당연한 일을 한 것뿐이에요.
タン ヨナン　イルル　ハン　コッ　プニ　エ　ヨ

### 6 たいしたことじゃないです。

## 뭘요.
モル　ヨ

# ねぎらい

### 1 お疲れ様でした。

## 수고 많으셨습니다.
ス ゴ　マヌ　ショッスンム ニ　ダ

### 2 お疲れだったでしょう(目上に)？

## 많이 힘드셨죠？
マニ　ヒンムドゥショッチョ

### 3 ご苦労様です。

## 수고했어요.
ス ゴ　ヘッソ　ヨ

### 4 ご尽力ありがとうございます。

## 힘써 주셔서 감사합니다.
ヒンムッソ　チュショソ　カンム サ ハンム ニ　ダ

## お祝い

CD-1 [track7]

あいさつ

**1** おめでとうございます。

# 축하드립니다. / 축하합니다.
<sub>チュッカ ドゥリム ニ ダ　　チュッカ ハム ニ ダ</sub>

**2** おめでとう。

# 축하해.
<sub>チュカ ヘ</sub>

**3** お誕生日おめでとうございます。

# 생신을 축하드립니다.
<sub>セン シヌル　チュッカ ドゥリム ニ ダ</sub>

ご結婚・ご婚約・還暦

# 결혼 / 약혼 / 환갑

**4** お誕生日おめでとう。

# 생일 축하해.
<sub>センイル　チュカ ヘ</sub>

**5** ご入学おめでとう。

# 입학 축하해요.
<sub>イッパック　チュカ ヘ ヨ</sub>

進学・合格・卒業・就職・昇進

# 진학 / 합격 / 졸업 / 취직 / 승진

**6** お幸せをお祈りします。

# 행복하시기 바랍니다.
<sub>ヘン ボッカ シ ギ　パラム ニ ダ</sub>

23

7 末永くお幸せにね。

**오래오래 행복하세요.**
オ レ オ レ ヘン ボッカ セ ヨ

8 健康で長生きして下さい。

**건강하시고 오래오래 사시기 바랍니다.**
コンガン ハ シ ゴ オ レ オ レ サ シ ギ パ ラム ニ ダ

## おわび（謝罪）

CD-1
[track8]

1 ごめんなさい。

**미안합니다.**
ミ アナンム ニ ダ

2 ごめんね。

**미안해.**
ミ アネ

3 おわび申し上げます。

**사죄 말씀 드립니다.**
サ ジェ マルスンム ドゥリンム ニ ダ

4 申し訳ありません（すみません）。

**죄송합니다.**
チェ ソンハンム ニ ダ

5 私が悪かったのです。

**제가 잘못했습니다.**
チェ ガ チャル モッテ スンム ニ ダ

6 私（僕）が悪かった。

**내가 잘못했어.**
ネ ガ チャル モテッソ

**7** ご迷惑をおかけして申し訳ありません。

폐를 끼쳐드려 죄송합니다.

**8** お手数をおかけして申し訳ありません。

번거롭게 해 드려 죄송합니다.

**9** 深く反省しています。

깊이 반성하고 있습니다.

**10** 許して下さい。

용서해 주세요.

**11** そんなつもりはありませんでした。

그럴 생각은 없었어요.

**12** 遅れてすみません。

늦어서 죄송해요.

**13** 約束をすっぽかしてごめんなさい。

약속을 어겨서 미안해요.

心を傷つけて
마음아프게 해서

**14** 連絡しなくてごめんね。

연락 안 해서 미안해.

**15** 私の不手際でした。

제 불찰이었습니다.

## お悔やみ

**CD-1** [track9]

---

**1** 気苦労なさったでしょう？

# 마음고생 많으셨죠？
マ ウム コ セン　マヌ ショッチョ

---

**2** 大変だったでしょう？

# 많이 힘드셨죠？
マニ　ヒンムドゥショッチョ

---

**3** 何と申し上げたらよいかわかりません。

# 뭐라 말씀드려야 좋을지 모르겠습니다.
モラ　マルッスムドゥリョヤ　チョウルチ　モルゲッスムニダ

---

**4** お気の毒に。

# 안됐어요.
アン デッソ ヨ

---

**5** 謹んで故人のご冥福をお祈り申し上げます。

# 삼가 고인의 명복을 빕니다.
サムガ　コ イネ　ミョン ボグル　ピムニダ

---

**6** お忙しい中、駆けつけて下さってありがとうございます。

# 바쁘신데 와 주셔서 감사합니다.
パブシンデ　ワ　チュショソ　カムサハムニダ

---

<人称代名詞、家族>

| 日本語 | 韓国語 | 読み方 |
|---|---|---|
| 私（謙譲）／私たち | 저／저희들 | チョ／チョヒドゥル |
| 私・僕・俺／私たち・僕ら | 나／우리 ( 우리들 ) | ナ／ウリ（ウリドゥル) |
| あなた／あなたたち | 당신／당신들 | タングシン／ダンシンドゥル |
| 君／君たち | 자네／자네들 | チャネノ／チャネドゥル |
| お前／お前たち | 너／너희들 | ノ／ノヒドゥル |
| 彼／彼ら | 그／그들 | ク／クドゥル |
| 彼女／彼女ら | 그녀／그녀들 | クニョ／クニョドゥル |
| 父・パパ | 아버지・아빠 | アボジ・アッパ |
| 母・ママ | 어머니・엄마 | オモニ・オンマ |
| 兄 | 형님・형／오빠 | ヒョンニム・ヒョン／オッパ |
| 姉 | 누님・누나／언니 | ヌニム・ヌナ／オンニ |
| 弟 | ( 남 ) 동생 | （ナンム）ドンセング |
| 妹 | ( 여 ) 동생 | （ヨ）ドンセング |
| 夫 | 남편 | ナンムピョン |
| 妻 | 처・아내 | チョ・アネ |
| 息子 | 아들 | アドゥル |
| 娘 | 딸 | ッタル |
| 祖父 (父方)・祖父 (母方) | 조부 ( 할아버지 )・외조부 ( 외할아버지 ) | ハラボジ・ウェハラボジ |
| 祖母 (父方)・祖母 (母方) | 조모 ( 할머니 )・외조모 ( 외할머니 ) | ハルモニ・ウェハルモニ |
| 伯父 （父の兄） | 백부 = 큰아버지 | ペックプ = クナボジ |
| 伯母 （伯父の妻） | 백모 = 큰어머니 | ペンモ = クノモニ |
| 叔父 （父の弟） | 숙부 = 작은아버지 | スックプ = チャグンアボジ |
| 叔母 （叔父の妻） | 숙모 = 작은어머니 | スンモ = チャグンオモニ |
| おば （父の女兄弟） | 고모 | コモ |
| おじ （父の女兄弟の夫） | 고모부 | コモブ |
| おば （母の姉妹） | 이모 | イモ |
| おじ （母の姉妹の夫） | 이모부 | イモブ |
| おじ （父の男兄弟） | 삼촌 | サンムチョン |
| おじ （母の男兄弟） | 외삼촌 | ウェサンムチョン |
| 従兄弟 | 사촌 | サチョン |
| 母方の従兄弟 | 외사촌 | ウェサチョン |

あいさつ

## 相手のことを尋ねる

② 社交

1 お名前は何とおっしゃいますか？

### 성함이 어떻게 되십니까?
ソン ハミ　オ トッケ　デ シㇺニ カ

2 お名前は何ですか？

### 이름이 뭐예요?
イ ルミ　モ エ ヨ

3 おいくつでいらっしゃいますか？

### 연세가 어떻게 되십니까?
ヨン セ ガ　オ トッケ　デ シㇺニ カ

4 何歳ですか？

### 몇 살이에요?
ミョッ サリ エ ヨ

5 何年ですか？

### 무슨 띠예요?
ム スン ティ エ ヨ

6 ご出身はどちらですか？

### 출신은 어디세요?
チュル シヌン　オ ディ セ ヨ

7 何を専攻されたんですか？

### 뭘 전공하셨어요?
モル チョンゴン ハ ショッソ ヨ

8 お国（故郷）はどちらですか？

### 고향은 어디세요?
コ ヒャウン　オ ディ セ ヨ

韓国では初対面の人でもよく年齢や出身地などを根掘り葉掘り聞くことがあります。いささか無遠慮ではありますが、これは相手に対する言葉遣いを決め、共通の話題を見つけることが主な目的です。お互いのバックグラウンドを知ることによって、よりスピーディーに親睦をはかれるというわけです。

**9** ご結婚されていますか？

### 결혼하셨어요?
キョロン ハ ショッソ ヨ

**10** どんなお仕事をしていらっしゃいますか？

### 무슨 일을 하고 계세요?
ムスン ニルル ハゴ ケセヨ

**11** ご家族は？

### 가족은요?
カ ジョグンニ ヨ

**12** ご兄弟は何人いらっしゃいますか？

### 형제분은 몇 분 계세요?
ヒョンジェ ブヌン ミョッ ブン ケ セ ヨ

**13** 何人兄弟ですか？

### 몇 형제예요?
ミョッ ヒョンジェ エ ヨ

## 自分や家族について話す

CD-1
[track11]

## 自分について

**1** 私は鈴木と申します。

### 저는 스즈키라고 합니다.
チョヌン ス ズ キ ラ ゴ ハンムニ ダ

**2** 鈴木です。

### 스즈키예요.
ス ズ キ エ ヨ

**3** 24才です。

### 스물네 살이에요.
スムル ネ サリ エ ヨ

4 辰年です。

**용띠예요.**
ヨン ティ エ ヨ

5 秋田出身です。

**아키타 출신이에요.**
ア キ タ チュル シ ニ エ ヨ

6 日本から来ました。

**일본에서 왔어요.**
イル ボ ネ ソ ワッソ ヨ

7 明治大学を卒業しました。

**메이지 대학을 졸업했어요.**
メ イ ジ テ ハグル チョロッペッソ ヨ

8 心理学を専攻しました。

**심리학을 전공했어요.**
シンムニ ハグル チョンゴン ヘッソ ヨ

9 まだ結婚していません。

**아직 결혼 안 했어요.**
ア チック キョロン ア ネッソ ヨ

10 未婚です。

**미혼이에요.**
ミ ホ ニ エ ヨ

## *参考* 干支

子年・丑年・寅年・卯年・辰年・巳年・午年・未年・申年・酉年・戌年・亥年

쥐띠, 소띠, 범띠, 토끼띠, 용띠, 뱀띠, 말띠,
양띠, 원숭이띠 (잔나비띠), 닭띠, 개띠, 돼지띠.

## 家族について

**1** 家族は父母姉私の4人家族です。

### 가족은 부모님과 누나, 저 네 식구예요.
<sub>カ チョッグン ブ モ ニムグァ ヌ ナ チョ ネ シック エ ヨ</sub>

**2** 妻と二人暮らしです。

### 처와 저 둘이에요.
<sub>チョ ワ チョ トゥリ エ ヨ</sub>

**3** 子供が二人おります。

### 아이가 둘 있어요.
<sub>ア イ ガ トゥル イッソ ヨ</sub>

**4** 両親と一緒に住んでいます。

### 부모님과 같이 살아요.
<sub>ブ モ ニムグァ カッチ サラ ヨ</sub>

**5** 三世代が同居しています。

### 삼 세대가 같이 살고 있어요.
<sub>サム セ デ ガ カチ サル ゴ イッソ ヨ</sub>

**6** 父は公務員です。

### 아버지는 공무원이세요.
<sub>ア ボ ジ ヌン コン ム ウォニ セ ヨ</sub>

**7** 大学で教えています(教鞭をとっています)。

### 대학에서 교편을 잡고 계세요.
<sub>テ ハゲ ソ キョピョヌルチャプ コ ケ セ ヨ</sub>

**8** 小さな会社を経営しています。

### 작은 회사를 경영하고 있어요.
<sub>チャグン フェ サ ルル キョンヨン ハ ゴ イッソ ヨ</sub>

社交

9 お店をやっています。

### 가게를 하고 있어요.
カゲルル　ハゴ　イッソヨ

## 兄弟について

1 3人兄弟です。

### 삼 형제예요.
サムヒョンジェエヨ

2 兄弟はいません。

### 형제는 없어요.
ヒョンジェヌン　オプソヨ

3 一人っ子です（男の場合）。

### 외아들이에요.
ウェアドゥリエヨ

4 一人っ子です（女の場合）。

### 외동딸이에요. / 무남독녀예요.
ウェドンタリエヨ　　　　ムナムドンニョエヨ

5 1男2女で、私が長女です。

### 일남이녀 중 제가 장녀예요.
イルナミニョ　チュン　チェガ　チャンニョエヨ

6 （兄弟で）一番上です。

### 맏이예요.
マジエヨ

7 末っ子です。

### 막내예요.
マンネエヨ

[8] 私の上に兄が一人います (話し手が女性の場合)。

## 제 위에 오빠가 하나 있어요.
チェ ウィエ オパガ ハナ イッソ ヨ

[9] 私の上に兄が一人います (話し手が男性の場合)。

## 제 위에 형이 하나 있어요.
チェ ウィエ ヒョンイ ハナ イッソ ヨ

[10] 妹がおります。　　　　　　　　　　　　　　　　弟

## 여동생이 있습니다.　　　　　　　　　　남동생
ヨ ドンセン イ イッスンム ニ ダ

## 家族・友人・知人を紹介する

CD-1
[track12]

[1] ご紹介します。

## 소개하겠습니다.
ソ ゲ ハ ゲッスンム ニ ダ

[2] 紹介するよ。

## 소개할게.
ソ ゲ ハル ケ

[3] 私の両親です。

## 우리 (제) 부모님이에요.
ウ リ ジェ プ モ ニミ エ ヨ

家族・夫・息子・娘

## 가족 /남편 /아들 /딸

[4] うちの末っ子です。

## 우리 집 막내예요.
ウ リ ジッブ マンネ エ ヨ

33

**5** 私の２番目の弟で、智也といいます。

제 둘째 남동생인 토모야라고 해요.
チェ ドゥルチェ ナンムドンセンイン ト モ ヤ ラ ゴ ヘ ヨ

**6** 僕の大事な恋人です。

제 소중한 애인입니다.
チェ ソ ジュンハン エ インインム ニ ダ

**7** 私の無二の親友です。

제 둘도 없는 친구예요.
チェ ドゥル ド オンムヌン チン グ エ ヨ

**8** 飲み友達です。

술친구예요.
スル チン グ エ ヨ

**9** こちらは同じ<mark>クラス</mark>の高橋です。　　　<mark>会社</mark>

이쪽은 같은 반의 다카하시예요.　　<mark>회사</mark>
イ チョグン ガトゥン パ ネ タ カ ハ シ エ ヨ

**10** きっと気に入ると思いますよ。

꼭 마음에 들 거예요.
コン マウメ トゥル コ エ ヨ

**11** 私がいつもお世話になっている上野さんです。

제가 항상 신세를 지고 있는 우에노 씨예요.
チェガ ハンサン シンセルル チ ゴ インヌン ウ エ ノ ッシ エ ヨ

**12** 大学の時にお世話になった藤井さんです。

대학교 때 신세를 진 후지이 씨예요.
テ ハッキョ テ シン セ ルル ジン フ ジ イ ッシ エ ヨ

# 誘う

## 食事（飲み）に誘う

1. いつか一緒に食事でもしましょう。

    언제 같이 식사라도 하죠.
    オンジェ　カッチ　シㇰサラド　ハジョ

2. お昼を食べに行きましょう。

    점심 먹으러 가요.
    チョㇺシㇺ　モグロ　カヨ

3. バーベキューパーティーがありますが、いらっしゃいませんか？

    바베큐 파티가 있는데, 안 오시겠어요？
    パベキュ　パティガ　インヌンデ　ア　ノシゲッソヨ

4. （一緒に）一杯しませんか？

    (같이) 한잔 하시지 않겠어요？
    カッチ　ハンジャン　ハシジ　アンケッソヨ

5. みんなで飲むけど来ない？

    다 같이 한잔 할 건데 안 올래？
    タ　カッチ　ハンジャン　ハル　コンデ　ア　ノルレ

## デートに誘う

1. 週末に時間ありますか？

    주말에 시간 있어요？
    チュマレ　シガニ　ッソヨ

2. 映画を観に行きませんか？

    영화 보러 가지 않겠어요？
    ヨンファ　ボロ　カジ　アンケッソヨ

### 3 一度我が家にご招待したいんですが。
한번 저희 집에 초대하고 싶은데요.
ハンボン チョヒ チベ チョデハゴ シプンデヨ

### 4 遊びにおいでよ。
놀러 와.
ノルロ ワ

### 5 テニスでもどうですか？
테니스라도 어때요?
テニスラド オテヨ

バドミントンでも
배드민턴이라도

### 6 絶対来て下さいね。
꼭 오세요.
コッ オセヨ

来て（ね）
와

## 会う約束をする
CD-1 [track14]

## 日にちを決める

### 1 いつ頃がいいですか？
언제쯤이 좋아요?
オンジェ チュミ チョア ヨ

何日が・何時が
며칠이 / 몇 시가

### 2 明日は大丈夫ですか？
내일은 괜찮아요?
ネ イルン クェンチャナ ヨ

午前中は・午後は・今週末は・日曜日は
오전중은 /오후는 / 이번 주말은 / 일요일은

### 3 明日はちょっと用事があります。
내일은 좀 볼일이 있어요.
ネ イルン チョム ボル イリ イッソ ヨ

### 4 明日は暇です。

### 내일은 한가해요.
ネ イルン ハンガ ヘ ヨ

空いています
### 비어 있어요

### 5 日曜ならいつでも大丈夫です。

### 일요일이라면 언제든지 괜찮아요.
イリョ イル イ ラ ミョン オンジェドゥン ジ クェン チャナ ヨ

## 時間を決める

### 1 何時に会いましょうか？

### 몇 시에 만날까요？
ミョッ シ エ マンナル カ ヨ

会う？
### 만날래？

### 2 7時ごろはいかがですか？

### 일곱시쯤은 어때요？
イルゴプシッ チュムン オ テ ヨ

どう？
### 어때？

### 3 私は何時でもいいです。

### 저는 몇 시라도 좋아요.
チョヌン ミョッ シ ラ ド チョア ヨ

### 4 何時でも大丈夫だよ。

### 몇 시라도 괜찮아.
ミョッ シ ラ ド クェン チャナ

### 5 できれば遅い時間がいいんですが。

### 될 수 있으면 늦은 시간대가 좋은데요.
テル ス イッス ミョン ヌジュン シ ガン テ ガ チョウン デ ヨ

### 6 そちらの（時間の）都合に合わせます。

### 그쪽 시간에 맞출게요.
ク チョック シ ガ ネ マッチュル ケ ヨ

**7** 8時にしていただけるとありがたいんですが。

여덟 시로 해 주시면 좋겠는데요.
ヨ ドル シ ロ ヘ ジュ シ ミョン チョ ケッ ヌン デ ヨ

**8** 迎えに来ていただけますか？　　　　　　　　行きます。

마중 나와 주시겠어요?　　　　　　나가겠습니다.
マ ジュン ナ ワ チュ シ ゲッソ ヨ

## 場所を決める

**1** どこで会いましょうか？　　　　　　　　会う？

어디서 만날까요?　　　　　　　만날래?/ 만날까?
オ ディ ソ マン ナル カ ヨ

**2** 新宿はどうですか？

신주쿠는 어때요?
シン ジュ ク ヌン オ テ ヨ

**3** どこか知っている店はありますか？

어디 아는 가게 있어요?
オ ディ ア ヌン カ ゲ イッソ ヨ

**4** そこなら知っています。

거기라면 알아요.
コ ギ ラ ミョン ア ラ ヨ

**5** じゃ、明日5時に紀伊国屋の前ですね。

그럼 내일 다섯시에 기노쿠니야 앞이지요?
ク ロム ネ イル タ ソッ シ エ キ ノ ク ニ ヤ アッ ピ ジ ヨ

## 訪問する・もてなす

[track15]

### 訪問

**1** お招きいただき、ありがとうございます。

초대해 주셔서 감사합니다.
チョ デ ヘ ジュショ ソ カンム サ ハンム ニ ダ

**2** ようこそ。

어서 오세요.
オ ソ オ セ ヨ

**3** ようこそ (くだけた表現)。

어서 와.
オ ソ ワ

**4** 遠いところをお越しいただき、ありがとうございます。

먼 데까지 와 주셔서 감사합니다.
モン デ カ ジ ワ ジュショ ソ カンム サ ハンム ニ ダ

**5** 道はすぐわかりましたか？

길은 금방 아셨어요？
キルン クンム バン ア ショッソ ヨ

**6** むさくるしい所ですが、どうぞお入り下さい。

누추한 곳이지만 들어오세요.
ヌ チュ ハン コ シ ジ マン トゥロ オ セ ヨ

### 手みやげを持って行く

**1** つまらないものですが、どうぞ。

별거 아닙니다만, 받으세요.
ピョル ゴ ア ニンム ニ ダ マン バドゥ セ ヨ

2 お気に召すかどうか心配です。

## 마음에 드실지 모르겠어요.
マ ウメ　トゥシルチ　モル ゲッソ ヨ

3 お花が好きだと聞いたので。

## 꽃을 좋아하신다고 해서요.
コチュル　チョア ハシンダゴ　ヘ ソ ヨ

4 ワインにはうるさいと聞いていたので、選ぶのに苦労しました。

## 와인에는 일가견이 있으시다고 해서 고르느라
ワ イネ ヌン　イルガ ギョニ　イッス シダゴ　ヘ ソ　コル ヌラ

## 고생했어요.
コ セン ヘッソ ヨ

5 皆さんで召し上がって下さい。

## 같이 드세요.
カッチ　トゥ セ ヨ

6 気に入っていただけてうれしいです。

## 마음에 드신다니 저도 기뻐요.
マ ウメ　トゥシンダ ニ　チョド　キッポ ヨ

## 受け取る

1 こんな結構なものを…

## 이렇게 비싼 걸…
イ ロッケ　ピ サン　ゴル

2 子供たちが喜びます。

## 애들이 좋아하겠어요.
エ ドゥリ　チョア ハ ゲッソ ヨ

40

**3** ありがたく使わせていただきます。

## 잘 쓰겠습니다.
<sub>チャル ッスゲッスㇺ ニ ダ</sub>

**4** ありがたくいただきます(食べ物)。

## 잘 먹겠습니다.
<sub>チャル モッケッスㇺ ニ ダ</sub>

**5** うちのインテリアにピッタリです。

## 우리 집 인테리어와 아주 잘 맞아요.
<sub>ウ リ ジッㇷ゚ インテ リ オ ワ ア ジュ チャル マジャ ヨ</sub>

---

# もてなし

**1** どうぞおくつろぎ下さい。

## 편히 앉으세요.
<sub>ピョニ アンズ セ ヨ</sub>

**2** 何もありませんが、どうぞ(たくさん)召し上がって下さい。

## 차린 것은 없지만 많이 드세요.
<sub>チャリン ゴスン オㇷ゚チマン マニ ドゥ セ ヨ</sub>

**3** お口に合うかしら。

## 입에 맞으려나 모르겠어요.
<sub>イベ マズリョ ナ モ ル ゲッソ ヨ</sub>

**4** おかわりはいかがですか。

## 더 드세요.
<sub>ト トゥ セ ヨ</sub>

## もてなしを受ける

**1** いいお住まいですね。

좋은 집이네요.
<sub>チョウン チビ ネ ヨ</sub>

**2** タバコを吸っても構いませんか？

담배 피워도 괜찮겠습니까?
<sub>タンベ ピ ウォ ド クェンチャンケッスム ニ カ</sub>

**3** お手洗いはどちらですか？

화장실은 어디죠?
<sub>ファジャン シルン オ ディ ジョ</sub>

**4** たくさんいただきました。

많이 먹었어요.
<sub>マニ モゴッソ ヨ</sub>

**5** とてもおいしかったです。

아주 맛있었어요.
<sub>ア ジュ マシッソッソ ヨ</sub>

**6** 料理がお上手ですね。

음식 솜씨가 좋으시네요.
<sub>ウムシック ソムッシ ガ チョウ シ ネ ヨ</sub>

**7** ― ビールはいかがですか？

맥주 어떠세요?
<sub>メックチュ オ ト セ ヨ</sub>

**8** 少しだけいただきます。

조금만 주세요.
<sub>チョクンマン チュ セ ヨ</sub>

9 今日は車で来たので…

오늘은 차로 와서요…
オ ヌルン チャ ロ ワ ソ ヨ

## おいとまする

1 もうそろそろおいとまします。

이제 슬슬 가 보겠습니다.
イ ジェ スルスル カ ボ ゲッスム ニ ダ

2 今夜はとても楽しかったです。

오늘은 참 즐거웠습니다.
オ ヌルン チャンム チュルゴ ウォッスムニ ダ

3 ― 何ももてなしできませんで。

아무 대접도 못 해 드렸어요.
ア ム テジョプ ト モ テ ドゥリョッソ ヨ

4 今度はぜひ我が家へいらして下さい。

다음엔 꼭 저희집에 놀러 오세요.
タ ウメン コック チョヒ ジ ペ ノルロ オ セ ヨ

5 ― また来て下さい。

또 오세요.
ト オ セ ヨ

6 ― 奥さんにもよろしくお伝え下さい。

부인에게도 안부 전해 주세요.
ブ イネ ゲ ド アンブ チョネ ジュ セ ヨ

7 そこまで送ります。

저기까지 배웅해 드리겠습니다.
チョ ギ カ ジ ペ ウンヘ トゥリ ゲッスムニ ダ

# 人付き合いのトラブル

CD-1 [track16]

## 誤解

**1** もう少し話し合う必要があると思います。

좀 더 서로 얘기를 나눌 필요가 있어요.
<sub>チョム ド ソロ イェギルル ナヌル ピリョ ガ イッソ ヨ</sub>

**2** ちょっと話し合いましょう。

얘기 좀 해요.
<sub>イェギ ジョム ヘ ヨ</sub>

**3** 話し合いで解決できるはずです。

대화로 해결할 수 있을 거예요.
<sub>テファロ ヘギョルハル ス イッスル コ エ ヨ</sub>

**4** どこかで齟齬があったようです。

어딘가에서 말이 엇갈렸나봐요.
<sub>オディンガ エ ソ マリ オッカルリョン ナ バ ヨ</sub>

**5** 誤解があったようです。

오해가 있었던 모양이에요.
<sub>オ ヘ ガ イッソットン モヤン イ エ ヨ</sub>

**6** 誤解があったのなら謝ります。

오해가 있었다면 사과할게요.
<sub>オ ヘ ガ イッソッ タ ミョン サグァハル ケ ヨ</sub>

**7** そんなこと言った覚えはありません。

그런 말을 한 기억이 없어요.
<sub>クロン マルル ハン キ オギ オッ ソ ヨ</sub>

**8** そういうつもりで申し上げたのではありません。

그럴 생각으로 말씀드린 게 아닙니다.
<sub>クロル セン ガグロ マルスムトゥリン ゲ ア ニムニ ダ</sub>

**9** もうこれ以上あなたと話したくありません。

더 이상 당신과 얘기하고 싶지 않습니다.
<sub>ト イ サン タンシングァ イェギ ハゴ シッㇷ゚チ アンスㇺニ ダ</sub>

**10** 話し合いをしてもムダでしょう。

대화를 해도 소용이 없을 거예요.
<sub>テ ファル ヘ ド ソヨンイ オッㇷ゚スル コ エ ヨ</sub>

社交

## 言い争い

**1** あなたと言い争いしたくありません。

당신과 말다툼하고 싶지 않습니다.
<sub>タンシングァ マルダトゥㇺハゴ シッㇷ゚チ アンスㇺニ ダ</sub>

**2** 言いがかりはやめて下さい。

생트집 잡지 마세요.
<sub>セントゥジップ チャッㇷ゚チ マ セ ヨ</sub>

**3** 言質を取らないで下さい。

말꼬리 잡지 마세요.
<sub>マル コ リ チャッㇷ゚チ マ セ ヨ</sub>

**4** 心にもないこと言わないで。

마음에도 없는 말 하지마.
<sub>マ ウメ ド オㇺヌン マル ハ ジ マ</sub>

**5** あなたには関係ないことです。

당신과는 상관 없는 일이에요.
<sub>タンシングァヌン サングァンオㇺヌン イリ エ ヨ</sub>

**6** よくそんなことが言えますね。

어떻게 그런 말을 할 수 있어요?
<sub>オ トッケ ク ロン マルル ハル ス イッソ ヨ</sub>

45

**7** あなたが何を考えているのかわかりません。

당신이 무슨 생각을 하고 있는지 모르겠어요.
タンシニ　ムスン センガグル　ハゴ　インヌンジ　モルゲッソヨ

**8** 売り言葉に買い言葉ですよ。

가는 말이 고와야 오는 말이 곱죠.
カヌン　マリ　コワヤ　オヌン　マリ　コッブチョ

**9** いい人だと思っていたのに。

좋은 사람인 줄 알았는데.
チョウン　サラミン　ジュル　アランヌンデ

**10** 君とは絶交だよ。

너랑은 절교야.
ノランウン チョルギョヤ

**11** もう連絡もしないで。

이제 연락도 하지 마.
イジェ　ヨルラット　ハジ　マ

**12** 弁護士を通して下さい。

변호사를 통해 주세요.
ピョノサルル　トンヘ　ジュセヨ

## 歩み寄り

**1** 感情的にならないで。

감정적이 되지 마.
カムジョン チョギ トゥェジ　マ

**2** 私を信じて下さい。

저를 믿어 주세요.
ジョルル　ミド　チュセヨ

46

**3** もう一度チャンスを下さい。

# 다시 한 번 기회를 주세요.
タシ ハン ボン キフェル チュセヨ

**4** もう一度やり直そう。

# 처음부터 다시 시작해 보자.
チョウムブト タシ シジャケ ポジャ

**5** お互い意地を張ってもしょうがない。

# 서로 고집피워 봐야 소용 없어.
ソロ コチッピウォ バヤ ソヨン オプソ

**6** お互いもっと素直になりましょう。　　　素直になろうよ

# 서로 좀 더 솔직해져요.　　　솔직해지자
ソロ チョム ド ソルチッケジョヨ

社交

## プラスの感情

### うれしい・幸せ

1. 本当にうれしいです。

   **정말 기뻐요. / 정말 좋아요.**
   チョンマル キポヨ　　チョンマル チョアヨ

2. すごくうれしい！

   **너무 좋다！**
   ノム チョッタ

3. やった！

   **신난다！**
   シンナンダ

4. 人生最高の日です。

   **인생 최고의 날이에요.**
   インセン チェゴエ ナリエヨ

5. 本当に良かった。

   **정말 다행이에요.**
   チョンマル タヘンイエヨ

6. 気分は最高！

   **기분이 최고에요！**
   キブニ チェゴエヨ

7. 幸せです。

   **행복해요.**
   ヘンボッケヨ

---

韓国人は東洋のイタリア人と言われるほど陽気です。喜・怒・哀・楽の表現も表情のみならず、率直に口に出して言うことが多いです。

## 楽しい・面白い

**1** 今日は本当に楽しかったです。

오늘은 정말 즐거웠어요.
オ ヌルン ジョンマル ジュルゴ ウォッソ ヨ

**2** 面白い！

재밌다！
チェミッタ

**3** 吉田さん面白すぎですよ！

요시다 씨 너무 웃겨요！
ヨ シ ダ シ ノ ム ウッキョ ヨ

**4** あなたといると何をしても楽しいです。

당신과 같이 있으면 뭘 해도 즐거워요.
タンシングァ カチ イッスミョン モル ヘ ド チュルゴ ウォ ヨ

## 感動・感激

**1** 感動しました。

감동했어요.
カムドン ヘッソ ヨ

**2** 感激で胸がいっぱいです。

감격해서 가슴이 벅차요.
カム キョケ ソ カ スミ ポッチャ ヨ

**3** とても感動しました。

정말로 감동했어요.
チョンマル ロ カムドン ヘッソ ヨ

感情を表す表現

4 ジーンと、きました。

## 가슴이 뭉클했어요.
カ スミ ムンクル ヘッソ ヨ

# やすらぎ

1 気持ちがやすらいでいます。

## 마음이 편안합니다.
マ ウミ ピョナンハムニ ダ

2 気持ちが落ち着きます。

## 진정이 됩니다.
チンジョン イ デンムニ ダ

3 ここは居心地がいいですね。

## 여기 있으면 마음이 편안해져요.
ヨ ギ イッス ミョン マ ウミ ピョナネ ジョ ヨ

4 試験が終わってホッとしています。

## 시험이 끝나서 한숨 돌렸어요.
シ ホミ クンナ ソ ハンスム トル リョッソ ヨ

5 好きな音楽を聴くと気が休まります。

## 좋아하는 음악을 들으면 마음이 편안해져요.
チョア ハ ヌン ウマグル ドゥル ミョン マ ウミ ピョナネ ジョ ヨ

6 子供の寝顔を見ると癒されます。

## 아기 자는 모습을 보면 마음이 달래져요.
ア ギ チャヌン モ スブル ポ ミョン マ ウミ タル レ ジョ ヨ

## 充実感

**1** この結果に満足しています。

이 결과에 만족하고 있어요.
<sub>イ キョルグァ エ マン ジョッカ ゴ イッソ ヨ</sub>

**2** よく食べるので、作り甲斐があります。

잘 먹으니까 만드는 보람이 있어요.
<sub>チャル モグ ニ カ マン ドゥ ヌン ポ ラミ イッソ ヨ</sub>

**3** やり遂げた、という充実感があります。

해냈다, 라는 충족감이 있어요.
<sub>ヘ ネッ タ ラ ヌン チュンジョッ カミ イッソ ヨ</sub>

**4** やるだけやったんだから、思い残すことはありません。

할 만큼 했으니까, 아쉬움은 없습니다.
<sub>ハル マンクンム ヘッス ニ カ ア シ ウムン オプスンム ミ ダ</sub>

## マイナスの感情

CD-1
[track18]

## 悲しい

**1** 悲しいです。

슬퍼요.
<sub>スル ポ ヨ</sub>

**2** 胸が痛いです。

가슴이 아파요.
<sub>カ スミ ア パ ヨ</sub>

**3** 悲しすぎて涙が独りでにこぼれます。

너무 슬퍼서 눈물이 저절로 흘러요.
<sub>ノ ム スル ポ ソ ヌン ムリ チョジョル ロ フル ロ ヨ</sub>

感情を表す表現

## 苦しい・辛い

**1** 苦しいです。

괴로워요.
クェロ ウォ ヨ

**2** 私も心苦しいです。

저도 마음이 아파요.
チョドゥ マウミ アパヨ

**3** 遠距離恋愛は辛いです。

멀리 사는 애인과의 연애는 힘들어요.
モルリ サヌン エイングァエ ヨネヌン ヒムドゥロ ヨ

**4** 毎日残業するのは辛いですよ。

매일 잔업하는 것은 힘들어요.
メイル チャノパヌン コスン ヒムドゥロ ヨ

**5** どんなに辛いことがあっても明日があるさ！

아무리 힘들어도 내일이 있잖아！
アムリ ヒムドゥロド ネイリ イッチャナ

## 寂しい・わびしい

**1** 独りぼっちになったようで寂しいです。

외톨이가 된 것 같아 쓸쓸해요.
ウェトリガ ドゥエンコッ カタ スルスルヘ ヨ

**2** ヨンヒさんがいないと寂しいです。

영희 씨가 없으면 쓸쓸해요.
ヨンヒ シガ オプスミョン スルスルヘ ヨ

3 独り身のクリスマスはわびしいですよ。

## 혼자 보내는 크리스마스는 외로워요.
ホンジャ　ボ　ネ　ヌン　ク　リ　ス　マ　ス　ヌン　ウェ　ロ　ウォ　ヨ

感情を表す表現

# 腹が立つ

1 ひどいです！

## 너무해요！
ノ　ム　ヘ　ヨ

2 私、怒ってます！

## 저 화났어요！
チョ　ファ　ナッソ　ヨ

3 もうたくさん！

## 됐어요！
トゥエッソ　ヨ

4 いい加減にして！

## 정도껏 해요！
チョン　ドゥ　コッ　テ　ヨ

5 もう我慢できない！

## 더 이상 못 참겠어요！
ト　イ　サン　モッチャンム　ケッソ　ヨ

6 みんな自分勝手で頭に来ます。

## 모두들 제 고집만 세워서 화가 나요.
モ　ドゥ　ドゥル　チェ　ゴ　ジンムマン　セ　ウォ　ソ　ファ　ガ　ナ　ヨ

7 あー、腹が立つ！

## 아, 정말 신경질나！
ア　チョン　マル　シン　キョン　ジル　ナ

53

### 8 言語道断だわ！
**정말 어이가 없네!**
チョンマル オ イ ガ オンム ネ

### 9 ふざけるんじゃないわよ！
**웃기지 마요!**
ウッ キ ジ マ ヨ

### 10 私を何だと思っているんだ！
**나를 뭘로 알아요!**
ナ ルル モル ロ アラ ヨ

### 11 もう顔も見たくない！
**이젠 꼴도 보기 싫어!**
イ ジェン コル ドゥゥ ポ ギ シロ

### 12 考えれば考えるほど腹が立つんです。
**생각하면 할수록 화가 나요.**
セン ガカ ミョン ハル ス ロック ファ ガ ナ ヨ

### 13 この怒りをどこにぶつけていいのか、わかりません。
**이 분노를 어디에 터트려야 할지 모르겠어요.**
イ プンノルル オ ディ エ ト トゥ リョ ヤ ハル チ モ ル ゲッソ ヨ

## 不満・イライラ

### 1 何よ、これ―
**뭐야, 이거―**
モ ヤ イ ゴ

### 2 もう少しまともにできませんか？
**좀 잘 할 수 없어요?**
チョンム チャ ラル ス オッブソ ヨ

3 何がそんなに不満なわけ？

뭐가 그렇게 불만인 거야？
モ ガ　クロッケ　プルマニン　ゴヤ

4 はっきり言って不満です。

솔직히 말해서 불만이에요.
ソルチッキ　マレソ　プルマニエヨ

5 どうしていつもそう不満げな顔をするの？

왜 그렇게 항상 불만스러운 얼굴이야？
ウェ　グロッケ　ハンサン　プルマンスロウン　オルグリヤ

6 いら立ってるからって、当たり散らさないでね。

짜증난다고 불똥 튀기지 마.
チャジュンナンダゴ　プルトン　トゥィギジ　マ

7 最近はイライラすることが多いですね。

요즘은 짜증나는 일이 많아요.
ヨズムン　チャズンナヌン　イリ　マナヨ

## 不安・自信喪失

1 とても不安です。

아주 불안해요.
アジュ　プラネヨ

2 自信喪失です。

자신을 잃었어요.
チャシヌル　イロッソヨ

3 あー、私ってこんなにバカだったっけ？

아, 내가 이렇게도 바보였나？
アァ　ネガ　イロッケドゥ　パボヨンナ

4　これからどうやって生きていけばいいんだ？

**앞으로 어떻게 살아나가지 ?**
アプロ　オトッケ　サラナガジ

5　どうしたらいいか自分でもわかりません。

**어떻게 해야 할지 저도 모르겠어요.**
オトッケ　ヘヤ　ハルチ　チョド　モルゲッソヨ

6　最近ちょっと落ち込んでいます (憂鬱です)。

**요즘 좀 우울해요.**
ヨズム　チョム　ウウルヘヨ

## 落胆・うんざり

1　あなたがそんな人だとは今の今まで知らなかった。

**당신이 그런 사람인 줄 여태까지 몰랐어.**
タンシニ　クロン　サラミン　ジュル　ヨテカジ　モルラッソ

2　がっかりしました。

**실망했어요.**
シルマンヘッソヨ

3　あの人には失望しました。

**그 사람한테는 실망했어요.**
ク　サラムハンテヌン　シルマンヘッソヨ

4　その言い訳はもう聞き飽きました。

**그 변명은 이제 지겨워요.**
ク　ピョンミョンウン　イジェ　チギョウォヨ

5　あの人の自慢話はうんざりするほど聞かされました。

**그 사람 자기 자랑은 질릴 정도로 들었어요.**
ク　サラム　チャギ　ジャランウン　チルリル　チョンドロ　ドゥロッソヨ

## つまらない・退屈

**1** あ～つまんない、何か楽しいことない？

아～ 따분해. 뭔가 재미나는 일 없어？

**2** つまらない男にひっかかった。

별볼일없는 남자한테 걸렸어.

**3** こんなの見てもつまらないですよね。

이런 거 봐도 시시하죠.

**4** 歴史の授業は退屈です。

역사 수업은 지루해요.

**5** あの人の話は退屈ですよ。

그 사람 얘기는 따분할 거예요.

## 後悔する

**1** あんなこと言わなければよかった。

그런 말 하지 말걸.

**2** 後悔しています。

후회하고 있어요.

3  もう二度とあんなことはしない。

**이제 두번 다시 그런 일은 하지 않을 거야.**
イジェ トゥボン ダシ クロン イルン ハジ アヌル コヤ

4  こんなことになるなんて夢にも思わなかったですよ。

**이렇게 되리라고는 꿈에도 생각 못 했어요.**
イロッケ テェリラゴヌン クメド センガン モ テッソヨ

## 驚き

**CD-1**
[track19]

1  びっくりした！

**깜짝이야！**
カムチャギ ヤ

2  本当に驚きました。

**정말 놀랐어요.**
チョンマル ノルラッソヨ

3  びっくりさせないで下さい。

**놀라게 하지 마세요.**
ノルラゲ ハジ マセヨ

4  何これ？

**이게 뭐야？**
イゲ モヤ

5  まさか？

**설마？**
ソルマ

6  え？うそ？

**에？ 정말？**
エ チョンマル

**7** 信じられない！

# 믿기지 않아！/ 말도 안돼！
ミッキジ アナ  マルド アンデ

**8** それ本当ですか？

# 그게 정말이예요？
クゲ チョン マリ エ ヨ

**9** 寝耳に水です。

# 아닌밤중에 홍두깨예요．
ア ニンバムチュン エ ホン ドゥ ケ エ ヨ

**10** ショックです。

# 충격적이예요．
チュンギョック チョッギ エ ヨ

**11** そんなはずは…

# 그럴 리가…
ク ロル リ ガ

## 相づち

CD-1
[track20]

**1** そう！

# 그래！
ク レ

**2** そうそう！

# 그래 맞아！
ク レ マジャ

**3** そうなんですよ。

# 그렇다니까요．
ク ロッ タ ニ カ ヨ

感情を表す表現

59

4 まさにそうですよ。

**바로 그거예요.**
バロ クゴエヨ

5 なるほどね。

**네, 그렇군요.**
ネェ クロックンニョ

6 それはそうですね。

**그건 그래요.**
クゴン グレヨ

7 そうだってば！

**그렇다니까요!**
クロッタニカヨ

## ほめる

CD-1
[track21]

1 ステキですね。

**멋지네요.**
モッチネヨ

2 おきれいですね。

**예쁘시네요.**
イェブシネヨ

3 あの人はすごい人です。

**저 사람은 대단한 사람이에요.**
チョ サラムン テダナン サラミエヨ

4 さすがですね。

**역시 달라요.**
ヨックシ タルラヨ

### 5 山田さんは物知り（博識）ですよ。

**야마다씨는 아는 것이 많으세요.**
ヤマダッシヌン　アヌン　ゴシ　マヌ　セヨ

### 6 本当に料理がお上手ですね。

**정말 요리 솜씨가 좋으시네요.**
チョンマル　ヨリ　ソンムシガ　チョウシネヨ

### 7 お目が高いですね。

**눈이 높으시네요.**
ヌニ　ノプ　シネヨ

## けなす

CD-1
[track22]

### 1 バカじゃないの？

**바보 아냐?**
パボ　アニャ

### 2 ケチね。

**쩐쩐해.**
チョンチョネ

### 3 どこに目つけてるの？

**어디다 눈을 달고 다니니?**
オディダ　ヌヌル　タルゴ　タニニ

### 4 どうしてそんなに後先考えないの？

**왜 그렇게 앞뒤 생각이 없어?**
ウェ　クロッケ　アプドゥィ　センガギ　オプソ

## 叱る・たしなめる

**1** 何回言ったらわかるの？

몇 번 말해야 알아들어?
ミョッポン　マレヤ　アラドゥロ

**2** 話聞いてる？

얘기를 듣고 있는 거야?
イェギルル　トゥッコ　イッヌン　ゴヤ

**3** もう子供じゃないんだから。

이젠 어린애가 아닌데.
イジェン　オリネガ　アニンデ

**4** そんなことしちゃダメでしょう。

그런 거 하면 안되지.
クロン　ゴ　ハミョン　アンデジ

**5** 落ち着いてよく考えてみて。

진정하고 잘 생각해 봐.
チンジョンハゴ　チャル　センガケ　バ

## 非難する

**1** 君の責任だよ。

자네 책임이야.
チャネ　チェギミヤ

**2** 全部お前のせいだよ。

전부 다 네 탓이야.
チョンブ　タ　ネ　タシヤ

**3** 人のせいにしないで。

# 남의 탓으로 돌리지 마.
<sub>ナメ タス ロ トゥ リ ジ マ</sub>

**4** 嘘言わないで。

# 거짓말 마요.
<sub>コ ジン マル マ ヨ</sub>

**5** ひきょうです。

# 비겁해요.
<sub>ピ コペ ヨ</sub>

**6** 男らしくないです。

# 남자답지 못해요.
<sub>ナム ジャダプ チ モテ ヨ</sub>

**7** 逃げることばかり考えないで。

# 도망갈 궁리만 하지 마요.
<sub>ト マンガル クン リマン ハ ジ マ ヨ</sub>

**8** 言いたいことがあったらはっきり言いなさい。

# 말하고 싶은 것이 있으면 확실하게 말하세요.
<sub>マラ ゴ シップン ゴシ イッス ミョン ファックシラ ゲ マラ セ ヨ</sub>

## 同情する

CD-1
[track25]

**1** かわいそうに。

# 안됐어.
<sub>アン デッソ</sub>

**2** 運が悪かったね。

# 운이 나빴어.
<sub>ウニ ナ パッソ</sub>

### 3 それはひどいよ。
**그건 너무해.**
クゴン ノムヘ

### 4 君の気持ち、よくわかるよ。
**네 마음 잘 알아.**
ネ マウンム チャル アラ

### 5 そういう時もあるよ。
**그럴 때도 있지.**
クロル テド イッチ

## アドバイスする

### 1 気を落とさないで。
**낙심하지 마요.**
ナックシンム ハジ マヨ

### 2 あまり思いつめないで。
**너무 골똘히 생각 마요.**
ノム コルトリ センガン マヨ

### 3 結論を急がないで。
**결론을 서두르지 마세요.**
キョルロンヌル ソドゥルジ マセヨ

### 4 あまり悪いほうにばかり考えないで。
**너무 나쁜 쪽으로만 생각하지 마요.**
ノム ナプン チョグロマン センガカジ マヨ

5 今は時期じゃないんだよ。

**지금은 시기가 아닌거야.**
チグムン シギガ アニンゴヤ

6 弁護士に相談したほうがいいと思いますよ。

**변호사하고 상담하는 게 좋을 듯 싶어요.**
ピョノ サ ハゴ サン ダマ ヌン ゲ チョウル トゥッ シッポ ヨ

7 気分転換に旅行でもしたらどうですか？

**기분전환으로 여행이라도 하는 건 어때요?**
キ ブンジョン ファヌ ロ ヨヘン イ ラ ド ハ ヌン ゴン オ テ ヨ

8 過ぎたことは忘れて、これからのことを考えなくちゃ。

**지난 일은 잊어버리고 앞으로의 일을 생각해야**
チナン イルン イジョ ボ リ ゴ アプ ロ エ イルル セン ガッケ ヤ

**죠.**
ジョ

## 励ます

[track27]

1 大丈夫だよ。

**괜찮아.**
クェン チャナ

2 心配しないで。

**걱정하지 마요.**
コッチョン ハ ジ マ ヨ

3 あきらめないで。

**포기하지 마요.**
ポ ギ ハ ジ マ ヨ

4 きっと道が開けるよ。

**반드시 길이 열릴 거야.**
パンドゥシ　キリ　ヨルリル　コヤ

5 あなたならきっとできますよ。

**너라면 꼭 할 수 있을 거야.**
ノラミョン　コック　ハル　ス　イッスル　コヤ

6 もう少しの辛抱ですよ。

**조금만 더 참으면 돼.**
チョクンマン　ドゥ　チャムミョン　デ

7 自信を持って！

**자신을 가져!**
チャシヌル　カジョ

8 その経験はいつかきっと役に立つよ。

**그 경험은 언젠가 꼭 도움이 될 거야.**
ク キョン ホムン　オンジェンガ　コック　ト　ウミ　テル　コヤ

9 「災い転じて福となす」っていうじゃない。

**〈전화위복〉이라고 하잖아.**
チョン ファ ウィ ボ　ギラゴ　ハジャナ

## 慰める

CD-1
[track28]

1 元気出して下さい。

**힘내세요.**
ヒムネセヨ

2 でも、不幸中の幸いです。

**하지만, 불행 중 다행이에요.**
ハジマン　ブレン ジュン タヘン イ エ ヨ

3 厄払いしたと思いましょう。

### 액땜했다고 생각해요.
エックテンムヘッ タ ゴ セン ガケ ヨ

4 またがんばればいいじゃない。

### 또 열심히 하면 되잖아.
ト ヨルッ シミ ハ ミョン テ ジャナ

5 まだ若いんだから。

### 아직 젊잖아.
ア ジック ジョム チャナ

感情を表す表現

## 外見：顔の特徴

④人についての話題

人の顔立ちや身体的特徴、性格、体質、好き嫌いを表す言葉は実に様々です。韓国語と日本語は基本的な語順が同じなので、名詞なら名詞、動詞は動詞でぴったり対応することが多いですが、日常的な表現であるほど1対1で対応しない場合も少なくないので、丸ごとフレーズで覚えると便利です。

**1** どんな顔をしていますか？

어떻게 생겼어요?
オ ト ケ  センギョッソ ヨ

**2** 顔の特徴は？

얼굴의 특징은요?
オル グ レ  トゥッチン ウンニョ

**3** 芸能人では誰に似ていますか？

연예인 중에선 누구를 닮았어요?
ヨネ イン ジュンエ ソン  ヌ グ ルル  タルマッソ ヨ

**4** ペ・ヨンジュンに似ているとよく言われます。

배용준을 닮았다는 말을 많이 듣습니다.
ペ ヨンジュヌル  タルマッ タ ヌン  マルル  マニ トゥッスンニ ダ

**5** 丸顔です。

동그란 얼굴이에요.
トン グ ラン オル グ リ エ ヨ

面長・童顔・瓜実顔

긴 얼굴 (말상)/동안 /계란형 얼굴

**6** 顔が小さいです。　　　　　　　　　　　　大きい

얼굴이 작아요.　　　　　　커요
オル グ リ  チャガ ヨ

**7** 目鼻立ちがはっきりしています。

눈코입이 또렷해요.
ヌン コ イ ビ  ト リョッテ ヨ

### 8 眉が濃いです。

눈썹이 짙어요.
ヌン ソビ チト ヨ

薄いです・きれいです。

옅어요 / 예뻐요

### 9 まつげが長いです。

속눈썹이 길어요.
ソンヌン ソビ キロ ヨ

### 10 目が大きいです。

눈이 커요.
ヌニ コ ヨ

小さいです・細いです・垂れてます。

작아요 / 가늘어요 / 처졌어요.

### 11 目は二重まぶたで、パッチリしています。

눈은 쌍꺼풀이고 또렷해요.
ヌヌン サン コ プリ ゴ ト リョッテ ヨ

### 12 奥二重でミステリアスな感じがします。

속쌍꺼풀이라서 신비적인 느낌이 들어요.
ソッサン コ プリ ラ ソ シン ビ ジョギン ヌ キミ ドゥロ ヨ

### 13 一重まぶたで厚ぼったいです。

홑꺼풀이라서 두터워요.
ホッ コ プリ ラ ソ トゥ トゥォ ヨ

### 14 切れ長で涼しい目元をしています。

눈꼬리가 길고 시원스러운 눈매예요.
ヌン コ リ ガ キル ゴ シ ウォン ス ロ ウン ヌン メ エ ヨ

### 15 黒目がちです。

눈동자가 커요.
ヌン トン ジャ ガ コ ヨ

人についての話題

**69**

**16** 瞳の色が薄いです。

**눈동자 색이 흐려요.**
ヌントンジァ　セギ　フリョヨ

**17** 鼻筋が通ってます。

**콧대가 섰어요.**
コッテガ　ソッソヨ

**18** 鷲鼻です。　　　　　　　　　　　　　　　　　　　　団子鼻

**매부리코예요.**　　　　　　　　　　　　　　　　　**납작코**
メブリコエヨ

**19** 唇が厚いです。　　　　　　　　　　　　　　　　　　薄い

**입술이 두터워요.**　　　　　　　　　　　　　　　　**얇아요**
イプスリ　トゥトウォヨ

**20** 歯並びがとてもきれいです。

**치열이 가지런해요.**
チヨリ　カジロネヨ

**21** 出っ歯気味です。

**약간 뻐드렁니예요.**
ヤッカン　ポドゥロンニエヨ

**22** 八重歯がとてもかわいらしいです。

**덧니가 귀여워요.**
トンニガ　クィヨウォヨ

**23** あごが尖っています。

**턱이 뾰족해요.**
トギ　ピョチョケヨ

**24** 二重あごです。

**이중턱이에요.**
イジュン　トギ　エヨ

70

25 あごがしゃくれています。

### 주걱턱이에요.
チュゴック トギ エ ヨ

26 えらが張っています。

### 사각턱이에요.
サ ガック トギ エ ヨ

27 ほお骨が出ています。

### 광대뼈가 튀어나왔어요.
クァン デ ピョ ガ トゥイ オ ナ ワッソ ヨ

28 ひげを生やしています。

### 수염을 길렀어요.
ス ヨムル キル ロッソ ヨ

29 色白できれいな肌です。

### 살결이 희고 깨끗해요.
サル キョリ ヒ ゴ ケ クッテ ヨ

30 肌が浅黒いほうです。

### 살결이 검은 편이에요.
サル キョリ コムン ピョニ エ ヨ

31 大人っぽい顔立ちです。

### 얼굴 생김새가 어른스러워요.
オル グル センギム セ ガ オルン ス ロ ウォ ヨ

32 耳たぶが厚いです。

### 귓불이 두터워요.
キゥイ プリ トゥト ウォ ヨ

33 ちょっとはげてます。

### 좀 머리가 벗겨졌어요.
チョム モ リ ガ ポッキョジョッソ ヨ

人についての話題

## 外見：スタイル

CD-1 [track30]

**1** スラリとしてスタイルがいいです。

### 늘씬해서 스타일이 좋아요.
ヌル シネ ソ スタ イリ チョア ヨ

**2** 背が高いです。

### 키가 커요.
キ ガ コ ヨ

低い
작아

**3** 普通くらいの背です。

### 보통 키예요.
ポ トン キ エ ヨ

**4** 痩せ形 (スリム) で、線が細いです。

### 마른 편이고 선이 가늘어요.
マ ルン ピョニ ゴ ソニ カ ヌロ ヨ

**5** ガリガリです。

### 비쩍 말랐어요.
ピ チョン マル ラッソ ヨ

**6** ちょっと太めです。

### 좀 뚱뚱한 편이에요.
チョム トゥントゥンハン ピョニ エ ヨ

**7** ぽっちゃりしています。

### 통통해요.
トントン ヘ ヨ

**8** かなり太って鈍い感じがします。

### 살이 많이 쪄서 둔한 느낌이 들어요.
サリ マニ チョソ ドゥナン ヌ キミ トゥロ ヨ

### 9 筋肉質の体で体格がいいです。
근육질 몸매로 체격이 좋아요.
<sub>クニュックチル モンメロ チェギョギ チョアヨ</sub>

### 10 手脚が長いです。   短い
팔다리가 길어요.   짧아요
<sub>パルタリガ キロヨ</sub>

### 11 お腹が出て貫禄があるように見えます。
배가 나와서 관록이 있어 보여요.
<sub>ペガ ナワソ クァンロギ イッソ ポヨヨ</sub>

### 12 肩幅が広くがっしりしています。
어깨폭이 넓고 듬직해요.
<sub>オケポギ ノルコ トゥンムジケヨ</sub>

### 13 ガリガリで貧相な感じがします。
말라서 빈약한 느낌이 들어요.
<sub>マルラソ ピンヤカン ヌキミ トゥロヨ</sub>

### 14 なで肩です。
어깨가 처졌어요.
<sub>オケガ チョジョッソヨ</sub>

### 15 怒り肩です。
어깨가 치켜 올라 갔어요.
<sub>オケガ チキョ オルラ カッソヨ</sub>

### 16 肩が狭いです。
어깨가 좁아요.
<sub>オケガ チョバヨ</sub>

### 17 胸が大きいです。   小さい
가슴이 커요.   작아요
<sub>カスミ コヨ</sub>

人についての話題

18 絶壁です。

**절벽이에요.**
チョル ビョギ エ ヨ

19 ウェストがキュッと締まっています。　　　　　　　　足首

**허리가 잘록해요.**　　　　　　　　**발목이**
ホ リ ガ チャル ロッケ ヨ

20 脚が曲がっています。　　　　　　　　まっすぐに伸びてます。

**다리가 휘었어요.**　　　　**곧게 뻗었어요**
タ リ ガ フィ オッソ ヨ

21 足がとても長いです。　　　　　　　　短い

**다리가 아주 길어요.**　　　　　　　**짧아요**
タ リ ガ アジュ キロ ヨ

22 毛深いです。

**털이 많아요.**
トリ マナ ヨ

## 外見：服装・いでたちなど

CD-1
[track31]

1 眼鏡をかけています。　　　サングラスを・老眼鏡を

**안경을 썼어요.**　　**선글래스를 / 돋보기 안경을**
アンギョン ウル ソッソ ヨ

2 いつも帽子をかぶっています。

**항상 모자를 쓰고 다녀요.**
ハンサン モジャルル ッスゴ ダニョ ヨ

3 汚い格好をしています。

**더러운 차림새를 하고 있어요.**
ト ロ ウン チャリムセ ルル ハ ゴ イッソ ヨ

**4** いつ見ても小ぎれいにしています。

### 언제 봐도 깔끔해요.
オンジェ　バ　ド　カルクンムヘ　ヨ

**5** 普段どんな服装が多いですか？

### 평상시에는 어떤 복장을 즐겨 입어요?
ピョンサン　シ　エ　ヌン　オ　トン　ポックチャン　ウル　チュルギョ　イボ　ヨ

**6** 主にTシャツにジーンズです。

### 주로 티셔츠에 청바지예요.
チュ　ロ　ティシャッツ　エ　チョンバ　ジ　エ　ヨ

**7** ネクタイにスーツです。

### 양복에 넥타이예요.
ヤン　ボゲ　ネクタ　イ　エ　ヨ

**8** スカートをよく穿きます。

### 치마를 자주 입어요.
チ　マ　ルル　チャジュ　イボ　ヨ

**9** どんな服装が好きですか？

### 어떤 복장을 좋아하세요?
オ　トン　ポックチャン　ウル　チョア　ハ　セ　ヨ

**10** きちんとした服装が好きです。

### 단정한 복장을 좋아해요.
タンチョンハン　ポックチャン　ウル　チョ　ア　ヘ　ヨ

カジュアルな・最近流行の

### 캐주얼한 / 요즘 유행하는

**11** 彼はとてもかっこいいです。

### 그 사람은 아주 멋있어요.
ク　サ　ラムン　ア　ジュ　モシッソ　ヨ

人についての話題

**12** 彼はハンサムなほうです。

그 사람은 잘생긴 편이에요.
ク サ ラムン チャルセンギン ピョニ エ ヨ

**13** イケメンです。

얼짱이에요.
オルチャン イ エ ヨ

**14** 私好みです。

제 타입이에요.
チェ タ イビ エ ヨ

**15** とても姿勢がいいです。

아주 자세가 좋아요.
ア ジュ チャセガ チョア ヨ

**16** ちょっと猫背気味です。

좀 등이 굽었어요.
チョム トゥン イ クボッソ ヨ

**17** 脚も短いし、あまり格好よくないです。

다리도 짧고 좀 못생겼어요.
タ リ ド チャルコ チョム モッセンギョッソ ヨ

**18** 外見は十人並み(普通)です。

겉모습은 보통이에요.
コン モ スブン ポトン イ エ ヨ

**19** 鈴木さんは美人です。

스즈키 씨는 미인이에요.
ス ズ キ シヌン ミ イニ エ ヨ

可愛いです・きれいです・美しいです。

귀여워요 / 예뻐요 / 아름다워요

20 とても洗練されています。　　　　　　　　　　　おしゃれです。

아주 세련됐어요.　　　　　　　　　　　　　　멋쟁이에요
ア ジュ　セ リョン デッソ　ヨ

21 着こなしのセンスがあります。

옷 입는 센스가 있어요. (옷을 잘 입어요)
オディンムヌン センス ガ イッソ ヨ　　　オスル チャル イボ ヨ

22 美人ではないけど、とても魅力的です。

미인은 아니지만 아주 매력적이에요.
ミ イヌン　ア ニ ジ マン　ア ジュ　メ リョッ チョギ エ ヨ

23 あまりきれいじゃないです。

별로 안 예뻐요.
ピョル ロ　アニェ ポ ヨ

24 正直言って不細工です。

솔직히 말해서 못생겼어요.
ソル チキ　マレ ソ　モッセンギョッソ ヨ

## 体質

CD-1
[track32]

1 とても寒がりです。　　　　　　　　　　暑がりです。

아주 추위를 많이 타요.　　　더위를 많이 타요.
ア ジュ チュイルル　マニ　タ ヨ

2 体が弱いです。

몸이 약해요.
モミ　ヤッケ ヨ

3 虚弱体質です。

허약 체질이에요.
ホ ヤッ チェ ジリ エ ヨ

77

### 4 卵アレルギーがあります。

**계란** 알레르기가 있어요.
ケランヌ アル レ ル ギ ガ イッソ ヨ

埃・牛乳・えび・かに

**먼지 /우유 / 새우 / 게**

### 5 太りにくい体質です。

**살이 잘 안찌는** 체질이에요.
サリ チャル アン チ ヌン チェ ジリ エ ヨ

アトピー / 日焼けしやすい

**아토피 /햇볕에 잘 타는**

### 6 体質的にすぐ太るんです。

**체질적으로 금방 살이 쪄요.**
チェジル チョグ ロ クンムバング サリ チョ ヨ

### 7 コーヒーは体質的に受け付けないんです。　　　アルコールは

**커피는** 체질적으로 안받아요.　　　　　　　**알콜은**
コ ピ ヌン チェジル チョグ ロ アン バダ ヨ

### 8 今井さんは左利きです。　　　　　右利き

이마이 씨는 **왼손잡이**에요.　　　**오른손잡이**
イ マ イ ッシ ヌン ウェンソン ジャビ エ ヨ

### 9 冷え性です。

냉증이 있어요.
ネンチュン イ イッソ ヨ

## 性格

人についての話題

## どんな人？

**1** 部長さんはどんな人ですか？

부장님은 어떤 사람이에요?
プ ジャン ニムン　オ トン　サ ラミ　エ ヨ

**2** 本当にいい人です。

정말로 좋은 사람이에요.
チョン マル ロ　チョウン　サ ラミ　エ ヨ

**3** 包容力があっておおらかな人です。

포용력이 있고 너그러운 사람이에요.
ポ ヨン リョギ　イッコ　ノ グ ロ ウン　サ ラミ　エ ヨ

**4** 大人しいけど芯は強い女性です。

얌전하지만 속은 강한 여성이에요.
ヤム ジョナ　ジ マン　ソグン　カンハン　ヨ ソン イ エ ヨ

**5** 行動派です。

행동파에요.
ヘンドン パ エ ヨ

**6** 理知的だけど野心家タイプです。

이지적이지만 야심가 타입이에요.
イ ジ ジョギ　ジ マン　ヤ シムガ　タ イビ　エ ヨ

**7** 無口だけど、誠実な人です。

말수가 적지만 성실한 사람이에요.
マル ス ガ　チョッチ マン　ソン シラン　サ ラミ　エ ヨ

**8** 親分肌です。

보스 기질이 있어요.
ポ ス　ギジリ　イッソ ヨ

**9** 親切だけど、ちょっと恩着せがましいところがあります。

친절하지만 좀 생색을 내는 면이 있어요.
<sub>チン ジョラ ジ マン チョム セン セグル ネ ヌン ミョニ イッソ ヨ</sub>

**10** おしゃべりだけど楽しい人です。

수다스럽지만 재미있는 사람이에요.
<sub>ス ダ スロプ チ マン チェ ミ インヌン サ ラミ エ ヨ</sub>

**11** 無愛想だけど根は優しい人です。

퉁명스럽지만 근본은 착한 사람이에요.
<sub>トゥンミョン ス ロプ チ マン クン ボヌン チャカン サ ラミ エ ヨ</sub>

# どんな性格？

**1** 彼はどんな性格ですか？

그 사람은 어떤 성격이에요？
<sub>ク サ ラムン オ トン ソン キョギ エ ヨ</sub>

彼女は・課長は・あなたは

그녀는 / 과장님은 / 당신은

**2** 朗らかでとっつきやすい性格ですよ。

명랑하고 붙임성 있는 성격이에요.
<sub>ミョンナン ハ ゴ プチムソン インヌン ソン キョギ エ ヨ</sub>

**3** 何でも悲観的に受け止める節があります。

무엇이든 비관적으로 받아들이는 면이 있어요.
<sub>ム オシ ドゥン ピ グァン チョグ ロ パダ ドゥリ ヌン ミョニ イッソ ヨ</sub>

**4** 短気で怒りっぽいです。

성질이 급하고 화를 잘 내요.
<sub>ソン ジリ クッパ ゴ ファ ルル チャル ネ ヨ</sub>

### 5 恥ずかしがり屋です。

**부끄럼을 많이 타요.**
ブ ク ロムル　　マニ　　タ ヨ

### 6 照れ屋で話し下手です。

**수줍음을 많이 타서 말을 잘 못해요.**
ス ジュブムル　　マニ　　タ ソ　　マルル　　チャル　モッテ　ヨ

### 7 スジさんは気取りやです。

**수지 씨는 새침데기예요.**
ス ジッ　シ ヌン　　セ チム テ ギ エ ヨ

### 8 人見知りが激しいです。

**낯가림이 심해요.**
ナッ カ　リ ミ　　シメ　ヨ

### 9 あの人は意地悪です。

**그 사람은 성질이 못됐어요.**
ク　サ ラムン　　ソン ジリ　　モッ テッソ　ヨ

### 10 性格はいいんだけど、空威張りするのが玉に瑕です。

**성격은 좋은데 허세를 부리는 게 옥에 티예요.**
ソン キョグン　チョウン デ　　ホ セルル　　プ リ ヌン　ゲ　　オゲ　　ティ エ ヨ

### 11 わがままな性格です。

**제멋대로인 성격이에요.**
チェ モッ テ　ロ イン　ソン キョギ　エ ヨ

## 印象

CD-1
[track34]

### 1 どんな感じの人ですか？

**느낌이 어떤 사람이에요?**
ヌ　キミ　　オットン　サ ラミ　エ ヨ

**2** 第一印象はどうでしたか？

### 첫인상은 어땠어요?
チョッ インサン ウン オッ テッソ ヨ

**3** とてもしっかりした人だと思います。

### 아주 다부진 사람인것 같아요.
ア ジュ タ ブ ジン サ ラ ミン ゴッ ガ タ ヨ

**4** 優しくて思いやりがある人だと思います。

### 상냥하고 남을 배려할 줄 아는 사람이라고
サン ニャン ハ ゴ ナムル ペ リョ ハル チュル ア ヌン サ ラ ミ ラ ゴ

### 생각해요.
セン ガッ ケ ヨ

**5** すぐしゃしゃり出る目立ちたがり屋のようです。

### 잘 나서고 눈에 띄기 좋아하는 사람 같아요.
チャル ナ ソ ゴ ヌ ネ トゥィ ギ チョ ア ハ ヌン サ ラム ガ タ ヨ

**6** ぶっきらぼうな口調で、恐そうです。

### 퉁명스러운 말투라서 무서워 보여요.
トゥンミョンス ロ ウン マル トゥ ラ ソ ム ソ ウォ ボ ヨ ヨ

**7** 気難しくて冷たそうな印象を受けました。

### 까다롭고 차가운 인상을 받았습니다.
カ ダ ロッ コ チャ ガ ウン イン サン ウル パ ダッ スム ニ ダ

**8** 頭が切れて賢そうな感じです。

### 머리 회전이 빠르고 똑똑한 느낌이에요.
モ リ フェ ジョ ニ パ ル ゴ トック トカン ヌ キ ミ エ ヨ

**9** 野心家タイプだけど、ちょっとずるそうに見えます。

### 야심가 타입이지만 좀 교활해 보여요.
ヤ シム ガ タ イ ビ ジ マン チョム キョ ファ レ ボ ヨ ヨ

10 第一印象はまあまあでした。

## 첫인상은 그저 그랬어요.
チョッインサンウン　ク ジョ　ク　レッソ　ヨ

## 好き嫌い・得意・苦手・特技
CD-1 [track35]

## 好き嫌い

1 どんな本が好きですか？

### 어떤 책을 좋아해요 ?
オットン　チェグル　チョ ア ヘ ヨ

料理が・色が・番組が・スポーツが

### 요리를 / 색을 / 프로그램을 /스포츠를

2 芸能人では誰が好きですか？

### 연예인 중에서는 누구를 좋아하세요 ?
ヨネ　インジュン エ　ソ ヌン　ヌ　グ ルル　チョ ア ハ セ ヨ

有名人・歌手・タレント

### 유명인 / 가수 / 탤런트

3 アクション映画とSF映画とどちらが好きですか？

### 액션영화와 에스에프영화 중에 어느쪽을 좋아해
エクションヨンファ ワ　　エ ス エ プ ヨンファジュン エ　　オ　ヌ チョグル チョ ア ヘ

### 요 ?
ヨ

**4** 推理小説が好きです。

# 추리소설을 좋아해요.
チュリ ソ ソルル チョア ヘ ヨ

歴史・恋愛・ドキュメンタリー・ノンフィクション

# 역사 / 연애 / 다큐멘타리 / 논픽션

**5** メロドラマが大好きです。

大河ドラマ

# 멜로드라마를 아주 좋아해요.
メルロドゥラマルル アジュ チョア ヘ ヨ

# 대하드라마

**6** 体を動かすことが好きです。

# 몸을 움직이는 걸 좋아해요.
モムル ウンジギ ヌン コルル チョア ヘ ヨ

**7** スポーツなら何でもできます。

# 운동이라면 뭐든지 할 수 있어요.
ウンドン イ ラミョン モドゥンジ ハル ス イッソ ヨ

**8** 今バスケットボールに夢中です。

# 지금 농구에 푹 빠져 있어요.
チグム ノン グ エ プック パジョ イッソ ヨ

**9** ジャズが気に入って、よく聴いています。

# 재즈음악이 마음에 들어서 곧잘 들어요.
チェズ ウマギ マ ウメ トゥロ ソ コッチャル トゥロ ヨ

**10** 動物の生態に興味があります。

# 동물의 생태에 흥미가 있어요.
トン ムレ センテ エ フンミ ガ イッソ ヨ

**11** 掃除は嫌いです。

# 청소는 싫어해요.
チョン ソ ヌン シロ ヘ ヨ

**12** 悪いことはしてないけど、警察はあまり好きじゃないです。

나쁜 짓은 하지 않았지만, 경찰은 별로 안 좋아
<sub>ナプン ジスン ハ ジ アナッ チ マン キョンチャルン ピョル ロ アン チョ ア</sub>

해요.
<sub>ヘ ヨ</sub>

## 得意・苦手

**1** 得意なスポーツは何ですか？

잘 하는 운동은 뭐예요?
<sub>チャラ ヌン ウンドゥウン モ エ ヨ</sub>

科目は・料理は・分野は

과목은 / 요리는 / 분야는

**2** 苦手な科目は何ですか？

잘 못 하는 과목은 뭐예요?
<sub>チャル モッ タ ヌン クァ モグン モ エ ヨ</sub>

スポーツは

운동은

**3** 整理整頓は苦手です。

정리 정돈은 잘 못 해요.
<sub>チョン ニ チョン ドヌン チャル モッ テ ヨ</sub>

**4** 機械類は苦手です。

기계 종류는 잘 못 만져요.
<sub>キ ゲ ジョンニュヌン チャル モン マンジョ ヨ</sub>

**5** 料理は好きだけど、あまり上手くないです。

요리는 좋아하지만 별로 잘 못 만들어요.
<sub>ヨ リ ヌン チョア ハ ジ マン ピョル ロ チャル モン マン ドゥロ ヨ</sub>

**6** 食べるのは好きだけど、作るのは嫌いです。

## 먹는 것은 좋아하지만 만드는 건 싫어해요.
モッヌン コスン チョア ハジマン マンドゥヌン ゴン シロ ヘ ヨ

**7** ゴルフにはあまり興味がありません。

## 골프에는 별로 흥미가 없어요.
コル ブ エ ヌン ピョル ロ フン ミ ガ オッブソ ヨ

**8** 学生の頃、数学が得意でした。

## 학생 때 수학을 잘 했어요.
ハックセン テ ス ハグル チャ レッソ ヨ

国語が・歴史が・語学が・英語が

## 국어를 / 역사를 /어학을 /영어를

**9** 編み物は得意です。セーターも編めますよ。

## 뜨개질은 잘 해요. 스웨터도 뜰 수 있어요.
トゥゲ ジルン チャレ ヨ セウェト ド トゥル ス イッソ ヨ

**10** 人前で話すのは大の苦手です。

## 남 앞에서 얘기하는 건 정말 싫어해요.
ナム アペ ソ イェギ ハヌン ゴン チョンマル シロ ヘ ヨ

**11** あまり理屈っぽい人は苦手です。

## 너무 이론적인 사람은 싫어해요.
ノム イ ロンチョギン サ ラムン シロ ヘ ヨ

**12** 運動音痴です。

## 운동은 잘 못해요.
ウンドンウン チャル モテ ヨ

## 特技

**1** 何か特技はありますか？

뭔가 특기가 있어요 ?

**2** 特技は早食いです。

특기는 빨리 먹는 거예요.

**3** 特技というほどではないけど、歌手の物まねができます。

특기랄 것까지는 없지만 가수 성대모사를 할 수 있어요.

## 天気と季節の話題

### 天候

**1** 天気予報を聞きましたか？

### 일기예보 들었어요?
イル ギ イェ ボ　トゥロッソ ヨ

**2** 明日の天気はどうだって言ってました？

### 내일 날씨는 어떻대요?
ネ イル　ナル シ ヌン　オ トッテ ヨ

**3** こちらは雨ですが、そちらはどうですか？

### 여기는 비가 오는데 그쪽은 어때요?
ヨ ギ ヌン　ピ ガ　オ ヌン デ　ク チョグン　オ テ ヨ

**4** 外は雨が降ってますか？

### 밖에 비가 와요?
パッケ　ピ ガ　ワ ヨ

**5** もう雨は止みましたか？

### 이제 비가 그쳤나요?
イ ジェ　ピ ガ　ク チョンナ ヨ

**6** 外は風が強いですか？

### 밖에 바람이 센가요?
パッケ　パ ラ ミ　セン ガ ヨ

**7** この雨はすぐ上がりますかね？

### 이 비가 금방 그칠까요?
イ　ピ ガ　クンムバン　ク チル カ ヨ

**8** 梅雨入りしたそうです。

### 장마에 들어갔대요.
チャン マ エ　トゥロ カッテ ヨ

---

伝聞の表現（連体形＋そうです）を表す「～ㄴ대요」は「～ㄴ다고 해요」、「～래요」は「～〈이〉라고 해요」の縮まった形です。普段の会話では、ほとんどこの縮約の形で使われます。

9 午後から雨になるそうです。

### 오후부터 비가 온답니다.
<sub>オ フ ブ ト   ビ ガ   オンダンムニ ダ</sub>

10 天気予報はあまり当たらないけど。

### 일기예보는 잘 안맞지만.
<sub>イル ギ イェ ボ ヌン   チャル   アンマッチ マン</sub>

## 明日の天気

1 明日の最低気温は2℃だって。

### 내일 최저기온이 이도래.
<sub>ネ イル   チェジョ キ オニ   イ ド レ</sub>

2 明日は気温が30℃まで上がるそうですよ。

### 내일은 기온이 삼십도까지 올라간대요.
<sub>ネ イルン   キ オニ   サンムシップ ト カ ジ   オル ラ カン デ ヨ</sub>

3 明日は晴れるそうです。

### 내일은 맑을 거래요.
<sub>ネ イルン   マルグル   コ レ ヨ</sub>

4 明日には雨が上がるって。

### 내일은 비가 그친대.
<sub>ネ イルン   ビ ガ   ク チン デ</sub>

5 明日は雨だそうです。

### 내일은 비래요.
<sub>ネ イルン   ビ レ ヨ</sub>

6 明日は寒くなるそうですよ。花冷えですね？

### 내일은 추워진대요. 꽃샘추위지요？
<sub>ネ イルン   チュウォジン デ ヨ   コッセンム チュイ  ジ ヨ</sub>

7 台風が来るそうですよ。

**태풍이 온대요.**
テ プン イ オン デ ヨ

8 今年一番の冷え込みだそうです。

**올 들어 가장 추운 날이래요.**
オル ドゥロ カ ジャンチュウン ナリ レ ヨ

## 天気

1 いい天気ですね。

**좋은 날씨예요.**
チョウン ナルシ エ ヨ

2 昨日の嵐が嘘のようです。

**어제의 폭풍우가 거짓말 같아요.**
オ ジェ エ ポックプン ウ ガ コ ジッ マル ガッタ ヨ

3 快晴です。

**쾌청해요.**
クェチョン ヘ ヨ

4 洗濯物がよく乾きそうですね。

**빨래가 잘 마르겠어요.**
パル レ ガ チャル マ ル ゲッソ ヨ

5 晴れてきましたよ。

**개이기 시작하네요.**
ケ イ ギ シ ジャカ ネ ヨ

6 天気がくずついています。

**날씨가 우중충해요.**
ナル シ ガ ウ ジュンチュン ヘ ヨ

**7** 曇ってきましたよ。

흐려지기 시작하네요.
フ リョ ジ ギ　シ ジャカ ネ ヨ

**8** 雲がかかってます。

구름이 꼈어요.
ク ルミ　キョッソ ヨ

**9** 一雨来そうですね。

한 차례 비가 올 것 같네요.
ハン チャ レ　ビ ガ　オル コッ カン ネ ヨ

**10** 小雨が降っています。

가랑비가 와요.
カ ラン ビ ガ　ワ ヨ

春雨・にわか雨

봄비 / 소낙비

**11** 雨がかなり降ってます。

비가 아주 많이 와요.
ビ ガ　ア ジュ　マ ニ　ワ ヨ

**12** ちょっと雨宿りしましょう。

좀 비를 피하죠.
チョム　ビ ルル　ビ ハ ジョ

**13** 午後にはたぶん晴れるよ。

오후에는 아마 갤거야.
オ フ エ ヌン　ア マ　ケル コ ヤ

## 雪・霜・霧・雷・地震・台風

**1** 初雪が待ち遠しいです。

첫눈이 기다려져요.
チョン ヌニ　キ ダ リョ ジョ ヨ

2 霜が降りました。
### 서리가 내렸어요.
ソ リ ガ　ネ リョッソ ヨ

3 濃い霧で前が見えません。
### 안개가 짙어서 앞이 안보여요.
アン ゲ ガ　チッ ト ソ　アッ ピ　アン ボ ヨ ヨ

4 今、雷が鳴りましたよ。
### 지금 천둥이 쳤어요.
チ グム チョンドゥン イ　チョッソ ヨ

5 すぐ近くに雷が落ちたようです。
### 바로 근처에 벼락이 떨어진 모양이에요.
パ ロ　クンチョ エ　ピョ ラ ギ　トロ ジン　モ ヤン イ エ ヨ

6 昨夜、大きな地震がありました。
### 어젯밤에 큰 지진이 있었어요.
オ ゼッ パ メ　クン　チ ジニ　イッソッソ ヨ

7 台風が近づいているようです。
### 태풍이 다가오고 있는 모양이에요.
テ プン イ　タ ガ オ ゴ　イッヌン　モ ヤン イ エ ヨ

## 四季と気温の話題

[track37]

## 春

1 もうすぐ春ですね。
### 이제 곧 봄이네요.
イ ジェ コッ　ポ ミ ネ ヨ

夏・秋・冬
**여름 /가을 /겨울**

2 暖かくなりましたね。
### 따뜻해졌지요.
タ トゥテ ジョッチ ヨ

### 3 黄砂現象で窓が開けられません。

### 황사 현상 때문에 창문을 못 열어요.
ファン サ ヒョンサン テ ムネ チャン ムヌル モン ニョロ ヨ

### 4 春風は気持ちを浮き立たせるものがありますね。

### 봄바람은 마음을 들뜨게 하는 뭔가가 있어요.
ポン パ ラムン マ ウムル トゥルトゥ ゲ ハ ヌン ムォン ガ ガ イッソ ヨ

### 5 新緑がまぶしい季節です。

### 신록이 눈부신 계절이에요.
シルロギ ヌン ブ シン ケ ジョリ エ ヨ

### 6 春になると眠くなります。

### 봄이 되면 졸려요.
ポ ミ テェミョン チョルリョ ヨ

### 7 花粉症の季節がくると思うと憂鬱です。

### 화분증의 계절이 온다고 생각하면 우울해져요.
ファブンチュン エ ケ ジョリ オン ダ ゴ セン ガッカ ミョンウ ウレ ジョ ヨ

### 8 日が延びましたね。　　　　　　　　　　　短くなりましたね

### 해가 길어 졌어요.　　　　　　　　　　　짧아졌어요
ヘ ガ キロ ジョッソ ヨ

色々な話題

---

# 夏

### 1 今年の梅雨は空梅雨でしたね？

### 올 장마는 마른장마였지요？
オル チャン マ ヌン マ ルンチャン マ ヨッ チ ヨ

### 2 湿度が高くて、じめじめしています。

### 습도가 높아서 눅눅해요.
スプ ト ガ ノッパ ソ ヌン ヌケ ヨ

93

3 不快指数が高いです。

## 불쾌지수가 높아요.
プルケジスガ　ノッパヨ

4 暑いですね。

## 덥네요.
トㇺネヨ

5 暑い日が続きます（毎日暑いです）。

## 매일매일 더운 날이 계속되고 있어요.
メイルメイル　トウン　ナリ　ケソッケゴ　イッソヨ

6 本当に蒸し暑いね（蒸し風呂だね）。

## 정말 찜통더위예요.
チョンマル　チㇺトンドウィエヨ

7 今日も熱帯夜ですって。

## 오늘도 열대야래요.
オヌルド　ヨルテヤレヨ

8 この暑さで夏バテです。

## 너무 더워서 더위 먹었어요.
ノム　ドウォソ　ドウィ　モゴッソヨ

9 もう夏も終わりですね。

## 이제 여름도 다 갔네요.
イジェ　ヨルㇺド　タ　カンネヨ

# 秋

1 やっと少し涼しくなりました。

## 이제 겨우 좀 시원해졌어요.
イジェ　キョウ　チョㇺ　シウォネ　ジョッソヨ

2 肌寒くなりましたね。

## 쌀쌀해졌네요.
<sub>サル サル ヘ ジョン ネ ヨ</sub>

3 食欲の秋です。

## 식욕의 가을이에요.
<sub>シギョゲ カ ウリ エ ヨ</sub>

4 風が冷たくなりましたね。

## 바람이 차졌네요.
<sub>パ ラミ チャジョン ネ ヨ</sub>

# 冬

1 空気が乾燥して風邪を引きやすい季節です。

## 공기가 건조해서 감기 걸리기 쉬운 계절이에요.
<sub>コン ギ ガ コンジョ ヘ ソ カムギ コル リ ギ シ ウン ケ ジョリ エ ヨ</sub>

2 冬将軍が暴れています。

## 동장군이 기승을 부려요.
<sub>トンジャン グニ キ スン ウル プ リョ ヨ</sub>

3 頬を切るような寒さです。

## 볼을 에는 듯한 추위예요.
<sub>ポルル エイヌン トゥタン チュイ エ ヨ</sub>

4 指先が冷えますね。

## 손끝이 시려요.
<sub>ソン クッシ シ リョ ヨ</sub>

5 明日は氷点下に下がるそうですよ。

## 내일은 영하로 내려간대요.
<sub>ネ イルン ヨン ハ ロ ネ リョガン デ ヨ</sub>

6 道が凍ってます。

길이 얼었어요.
<sub>キリ　オロッソ　ヨ</sub>

## 趣味の話題

CD-1
[track38]

# ご趣味は？

1 ご趣味は何ですか？

취미는 뭐예요?
<sub>チュィミヌン　モエヨ</sub>

2 どんな趣味をお持ちでしょうか？

어떤 취미를 가지고 계세요?
<sub>オトン　チュィミルル　カジゴ　ケセヨ</sub>

3 本業と趣味の区別が曖昧なんですが…

본업하고 취미의 구별이 애매한데요…
<sub>ポノッパゴ　チュィミエ　クビョリ　エメハンデヨ</sub>

4 趣味と言うほどではないですが…

취미라고 할 정도는 아니지만…
<sub>チュィミラゴ　ハル　チョンドヌン　アニジマン</sub>

5 最近関心のあるものは…

최근 관심있는 건…
<sub>チェグン　カンシミッヌン　コン</sub>

6 何か趣味があればいいなって思いますけど…

뭔가 취미가 있으면 좋겠다는 생각은 하는데요…
<sub>モンガ　チュィミガ　イッスミョン　チョケッタヌン　センガグン　ハヌンデヨ</sub>

7 趣味でやってみたいのは…

취미로 해 보고 싶은 건…
<sub>チュィミロ　ヘ　ボゴ　シップン　ゴン</sub>

8 恥ずかしながら無趣味なんですよ。

부끄럽습니다만 취미가 없어요.

9 趣味が高じて職業になってしまいました。

취미 좋아하다가 직업이 되고 말았어요.

10 いい趣味をお持ちですね。

좋은 취미를 가지고 계시군요.

## 読書・映画鑑賞

1 趣味は読書です。　　　　　　　　　映画鑑賞です

취미는 독서예요.　　　　　영화감상이에요

2 主にどんなジャンルの本が好きですか？　　　映画が

주로 어떤 장르의 책을 좋아하세요 ?　　영화를

3 好きな作家は誰ですか？

좋아하는 작가는 누구예요 ?

映画監督は・俳優は

영화감독은 / 배우는

4 ミステリー小説が好きなんです。　　　アクション映画

추리소설을 좋아해요.　　　　액션영화를

**5** 個人的にはアガサー・クリスティーにはまってます。

## 개인적으로는 애거서 크리스티에 심취해 있어요.
ケイン チョグ ロ ヌン エゴソ クリスティエ シムチヘ イッソ ヨ

**6** あのスリリングな展開が何とも言えないですよね。

## 그 스릴있는 전개를 뭐라 말할 수 없어요.
ク スリルインヌンチョンゲルル モラ マラル ス オッソ ヨ

**7** 最近の映画で何かおすすめのものはありますか？

## 요즘 영화중에서 뭐가 추천할 만한 게 있어요?
ヨ ズム ヨンファジュンエ ソ モンガ チュチョナル マナン ゲ イッソ ヨ

本で・作品で

## 책 중에서 / 작품 중에서

---

## 料理

**1** 料理はよく作りますね。

## 요리는 곧잘 만들어요.
ヨ リ ヌン コッチャル マン ドゥロ ヨ

**2** ケーキ作りは面白いです。

## 케이크 만들기는 재미있어요.
ケイク マンドゥルギヌン チェミ イッソ ヨ

**3** どんな種類の料理を作るんですか？

## 어떤 종류의 요리를 만들어요?
オトン チョンニュエ ヨリルル マンドゥロ ヨ

**4** 和食なら一通り作れますよ。

## 일식이라면 대충 다 만들 수 있어요.
イル シギ ラミョン テチュン タ マンドゥル ス イッソ ヨ

5 今度、作り方を教えて下さい。

다음에 만드는 법을 가르쳐 주세요.
<sub>タ ウメ マンドゥヌン ポブル カ ル チョ チュ セ ヨ</sub>

## ムービーカメラ

1 最近ビデオを撮るのが面白いです。

최근엔 비디오 찍는 게 재미있어요.
<sub>チェ グネン ビィディ オ チンヌン ゲ チェ ミ イッソ ヨ</sub>

2 子供の成長を記録しておくんです。

아이의 성장을 기록해 두는 거예요.
<sub>ア イ エ ソンジャンウル キ ロッケ ドゥヌン コ エ ヨ</sub>

旅の思い出を

여행의 추억을

3 デジタルビデオは編集が楽でいいですよね。

디지털 비디오는 편집이 편해서 좋아요.
<sub>ディ ジ トル ビィディ オ ヌンピョン ジビ ピョネ ソ チョア ヨ</sub>

4 最新機種が欲しいんですけどね。

최신기종이 갖고 싶긴 한데요.
<sub>チェシン キ ジョン イ カッコ シッブキン ハン デ ヨ</sub>

## 釣り

1 釣りを10年ぐらいやっています。

낚시를 한 십년 정도 하고 있어요.
<sub>ナック シ ルル ハン シムニョン チョン ド ハ ゴ イッソ ヨ</sub>

色々な話題

**2** 海釣りや川釣り渓流釣り、何でもやります。

바다낚시라든가 강낚시, 계류낚시, 뭐든지 해요.
<sub>パ ダ ナッ ク シ ラ ドゥン ガ カン ナッ ク シ ケ リュウ ナッ ク シ モ ドゥン ジ ヘ ヨ</sub>

**3** 川釣りならどんな竿ですか？

강낚시 할 때는 어떤 낚싯대를 써요?
<sub>カン ナッ ク シ ハル テ ヌン オ トン ナッ ク シ テ ル ッソ ヨ</sub>

**4** 竹の竿をよく使います。

대나무 낚싯대를 즐겨 써요.
<sub>テ ナ ム ナッ ク シ テ ル ズル ギョ ッソ ヨ</sub>

**5** 鯉などを釣るならカーボン竿を使います。

잉어같은 걸 낚을 때는 카본 낚싯대를 써요.
<sub>イン オ カトゥン ゴル ナック ル テ ヌン カ ボン ナッ ク シ テ ル ッソ ヨ</sub>

**6** 餌はミミズや練り餌を使いますが、ふかし芋などもいいですよ。

먹이는 지렁이나 떡밥을 쓰는데, 찐고구마 같은
<sub>モギ ヌン チ ロン イ ナ トック パブ ル ッス ヌン デ チン コ グ マ カトゥン</sub>

것도 좋아요.
<sub>ゴット チョ ア ヨ</sub>

## ガーデニング

**1** 本を片手にガーデニングをやっています。

한 손에 책 들고 원예를 하고 있어요.
<sub>ハン ソネ チェック ドゥル ゴ ウォ ネ ル ハ ゴ イッ ソ ヨ</sub>

**2** 庭がないので鉢植えですが。

뜰이 없어서 화분이지만요.
<sub>トゥリ オップ ソ ソ ファ ブ ニ ジ マン ヨ</sub>

3 ハーブは育てるのが簡単ですよ。

### 허브는 키우는 게 간단해요.
ホ ブ ヌン　キ ウ ヌン　ゲ　カン タネ ヨ

4 東洋蘭を育てています。

### 동양난을 키우고 있어요.
トンヤン ナヌル　キ ウ ゴ イッソ ヨ

5 いろんな花を一つの鉢に寄せ植えするときれいですよ。

### 여러 가지 꽃을 한 화분에 모아 심으면 예뻐요.
ヨ ロ　ガ ジ　コスル　ハン　ファ ブネ　モ ア　シム ミョン イェ ポ ヨ

6 病虫害には気を遣います。

### 병충해에는 신경을 써요.
ピョンチュン ヘ エ ヌン　シンギョン ウル　ッソ ヨ

7 花が終わったら種を取ります。

### 꽃이 지면 씨를 받아요.
コシ　ジ ミョン　ッシルル　パダ ヨ

8 実がなる木は収穫が楽しみです。

### 열매가 맺히는 나무는 수확도 즐거움이에요.
ヨル メ ガ　メチ ヌン　ナ ム ヌン　ス ファッ ト　ズル ゴ　ウミ エ ヨ

9 梅の木の盆栽に挑戦しています。

### 매화나무 분재에 도전 중이에요.
メ ファ ナ ム　プン ジェ エ　ト ジョン ジュン イ エ ヨ

10 剪定は難しいです。

### 가지치기는 어려워요.
カ ジ チ ギ ヌン　オ リョウォ ヨ

**101**

## 楽器

**1** ピアノを少々弾きます。 　　　　　　　ギターを・バイオリンを

피아노를 좀 쳐요.　　　　　　기타를 / 바이올린을
ピ ア ノ ルル　チョム　チョ ヨ

**2** 小さい頃から習っています。

어렸을 적부터 배우고 있어요.
オ リョスル ジョッ プ ト　ペ ウ ゴ　イッソ ヨ

**3** どんな曲を弾きますか？

어떤 곡을 쳐요?
オ トン　ゴグル　チョ ヨ

**4** ショパンを弾くのが好きです。 　　　　　ジャズ・クラシック

쇼팽 치는 걸 좋아해요.　　　　재즈 /클래식
ショペン　チ ヌン ゴル チョ ア ヘ ヨ


## 物を作る

**1** 冬になると必ず何かしら編んでいます。

겨울이 되면 꼭 뭔가 뜨개질을 해요.
キョ ウ リ　テ ミョン　コッ モン ガ　トゥ ゲ ジルル　ヘ ヨ

**2** 物作りが大好きです。

뭐 만드는 걸 아주 좋아해요.
モ　マンドゥヌン　ゴル　ア ジュ チョ ア ヘ ヨ

**3** 書棚を作ったりします。

책장을 만들기도 해요.
チェッチャン ウル　マンドゥル ギ ド　ヘ ヨ

## 運動

1 趣味は身体を動かすことです。

### 취미는 몸을 움직이는 거예요.
チュィ ミ ヌン　モムル　ウンム ジギ ヌン　コ エ ヨ

2 あまり運動神経は良くないですが。

### 별로 운동 신경은 안좋지만.
ピョル ロ　ウンドン　シンキョンウン　アンジョッ チ マン

3 スポーツなら何でもできます。

### 스포츠라면 뭐든지 할 수 있어요.
ス ポ ツ ラミョン　モ ドゥン ジ　ハル ス　イッソ ヨ

4 今はテニスに夢中です。

### 지금 테니스에 흠뻑 빠져 있어요.
チ グンム　テ ニ ス エ　フンムポック　パ ジョ　イッソ ヨ

## 写真

1 趣味で写真を撮っています。

### 취미로 사진을 찍어요.
チュィ ミ ロ　サ ジヌル　チゴ ヨ

2 個展を開くのが夢なんです。

### 개인전을 여는 게 꿈이에요.
ケ インジョヌル　ヨ ヌン ゲ　クミ エ ヨ

3 旅行しながら風景を撮るのが楽しいです。

### 여행을 하면서 풍경을 찍는게 재미있어요.
ヨ ヘン ウル　ハ ミョン ソ　プンギョン ウル　チン ヌン ゲ　チェ ミ イッソ ヨ

4 現像も自分でやります。

### 현상도 제가 해요.
ヒョンサンド　チェガ　ヘ　ヨ

5 モノクロ写真は独特な趣がありますよ。

### 흑백 사진은 독특한 운치가 있어요.
フックペック　サジヌン　ドックトゥカン　ウンチガ　イッソヨ

## 登山

1 趣味は大学の時から始めた登山です。

### 취미는 대학교 때부터 시작한 등산이에요.
チュイミヌン　テハックキョ　ッテブト　シジャカンドゥン　サニエヨ

2 頂上からの景色は何とも言えません。

### 정상에서 바라보는 경치는 뭐라 표현할 수가 없어요.
チョンサンエソ　パラボヌン　キョンチヌン　モラ　ピョヒョナル　スガ　オップソヨ

3 本格的な冬山登山もやってみたいですね。

### 본격적인 겨을 등반도 해 보고 싶어요.
ボンキョックチョギン　キョウル　ドゥンバンド　ヘ　ボゴ　シポヨ

## 機械いじり

1 機械いじりが趣味です。

### 기계 손보는 게 취미예요.
キギェ　ソンボヌン　ゲ　チュイミエヨ

**2** コンピューターは自分で組み立てます。

컴퓨터는 제가 조립해요.
コンピュト ヌン チェ ガ チョ リップ ペ ヨ

**3** 小さい頃ラジオを分解したことがありました。

어렸을 적에 라디오를 분해한 적이 있었어요.
オ リョスル チョゲ ラディオルル プネハン チョギ イッソッソ ヨ

**4** ほとんどマニアです。

거의 마니아예요.
コウィ マニアエヨ

## 絵を描く・骨董品蒐集

**1** 趣味ですか？絵を描くことですね。

취미요? 그림 그리는 거예요.
チュィミヨ クリム クリヌン コエヨ

**2** 主に日本画です。

주로 일본화예요.
チュロ イルボンファエヨ

油絵・水彩画・イラスト・水墨画

유화 / 수채화 / 일러스트 / 수묵화

**3** 人にお見せできるほどではないんですが。

남한테 보일 정도는 아니지만요.
ナマンテ ポイル チョンドヌン アニジマンニョ

**4** 水墨画を習い始めました。

수묵화를 배우기 시작했어요.
スムックァルル ペウギ シジャッケッソ ヨ

5 趣味は骨董品の蒐集です。

## 취미는 골동품 수집이에요.
チュィ ミ ヌン コル トンプンム ス ジビ エ ヨ

6 時間さえあれば骨董品屋巡りをしています。

## 시간만 나면 골동품상을 돌아요.
シ ガンマン ナ ミョン コル トンプンム サン ウル トラ ヨ

## 生活習慣・癖について

CD-1
[track39]

### 生活習慣

1 毎朝必ず新聞を読みます。

## 매일 아침 반드시 신문을 읽어요.
メ イル ア チㇺ パンドゥシ シン ムヌル イルゴ ヨ

2 10分置きにメールをチェックしてます。

## 십분마다 메일을 확인하고 있어요.
シップン マ ダ メ イルル ファギナ ゴ イッソ ヨ

3 朝風呂に入らないと起きた気がしません。

## 아침에 목욕을 안 하면 깨어난 느낌이 안 들어요.
ア チメ モギョグル ア ナミョン ッケオナン ヌ キミ アン ドゥロ ヨ

4 朝食は必ず食べます。

## 아침밥은 꼭 먹어요.
ア チㇺ パブン コン モゴ ヨ

5 朝、目を覚ますとまずコーヒーを飲みます。

## 아침에 눈을 뜨면 우선 커피를 마셔요.
ア チメ ヌヌル トゥミョン ウ ソン コ ピルル マ ショ ヨ

## 癖

**1** 癖とかはありますか？

버릇같은 거 있어요?
ポ ルッカトゥン ゴ イッソ ヨ

**2** それは癖ですか？

그건 버릇이에요?
ク ゴン ポ ルシ エ ヨ

**3** 癖はなかなか直らないですね。

버릇은 잘 안 고쳐지네요.
ポ ルスン チャル アン ゴ チョ ジ ネ ヨ

**4** 爪を噛む癖があります。

손톱을 깨무는 버릇이 있어요.
ソン トブル ケ ム ヌン ポ ルシ イッソ ヨ

髪をさわる

머리카락을 만지는

**5** 貧乏揺すりをする癖があります。

다리를 떠는 버릇이 있어요.
タ リ ルル ト ヌン ポ ルシ イッソ ヨ

**6** 毎日4、5回歯を磨かないと気がすまないんです。

매일 네다섯 번 이를 안 닦으면 속이 안 풀려요.
メ イル ネ ダ ソッ ポン イ ルル ア タック ミョン ソギ アヌ プル リョ ヨ

**7** 何でもかんでもメモを取るんです。

뭐든지 메모를 해요.
ムォドゥン ジ メ モ ルル ヘ ヨ

107

8 嘘をつくときは目を伏せる癖があります。

## 거짓말을 할 때는 눈을 내리까는 버릇이 있어요.
コ ジン マルル ハル テ ヌン ヌヌル ネ リ カ ヌン ポ ル シ イッ ソ ヨ

9 娘は寝るときに耳たぶを触る癖があるんです。

## 우리 딸은 잘 때 귓불을 만지는 버릇이 있어요.
ウ リ タルン ジャル テ クィッ ポルル マン ジ ヌン ポ ル シ イッ ソ ヨ

10 かわいい女性を見るとつい声をかけたくなります。

## 예쁜 여자를 보면 나도 모르게 말을 걸고 싶어져요.
イェブン ヨ ジャルル ポ ミョン ナ ド モ ル ゲ マルル コル ゴ シ ポ ジョ ヨ

11 それは癖と言うより病気ですよ。

## 그건 버릇이라기 보다 병이에요.
ク ゴン ポ ル シ ラ ギ ボ ダ ピョン イ エ ヨ

# 休日・余暇について

CD-1
[track40]

1 休みの日には何をして過ごしてますか？

## 쉬는 날에는 뭘 하고 지내요?
シ ヌン ナ レ ヌン モル ハ ゴ チ ネ ヨ

2 ただ家の中でゴロゴロしてます。

## 그냥 집에서 뒹굴 뒹굴해요.
ク ニャン チ ベ ソ トゥィングル トゥィン グル ヘ ヨ

3 家族と過ごします。

## 가족과 함께 보내요.
カ ジョッ クァ ハンム ケ ポ ネ ヨ

4 趣味を楽しんでいます。

취미를 즐겨요.
チュィ ミ ルル ズル ギョ ヨ

5 友達と会ったり映画を観に行ったりしています。

친구와 만나기도 하고 영화를 보러 가기도 해요.
チン グ ワ マン ナ ギ ド ハ ゴ ヨンファルル ポ ロ カ ギ ド ヘ ヨ

6 家事がたまって忙しいですよ。

밀린 집안일 때문에 바빠요.
ミルリン チバンニル ッテムネ パ パ ヨ

7 長い休みだと旅行に出かけます。

휴일이 길면 여행을 가요.
ヒュ イリ キルミョン ヨ ヘンウル カ ヨ

8 録画しておいたビデオを観たりしています。

녹화해 둔 비디오를 보거나 해요.
ノクァ ヘ ドゥン ビ ディ オ ルル ポ ゴ ナ ヘ ヨ

9 運動不足なので身体を動かすことを心がけています。

운동부족이어서 몸을 움직이기로 하고 있어요.
ウンドン ブ ジョギ オ ソ モムル ウンム ジギ ギ ロ ハ ゴ イッソ ヨ

10 今度の休みには何をする予定ですか？

이번 휴일엔 뭘 할 예정이세요?
イ ボン ヒュ イレン モル ハル イェジョン イ セ ヨ

日曜・連休・休暇・夏休み

일요일 / 연휴 / 휴가 / 여름방학

11 ショッピングに行きます。

쇼핑하러 갈 거예요.
ショピン ハ ロ カル コ エ ヨ

色々な話題

12 今度の連休には温泉に行きたいな。

### 이번 연휴엔 온천에 가고 싶어.
イ ボン ヨンヒュエン オン チョネ カ ゴ シポ

13 海外旅行に行くつもりです。

### 해외여행 갈 생각이에요.
ヘ ウェ ヨ ヘン ガル セン ガギ エ ヨ

14 久々に山にでも行こうかなと思っています。

### 오래간만에 산에라도 갈까 생각 중이에요.
オ レ ガン マネ サネ ラ ド カルカ センカッ チュン イ エ ヨ

## 宗教・信仰について

CD-1 [track41]

## 信仰

1 何か信仰をお持ちですか？　　　　　　　　　　　　　　　　　　宗教を

### 뭔가 신앙을 가지고 계십니까？
モン ガ シナン ウル カ ジ ゴ ケシムニ カ

종교를

2 宗教は何ですか？

### 종교는 뭐예요？
チョンギョヌン モ エ ヨ

3 特に宗教はありません。

### 특별히 종교는 없습니다.
トゥック ピョリ チョンギョヌン オッ プスム ニ ダ

4 神を信じますか？

### 신을 믿어요？
シヌル ミド ヨ

5 神の存在を否定しているわけではありません。

### 신의 존재를 부정하고 있는 건 아니예요.
シネ チョンジェルル プ ジョン ハ ゴ イッヌン ゴン ア ニ エ ヨ

## キリスト教・カトリック

1 私はキリスト教です。

저는 **기독교**예요.
チョヌン キドックキョ エ ヨ

仏教・イスラム教

**불교 / 이슬램교**

2 プロテスタントです。

신교도예요.
シンギョド エ ヨ

3 敬虔な信者です。

경건한 신자예요.
キョンゴナン シンジャ エ ヨ

4 洗礼を受けています。

세례를 받았어요.
セ レ ルル パダッソ ヨ

5 週に一度、教会に通っています。

일 주일에 한 번 교회에 나가고 있어요.
イル チュ イレ ハン ボン キョフェ エ ナ ガ ゴ イッソ ヨ

6 一度、教会にいらっしゃいませんか？

한번 교회에 놀러 오지 않으시겠어요 ?
ハンボン キョフェ エ ノル ロ オ ジ アヌ シ ゲッソ ヨ

7 今日は礼拝の日です。

오늘은 예배 보는 날이에요.
オ ヌルン イェ ベ ポ ヌン ナ リ エ ヨ

## 仏教

**1** うちは代々、仏教です。

저희 집은 대대로 불교예요.
チョヒ ジブン テデロ プルギョエヨ

**2** 特にお寺に通っているわけではありません。

특별히 절에 다닌다는 건 아니예요.
トゥッ ピョリ ジョレ タニンタヌン ゴン アニエヨ

**3** 読経会には必ず出席しています。

독경회에는 반드시 출석하고 있어요.
トッキョンフェ エ ヌン パンドゥ シ チュル ソッカ ゴ イッソ ヨ

## ＊参考＊ 天気予報から

〈注〉pp.113～114の例文はCDに録音されていません。

- だいたい晴れるでしょう。
  ### 대체로 맑겠습니다.
  テチェロ　マルッケッスムニダ

- 晴れのち曇り・曇りときどき雨
  ### 맑다가 구름이 낌 / 흐림 때때로 비
  マッタガ　クルミ　キンム　フリム　テテロ　ビ

- 久しぶりの青空が見られるでしょう。
  ### 오래간만에 파란 하늘을 보실 수 있겠습니다.
  オレガンマネ　パラン　ハヌルル　ポシル　ス　イッケッスムニダ

- 全国的に雨が降るでしょう。
  ### 전국적으로 비가 오겠습니다.
  チョンクッチョグロ　ピガ　オゲッスムニダ

- 降水確率は0パーセントです。
  ### 강수확률은 영퍼센트입니다.
  カンスファンニュルン　ヨンポセントゥインムニダ

- 局地的に雨の予想です。
  ### 국지적으로 비가 올 예상입니다.
  クッチジョグロ　ピガ　オル　イェサンインムニダ

- 暖かくなるでしょう。
  ### 따뜻해 지겠습니다.
  タトゥテ　ジゲッスムニダ

- 熱帯夜になりそうです。

    **열대야가 되겠습니다.**

- 暑さが戻ってくるでしょう。

    **다시 더워지겠습니다.**

- 涼しくなるでしょう。

    **시원해 지겠습니다.**

- 寒さが続く見込みです。

    **추위가 계속될 전망입니다.**

- 風が強いでしょう。

    **바람이 세겠습니다.**

- 台風3号が上陸しました。

    **태풍 삼호가 상륙했습니다.**

- 沿岸部の方は津波情報に注意して下さい。

    **해안가에 살고 계신 분은 해일 정보에 주의하시기 바랍니다.**

- 雹が降る恐れがあります。

    **우박이 내릴 우려가 있습니다.**

- 大雪注意報が出ています。

    **대설 주의보가 내렸습니다.**

豪雨
호우

## ＊参考＊ 日本の文化を紹介する

〈注〉pp.115 ～ 133 の例文は CD に録音されていません。

### 文化・芸術

## 絵画：日本画、水墨画、浮世絵

- 日本の伝統的な美術に「日本画」、「水墨画」、「浮世絵」などがあります。

  일본의 전통미술에는〈일본화〉,〈수묵화〉,〈우키
  요에〉등이 있습니다.

- 浮世絵は江戸時代に発達した絵画で、主に版画です。

  우키요에는 에도시대에 발달한 회화로서 주로 판화
  입니다.

- 浮世絵では喜多川歌麿や葛飾北斎などが有名です。

  우키요에로서는 기타가와 우타마로라든가 가츠시카
  호쿠사이가 유명합니다.

- 浮世絵の画法はゴッホなどフランス印象派に影響を与えています。

  우키요에의 화법은 고호 등 프랑스 인상파에 영향을
  주었습니다.

## 茶道・華道

- 日本では多くの女性がたしなみとして「茶道」や「華道」を習います。

  일본에서는 많은 여성이 교양으로〈다도〉나〈꽃

115

꽃이〉를 배웁니다.

- 茶道は日本流のお茶のお持てなしで、16世紀、千利休という僧侶によって今の形が完成されました。

  다도는 일본식으로 차를 접대하는 것으로서, 십육세기경에 센노리큐라는 승려에 의해서 지금의 형태가 완성 되었습니다.

- 茶道では茶葉を挽いた抹茶が用いられます。

  다도에서는 차 잎을 갈아 만든 말차가 사용됩니다.

- お茶をたてるには専用の茶碗に抹茶を入れ、お湯を注ぎ茶筅で混ぜます。

  차를 끓이는 데는 전용 찻잔에 말차를 넣고 뜨거운 물을 부어 차센으로 젓습니다.

- 茶道には多くの複雑な作法の決まりがあり、この決まり事が「日本的な美の世界」とも言えます。

  다도에는 복잡하고 많은 범절의 규율이 있는데, 이 규율이 〈일본적인 미〉라고도 할 수 있습니다.

- 茶道を通して心の落ち着きを養うものです。

  다도를 통해 침착성을 기르는 것입니다.

- 茶道は茶を点てて飲むだけでなく茶室という空間もまた美の世界です。

  다도는 차를 끓여 마시는 것뿐만아니라 다실이라는

공간도 또한 미의 세계입니다.

- 華道とは日本の伝統的な生け花のことです。

  화도란 일본의 전통적인 꽃꽂이를 말합니다.

- 華道の基本的な精神は天と地と人を調和させ表現することにあります。

  화도의 기본적인 정신은 천과 지와 인을 조화시켜 표현 하는 데 있습니다.

- 花器の特徴を生かし様々な季節の花を生けます。

  화기의 특성을 살려 그 계절의 갖가지 꽃을 꽂습니다.

# 俳句

- 「俳句」は5・7・5の17音で構成される定型詩で、江戸時代に松尾芭蕉によって現在の形が確立しました。

  〈하이쿠〉는 오칠오의 십칠음으로 구성된 정형시로서, 에도시대에 마쓰오 바쇼에 의해 현재의 형태가 확립되었습니다.

- 短い形式の中で自然の美や人の心の中を表現します。

  짧은 형식 속에 자연의 미나 사람의 마음을 표현합니다.

- 本来の俳句には季節を表す「季語」が読み込まれます。

  본래의 하이쿠에는 계절을 나타내는 〈기고〉가 들어

가 있습니다.

- 「季語」によって、その語の背景にあるものが連想させ、その連想が句にがりと深みを出してくれるのです。

  〈기고〉에 의해서, 그 단어의 배경을 연상시키고, 그 연상이 하이쿠의 구에 폭과 깊이를 주는 것입니다.

## その他

- 「根付け」は韓国のノリゲとよく似たアクセサリーで、小さな人形や動物などの彫刻のついたひもを着物の帯に挟んでぶら下げます。

  〈네쓰케〉는 한국의 노리개와 비슷한 액세서리로서, 작은 인형이나 동물 등의 조각이 달린 끈을 기모노의 오비 (띠)에 끼워서 늘어뜨립니다.

- 「香道」は香木を焚いて香りを楽しむものです。

  〈향도〉는 향목을 피워 향기를 즐기는 것입니다.

## 芸能

## 歌舞伎

- 「歌舞伎」は日本の伝統演劇の一つで、1603年頃、阿国という女性の「念仏踊り」から始まりました。

  〈가부키〉는 일본의 전통연극의 하나로서, 십칠세기 경에 오쿠니라는 여성의 〈넨부츠 오도리〉에서 비롯

되었습니다.

- その後、女性の歌舞伎は風紀を乱すという理由で禁じられるようになりました。

  그 시대에는, 여성의 가부키가 풍기를 문란하게 한 다는 이유로 금지 되게 되었습니다.

- 現在の歌舞伎俳優は男性のみで構成され、女性の役も男性が演じます。

  현재의 가부키 배우는 남성만으로 구성되어, 여성의 역할도 남성이 연기를 합니다.

- 現在の「歌舞伎」は踊りよりも演劇、舞踏、音楽の総合芸術として完成されています。

  현재의 〈가부키〉는 춤보다도 연극, 무용, 음악의 종합예술로서 완성되어 있습니다.

## 能

- 「能」は日本最古の音楽劇です。

  〈노〉는 일본에서 가장 오래된 음악극입니다.

- 「能」とは筋立てを持つ芸術という意味で、14世紀以降盛んになりました。

  〈노〉라는 것은 줄거리를 가진 예술이라는 뜻으로, 십사세기 이후에 번성하게 되었습니다.

- 筋は「謡」と呼ばれる歌で語られ、役者は声を出しません。

  줄거리는 〈우타이〉라고 불리는 노래로 읊조리고,
  <sub>チュルゴリヌン ウタイ ラゴ ブルリヌン ノレロ ウッチョリゴ</sub>

  배우는 소리를 내지 않습니다.
  <sub>ベウヌン ソリル ネジ アンスムニダ</sub>

- 役者はたいてい漆塗りの面をかぶりますが、面をかぶらない場合は顔を面にみたてて演じるので顔の表情がありません。

  배우는 대개 옻칠을 한 탈을 쓰는데, 탈을 쓰지 않을
  <sub>ベウヌン テゲ オッチルル ハン タルル ッスヌンデ タルル ッスジ アヌル</sub>

  경우에는 얼굴을 탈로 간주하여 연기를 하므로 얼
  <sub>キョンウエヌン オルグルル タルロ カンジュハヨ ヨンギルル ハムロ オル</sub>

  굴에는 표정이 없습니다.
  <sub>グレヌン ピョジョンイ オッスムニダ</sub>

- 「能」は動きも地味で人間の陰の部分が表現されます。

  〈노〉의 움직임은 화려하지 않고 인간의 그늘진 부
  <sub>ノエ ウムジギムン ファリョハジ アンコ インガネ クヌルジン ブ</sub>

  분이 표현됩니다.
  <sub>ブニ ピョヒョンデムニダ</sub>

- 歌舞伎が「動」なら能は「静」といえます。

  가부키가 〈동〉이라면, 노는 〈정〉이라고 할 수 있습
  <sub>カブキガ ドン イラミョン ノヌン チョン イラゴ ハル ス イッスム</sub>

  니다.
  <sub>ニダ</sub>

# 狂言

- 「狂言」は日本の古典喜劇で、当初は「能」の幕間に演じられたものですが、現在は単独で演じられることもあります。

  〈교겐〉은 일본의 고전희극으로서 당초에는 〈노〉의
  <sub>キョオゲヌン イルボネ コジョンヒググロソ タンチョエヌン ノエ</sub>

막간에 상연이 되었던 것인데, 현재는 단독으로 상연되는 경우도 있습니다.

- 「狂言」は「能」に比べると庶民的で、「狂言」の筋には人間肯定の精神があり、盗人でも真の悪人としては描かれません。

    〈교겐〉은 〈노〉보다 서민적이고, 〈교겐〉의 줄거리에는 인간긍정의 정신이 있어, 도둑일지라도 진정한 악인으로 묘사하지는 않습니다.

- 「能」は歌舞中心ですが、「狂言」はせりふや劇的行動が伴うのが特徴です。

    〈노〉는 가무중심이나 〈교겐〉은 대사나 극적행동을 수반하는 것이 특징입니다.

## 文楽

- 「文楽」は人形劇の一つで、「能」、「歌舞伎」と合わせて三大古典演劇と言われています。

    〈분라쿠〉는 인형극의 하나로서 〈노〉, 〈가부키〉와 더불어 삼대 고전연극으로 불리고 있습니다.

- 三味線伴奏による語り物を「浄瑠璃」といいますが、この浄瑠璃に合わせて人形が操られ物語を展開していきます。

    샤미센 반주에 의한 읊조리기를 〈조루리〉라고 하는

데, 이 조루리에 맞추어 인형이 조작되며 이야기를 전개해 나갑니다.

- 人形を使うということを除けば歌舞伎とよく似ています。

  인형을 쓴다는 것을 제외하고는 가부키와 흡사합니다.

- 「文楽」の人形は顔、胴、手、足、衣装からなり大きさは1～1.5メートルで、通常3人の人形遣いが舞台の上で人形を操ります。

  〈분라쿠〉의 인형은 얼굴, 동체, 손, 발, 의상으로 구성되며, 크기는 일에서 일점오미터 정도이고, 보통 세 명의 인형 다루는 이가 무대 위에서 인형을 조작합니다.

- 人形の動きが滑らかで巧みなので、人形遣いの存在を忘れるほどです。

  인형의 움직임이 매끄럽고 절묘해서 인형 다루는 이의 존재를 잊을 정도입니다.

## スポーツ

## 相撲

- 「相撲」は日本の伝統的な格闘技で1909年に国技に制定されました。

  〈스모〉는 일본의 전통적인 격투기로서 천구백구년에 국기로 제정되었습니다.

- 相撲の選手のことを「力士」といいますが、力士は番付と呼ばれる順位によって呼び名が違います。

  스모선수를 〈리키시〉라고 하는데, 리키시는 반즈케라고 불리는 순위에 따라 부르는 명칭이 다릅니다.

- 最高位の地位の力士を「横綱」と言います。

  제일 높은 지위의 리키시를 〈요코즈나〉라고 합니다.

- 最近は外国の力士が多く登場し、人気を集めています。

  최근에는 외국 리키시가 많이 등장해서 인기를 모으고 있습니다.

## 宗教

## 神道と仏教

- 日本では結婚式は神式で葬式は仏式という人が多く、神道は信仰というより文化的アイデンティティーとしてとらえることが多いです。

  일본에서는 결혼식은 신식으로 장례식은 불교식으로 하는 사람이 많고, 신도는 종교라기보다도 문화적인 독자성으로 인식하는 경우가 많습니다.

- 神道は日本人の自然観と先祖崇拝の念がその中核をなしています。

  신도는 일본인의 자연관과 선조숭배사상이 그 핵심을 이루고 있습니다.

- 神社の参道の入り口にあるのは鳥居で、神のいる聖域のシンボルです。

  신사의 참도 입구에 있는 것은 토리이로서, 신이 있
  シンサ エチャンム ドイップ クエ インヌン ゴスン トリイロソ シニ イン

  는 성역의 상징입니다.
  ヌン ソン ヨゲ サンジンインムニダ

- 赤ちゃんが生まれて30日ほど経って、初めて神社に「お参り」いくこ
  とをお宮参りといいます。

  아기가 태어나 삼십일정도 지나 처음으로 신사에 참
  アギガ テオナ サンム シビル チョンド ジナ チョウムロ シンサ エチャンム

  배하는 것을 〈오미야마이리〉라고 합니다.
  ベ ハヌン ゴスル オミヤマイリ ラゴ ハンムニダ

- 日本人の墓はほとんど寺の敷地内にあります。

  일본인의 묘는 거의가 절의 부지 내에 있습니다.
  イル ボニネ ミョヌン コイガ チョレ ブジ ネエ イッスンムニダ

- 盆や彼岸に先祖の墓参りに行きます。

  오본이나 피안에는 선조의 묘에 성묘를 갑니다.
  オボンイナ ピ アネ ヌン ソンジョエ ミョエ ソンミョルル ガンムニダ

## 絵馬

- 「絵馬」は上部が屋根の形をした板に馬の絵などが描かれたもので、受
  験の合格祈願に多く使われます。

  〈에마〉는 윗부분이 지붕모양인 판자에 말 그림 등이
  エマ ヌン ウィップ ブニ チブン モヤンイン パンジャエ マル グリンドゥン イ

  그려진 것으로 입시의 합격기원에 많이 사용됩니다.
  クリョジン ゴス ロ イップシ エ ハップキョク キウォネ マニ サヨンデンムニダ

- 古代日本には願い事をするとき馬を献上する風習があったので、それ
  が絵馬という形で残るようになったのです。

  고대일본에는 신불에게 소원을 빌 때 말을 헌상하
  コ デイル ボネ ヌン シン ブレ ゲ ソ ウォヌル ビル テ マルル ホンサン ハ

는 풍습이 있어서, 그것이 에마라는 형태로 남게 된 것입니다.

## 年中行事

## 正月

- 正月には、玄関の外に門松やしめ飾りのような正月飾りをつけ、韓国でトックッを食べるように、「お雑煮」を食べます。

  설에는 현관 밖에 가도마쓰나 시메카자리 (새끼금줄) 같은 설 장식을 달고, 한국에서 떡국을 먹는 것처럼 〈오조니〉를 먹습니다.

- 新年に初めて神社やお寺へお参りすることを「初詣で」といいます。

  새해 들어 처음으로 신사나 절에 참배 가는 것을 〈하쓰모데〉라고 합니다.

- 遊び半分ですが、一年の運勢と吉凶を占うために「おみくじ」を引き、「おみくじ」を読んだ後は木に結びつけ祈願の成就を願います。

  재미 반입니다만, 한 해 운수와 길흉을 점치기 위해 〈오미쿠지〉를 뽑고, 〈오미쿠지〉를 읽은 다음에는 나무에 묶어 소망이 성취되기를 기원합니다.

- 子供達は「お年玉」をもらいます。韓国のセベットンと同じです。

  아이들은 〈오토시다마〉를 받습니다. 한국의 세뱃돈

과 같습니다.

## 正月遊び

- 正月の遊びでは「羽根つき」、「凧揚げ」、「カルタ遊び」などがあります。

  정월 놀이로서는 〈하네쓰키〉, 〈연날리기〉, 〈가루타 놀이〉 등이 있습니다.

- 「羽根つき」は正月に女の子がするバドミントンのようなゲームです。

  〈하네쓰키〉는 설날에 여자아이들이 하는 배드민턴 같은 게임입니다.

- 「カルタ」はトランプのような長方形の札に絵や文字が描かれている物で、一人が札を読み、他の人達がそれに合う絵札を競い合って取るゲームです。

  〈가루타〉는 트럼프카드 같은 장방형 카드에 그림이나 글씨가 쓰여 있는 것으로, 한 사람이 카드를 읽으면, 다른 사람들이 그것에 맞는 그림카드를 겨루어 찾아내는 게임입니다.

## 初夢

- 元旦の夜から2日の朝にかけての夢を「初夢」といいますが、初夢で縁起のいい夢を見るとその年が良い年になると言われています。

  설날 밤부터 정월 초이튿날 아침에 걸쳐서 꾸는 꿈을 〈하츠유메〉라고 하는데, 하츠유메로 재수가 좋은 꿈을 꾸면 그 해가 좋은 해가 된다는 말이 있습니다.

- 吉夢にも順位があって、一富士、二鷹、三なすび、です。

  길몽에도 순위가 있어서 첫째가 후지산, 둘째가 독수리, 셋째가 가지입니다.

## 七草がゆ

- 1月7日には、春の七草を入れたお粥を食べる習慣があります。

  일월 칠일에는 봄의 일곱 가지 나물을 넣은 죽을 먹는 습관이 있습니다.

- この日、七草がゆを食べると万病を遠ざけると言われているからです。

  이 날 나나쿠사가유를 먹으면 만병을 물리칠 수 있다고 합니다.

＊**参考**＊春の七草は

セリ、ナズナ、ハハコ草、ハコベ、ホトケノ草、スズナ、スズシロです。

미나리, 냉이, 떡쑥, 별꽃, 광대나물, 순무, 무 입니다.

## 節分

● 立春の前日である2月3日頃が節分に当たり、この日には豆まきをします。

입춘 전날인 이월 삼일이 절분에 해당되며, 이 날 마메마키를 합니다.

● 炒った大豆を家の内外に撒きながら「鬼は外、福は内」と唱えます。

볶은 콩을 집 안팎에 흩뿌리면서 〈귀신은 바깥, 복은 집안에〉 하는 주문을 욉니다.

● また大豆を自分の年の数だけ食べるという習慣もあります。

또, 그 콩을 자기 나이만큼 먹는 습관도 있습니다.

## ひな祭り（桃の節句）と端午の節句

● ひな祭りは3月3日、女の子の成長や幸福を願う行事で、桃の季節にちなんで「桃の節句」ともいいます。

히나마츠리는 삼월 삼일, 여자아이의 성장과 행복을

기원하는 행사로서 복숭아꽃의 계절과 관련하여 〈모모노 세쿠 -(도화절)〉라고도 합니다.

- 女の子のいる家では「ひな人形」を早くから出して飾っておきますが、3月3日の夜までに、ひな人形を仕舞わないと婚期を逃すといわれています。

  여자아이가 있는 집에서는 〈히나닌교〉라는 인형을 일찍부터 꺼내어 장식을 해 두는데, 삼월 삼일 밤까지 이 인형을 치우지 않으면 혼기를 놓친다는 말이 있습니다.

- 5月5日は「端午の節句」といって男の子の成長を祝う日でした。

  오월 오일은 〈단고노 세쿠 -(단오절)〉라 하여 남자아이의 성장을 기원하는 날입니다.

- 「端午の節句」に男の子のいる家では、「五月人形」を飾ったり、「鯉のぼり」を立てたりします。

  〈단고노 세쿠〉에 남자아이가 있는 집에서는 〈사츠키 닌교 (오월인형)〉를 장식하고 〈고이노보리 -(잉어모양 깃발)〉를 세웁니다.

- 鯉は滝をも泳いで登ってしまう力があるので、立身出世のシンボルとされています。

  잉어는 폭포도 거슬러 올라가는 힘이 있어서, 입신

출세의 상징입니다.

- 韓国と同じように、薬効があると言われる菖蒲湯に入る習慣もあります。

  한국과 마찬가지로 약효가 있다는 창포물에 목욕을 하는 풍습도 있습니다.

## 月見

- 旧暦の8月15日の夜に月を鑑賞するというのが「月見」で、韓国のチュソクにあたりますね。

  음력 팔월 십오일에 달을 감상하는 행사가〈츠키미〉이고, 한국의 추석에 해당되지요.

- 月見団子、ススキの穂、季節の果物を窓辺に飾って月に供えます。

  달맞이 경단, 억새풀 이삭, 제철 과일을 창가에 장식하여 달에 올립니다.

- 月見の原型は月を神に見立て、稲の豊作を祈るための行事だったとされています。

  츠키미의 원형은 달을 신으로 간주하여, 벼의 풍작을 기원하기 위한 행사였다고 합니다.

# 七五三

- 「七五三」は11月15日に子供の成長を祈って行う行事で、男の子は3才と5才、女の子は3才と7才の歳に祝います。

  〈시치고산〉은 십일월 십오일에 아이의 성장을 기원하는 행사로서, 남자아이는 세 살과 다섯 살에, 여자아이는 세 살과 일곱 살 되는 해에 축하를 합니다.

- この日子供達は晴れ着を着て神社にお参りをし、鶴や亀の描かれた袋に入った「千歳あめ」という紅白のあめを食べます。

  이 날, 아이들은 때때옷을 입고 신사에 참배하여, 학과 거북그림의 종이에 싸인 〈치토세아메〉라는 홍백 사탕을 먹습니다.

- 「千歳あめ」の紅白はめでたい色で、「千歳」は千年を意味し、鶴亀は長生きの象徴なので、「千歳あめ」には子供の健康と成長への祈りが込められているのです。

  〈치토세아메〉의 홍백은 경사스러운 색이고, 〈치토세〉란 천년을 의미합니다. 또, 학과 거북은 장수의 상징이므로, 〈치토세아메〉는 아이의 건강과 성장에 대한 기원이 담겨져 있는 것입니다.

## 大晦日

- 一年の最後の日を「大晦日」と言います。

  한 해의 마지막날을 〈오미소카〉라고 합니다.

- 夜の12時近くになると除夜の鐘をつき始めますが、その鐘を聞きながら「年越しそば」を食べます。

  밤 열두시경이 되면 제야의 종을 치기 시작하는데,
  그 종소리를 들으며 〈도시코시소바 (해넘기는 메밀국수)〉를 먹습니다.

- 「年越しそば」は、そばのように細く長くという長寿の願いが込められています。

  〈도시코시소바〉는 메밀국수처럼 가늘고 길게라는 장수의 뜻이 담겨져 있습니다.

## 動物・植物

- 鯛や、松、竹、梅はめでたいものの象徴とされていますが、日本ではもののランクを表すときによく松竹梅を用いたりします。

  도미나, 송 (소나무), 죽 (대나무), 매 (매화)는 경사스러운 것의 상징으로 여겨지고 있는데, 일본에서는 사물의 순위를 나타낼 때 곧잘 송죽매를 사용하곤

합니다.
ハㇺニダ

- 日本の国花は桜で、国鳥は雉です。
**일본의 국화는 벚꽃이고 국조는 꿩입니다.**
イㇽ ボネ　クヮ ヌン ボッ コシ ゴ クックチョヌンクォンイㇺニ ダ

※　ハングルで外国語を表記する際は「外来語表記法（日本語だとハングル・仮名対照表）」に基づいて表記するので、日本語でも英語でも実際の発音とは異なる場合があります。例えば「能」は「노우」ではなく「노」と表記しますが、会話の際はその限りでありませんので原語の発音で構いません。

## ホテル

### ホテルの相談

1 交通の便を考えるとやはり繁華街がいいですね。

교통편을 생각하면 역시 번화가가
キョトン ピョヌル セ ガッカ ミョン ヨッ シ ポヌァ ガ ガ

좋겠어요.
チョッ ケソ ヨ

2 くつろぎたいので繁華街は避けたいです。

편안히 쉬고 싶으니까 번화가는 피
ピョナニ シ ゴ シップ ニ カ ポヌァ ガ ヌン ピ

하고 싶어요.
ハ ゴ シッポ ヨ

3 温泉宿はないですか？

온천 호텔은 없어요？
オンチョン ホ テルン オップソ ヨ

4 博物館の近くにホテルがあったはずですが…

박물관 근처에 호텔이 있었을 텐데요…
パン ムルグァン クンチョ エ ホ テ リ イッソッスル テン デ ヨ

5 できれば安い宿にしましょう。

될 수 있으면 싼 호텔로 해요.
テル ス イッス ミョン サン ホ テル ロ ヘ ヨ

6 インターネットで予約すると割引サービスが受けられるそうですよ。

인터넷으로 예약하면 할인 서비스를
イン ト ネス ロ イェ ヤッカ ミョン ハリン ソ ビ スルル

받을 수 있대요.
パドゥル ス イッテ ヨ

---

韓国の宿泊施設は上から順に、「호텔」ホテル、「장」荘、「여관」旅館、「민박」民泊があります。ホテルの等級は、むくげ（무궁화）の数で表します。荘と旅館は規模の違いのみ。民泊は主に学生などが団体で泊まる安い宿です。ホテル以外の宿泊施設ではいずれも基本的に食事は用意されません。

**7** 買い物に便利なホテルを探しているんですが。

쇼핑에 편리한 호텔을 찾고 있는데요.
ショピン エ ピョルリ ハン ホ テルル チャッコ インヌン デ ヨ

**8** コンサートホールから近いホテルにしたいです。

콘서트홀에서 가까운 호텔로 하고 싶어요.
コン ソ トゥ ホレ ソ ガ カウン ホ テル ロ ハ ゴ シッポ ヨ

**9** 5万ウォン以内で泊まれる部屋を探しています。

오만 원 이내로 묵을 수 있는 방을 찾고 있어요.
オ マヌォン イ ネ ロ ムグル ス イッヌン パン ウル チャッ コ イッソ ヨ

観光・娯楽

## 予約の前に確認する

**1** 宿泊料金はいくらですか？

숙박요금은 얼마예요？
スッパン ヨ グムン オル マ エ ヨ

**2** ― 一泊10万ウォンで税、サービス料を別途頂いております。

일박에 십만 원이고 세금과 서비스료는 별도로
イル バゲ シン マ ヌォニ ゴ セ グム グァ ソ ビ ス リョヌン ピョル ト ロ

받습니다.
パッスム ニ ダ

**3** 長期宿泊の割引はありますか？

장기 숙박 할인이 있나요？
チャン ギ スッパック ハリニ イン ナ ヨ

団体
단체

**4** 日本語のできるスタッフはいますか？

일본어를 할 수 있는 스태프는 있어요？
イル ボ ノ ルル ハル ス インヌン ス テ プ ヌン イッソ ヨ

5 朝食付きですか？

## 아침밥은 나오나요 ?
ア チンム パブン　ナ オ ナ ヨ

6 朝食は部屋で食べられますか？

## 아침밥은 방에서 먹을 수 있어요 ?
ア チンム パブン　パン エ ソ　モグル　ス　イッソ ヨ

7 今はシーズン料金ですか？

## 지금은 성수기 요금이에요 ?
チ グムン　ソンスギ　ヨ グミ エ ヨ

8 インターネット通信のできる環境ですか？

## 인터넷 통신을 할 수 있는 환경이에요 ?
イン ト ネッ トン シヌル　ハル　ス　インヌンファンキョン イ エ ヨ

9 チェックインは何時からですか？

## 체크인은 몇 시부터예요 ?
チェク イヌン　ミョッ シ ブ ト エ ヨ

10 チェックアウトは何時までですか？

## 체크아웃은 몇 시까지예요 ?
チェク アウスン　ミョッ シ カ ジ エ ヨ

11 チェックインの前に荷物だけ預かってもらえますか？

## 체크인하기 전에 짐만 맡길 수 있어요 ?
チェクインハ ギ　ジョネ　チンムマン　マッキル　ス　イッソ ヨ

チェックアウトの後

## 체크아웃한 후

136

## 予約する（電話）

**1** 予約係をお願いします。

### 예약 담당 부탁해요.
<sub>イェヤック タンムダン プ タッケ ヨ</sub>

**2** 10月の10日から3日間予約したいんですが。

### 시월 십일부터 삼일간 예약하고 싶은데요.
<sub>シ ウォル シビル プ ト サミル ガン イェ ヤッカ ゴ シップン デ ヨ</sub>

**3** 空いている部屋はありますか？

### 빈방 있어요？
<sub>ピンバン イッソ ヨ</sub>

**4** 今日と明日の2泊の予定です。

### 오늘하고 내일, 이박 예정이에요.
<sub>オ ヌル ハ ゴ ネ イル イ パック イェジョン イ エ ヨ</sub>

**5** 予定では1週間ですが、延びるかもしれません。

### 예정으로는 일 주일인데 연장될 수도 있어요.
<sub>イェジョン ウ ロ ヌン イル チュ イリン デ ヨンジャンデル ス ド イッソ ヨ</sub>

**6** 2人ですが、部屋は別々にして下さい。

### 둘인데 방은 따로따로요.
<sub>トゥリン デ パンウン タ ロ タ ロ ヨ</sub>

観光・娯楽

## 予約を受ける（ホテル側）

**1** 本日からのお泊まりでいらっしゃいますか？  いつ

### 오늘부터 묵으십니까？                  언제
<sub>オ ヌル プ ト ムグ シンム ニ カ</sub>

137

**2** 何泊のご予定でしょうか？

### 몇 박 예정이십니까?
ミョッパン イェジョン イ シㇺニ カ

---

**3** 何名様でいらっしゃいますか？

### 몇 분이십니까?
ミョッ ブニ シㇺニ カ

---

**4** シングルルームとツインルームがございます。

### 싱글룸과 트윈룸이 있습니다.
シングルルㇺグァ トゥウィン ルミ イッスㇺニ ダ

---

**5** お二人様ご一緒のお部屋でよろしいですか？

### 두 분이 한 방이시지요?
トゥ ブニ ハン バンイ シ ジ ヨ

---

**6** ベッドの部屋とオンドルの部屋がございます。

### 침대방과 온돌방이 있습니다.
チㇺデ バングァ オンドルバン イ イッスㇺニ ダ

---

**7** シングルルームは空いている部屋がございません。

### 싱글룸은 빈 방이 없습니다.
シングル ルムン ピン バン イ オㇷ゚スㇺニ ダ

---

**8** スイートルームしか空きがございません。

### 스위트룸밖에 빈방이 없습니다.
ス ウィトルㇺ パッケ ピンバン イ オㇷ゚スㇺニ ダ

---

**9** 申し訳ありませんが、満室でございます。

### 죄송합니다만, 지금 만실입니다 (방이 다 찼습니다).
チェソンハㇺニ ダマン チグㇺ マンシリㇺニ ダ バン イ タ チャッスㇺニ ダ

**10** よろしければ他のホテルをご紹介致しますが。

괜찮으시다면 다른 호텔을 소개해 드리겠습니다만.
グェン チャヌ シ ダ ミョン タ ルン ホ テルル ソ ゲ ヘ トゥ リ ゲッスム ニ ダ マン

## 予約の変更・取り消し（キャンセル）

**1** 予約の取り消しはいつまですればいいですか？　　変更は

예약 취소는 언제까지 하면 되나요? 　변경은
イェヤッチュィ ソ ヌン オンジェ カ ジ ハ ミョン テ ナ ヨ

**2** キャンセルの際はキャンセル料がかかりますか？

캔슬할 때는 캔슬료가 드나요?
ケンスル ハル テ ヌン ケンスル リョ ガ トゥ ナ ヨ

**3** 取り消しした場合、宿泊料の払い戻しはできますか？

취소했을 경우에 숙박료가 환불이 되나요?
チュイ ソ ヘッスル キョン ウ エ スックパン リョ ガ ファン ブ リ テ ナ ヨ

**4** 予約の変更をしたいんですが。　　取り消しを

예약변경을 하고 싶은데요. 　취소를
イェヤックピョンギョン ウル ハ ゴ シップン デ ヨ

**5** 11月6日から2日間の予約をした木村ですが、予定が変わりました。

11월 6일부터 이틀간 숙박 예약한 키무라인데요, 예정이 바뀌었어요.
シビロル ユギル ブ ト イ トゥル ガン スックパック イェヤッカン キ ム ラ イン デ ヨ イェジョン イ パ キ オッソ ヨ

**6** 11月6日からを11月10日からに変更できますか？

11월 6일부터를 11월 10일부터로 변경할 수 있나요?
<sub>シビロル ユギル ブ ト ルル シビロル シビル ブ トロ ビョンキョンハル ス イン ナ ヨ</sub>

**7** ― 空いている部屋がございますので再予約いたします。

빈방이 있으니까 재예약해 드리겠습니다.
<sub>ピンバン イ イッス ニ カ ジェイェ ヤッケ ドゥ リ ゲッスムニ ダ</sub>

**8** ― 10日は予約が埋まっておりますが、11日からならご用意できます。

십일은 예약이 다 차 있지만 십일일부터라면 방을 준비할 수 있습니다.
<sub>シビルン イェヤギ ダ チャ イッチ マン シビリル ブ ト ラ ミョンバン ウル ジュンビ ハル ス イッスムニ ダ</sub>

**9** ― 大変申し訳ございません、10日から15日までは満室でございます。

죄송합니다만, 십일부터 십오일까지는 방이 다 찼습니다.
<sub>チェソンハムニ ダ マン シビル ブ ト シボ イル カ ジ ヌン バン イ ダ チャッスムニ ダ</sub>

**10** ― インターネットでご予約の場合でも取り消しや変更は電話でお願いします。

인터넷으로 예약을 하신 경우에도 취소나 변경은 전화로 해 주시기 바랍니다.
<sub>イント ネス ロ イェ ヤグル ハ シン キョン ウ エ ド チュィ ソ ナ ビョンギョン ウン チョナ ロ ヘ チュ シ ギ パ ラムニ ダ</sub>

## チェックイン

**1** 電話で予約した吉田ですが。

전화로 예약한 요시다인데요.
<sub>チョナ ロ イェヤッカン ヨ シ ダ イン デ ヨ</sub>

**2** 静かな部屋をお願いします。

조용한 방으로 부탁해요.
<sub>チョヨンハン パン ウ ロ プ タッケ ヨ</sub>

眺めのいい部屋

전망이 좋은 방

**3** 何階の部屋ですか？

방이 몇 층이에요？
<sub>パン イ ミョッチュン イ エ ヨ</sub>

**4** 荷物を部屋までお願いできますか？

짐을 방까지 날라 주시겠어요？
<sub>チム ル パン カ ジ ナル ラ チュ シ ゲッソ ヨ</sub>

**5** 外部に電話をかける時は最初に何番を押せばいいですか？

외부로 전화를 걸 때는 처음에 몇 번을 누르면
<sub>ウェ ブ ロ ジョナ ルル コル テ ヌン チョ ウメ ミョッ ポヌル ヌ ル ミョン</sub>

되나요？
<sub>デ ナ ヨ</sub>

## ルームサービス

**1** ルームサービスをお願いします。

룸서비스 부탁해요.
<sub>ルンム サ ビ ス プ タッケ ヨ</sub>

観光・娯楽

**2** コーヒー2つとサンドイッチ1つを下さい。

커피 둘하고 샌드위치를 하나 주세요.
<sub>コ ピ　トゥラ ゴ　センドウィチルル　ハナ　チュセヨ</sub>

**3** 洗濯物を取りに来ていただけますか?

세탁물을 가지러 와 주시겠어요?
<sub>セタン ムルル　カジロ　ワ　チュシ ゲッソ ヨ</sub>

**4** 毛布をもう1枚持って来ていただけますか?

담요를 한 장 더 가져다 주시겠어요?
<sub>タムニョ ルル　ハン ジャン　ト　カジョダ　チュシ ゲッソ ヨ</sub>

バスタオルを

목욕타월을

**5** シーツを取り替えて下さい。

시트를 갈아 주세요.
<sub>シトゥルル　カラ　チュセヨ</sub>

**6** 明日の朝6時にモーニングコールをお願いします。

내일 아침 여섯시에 모닝콜을 부탁합니다.
<sub>ネイル　アチム　ヨソッシ エ　モニン コルル　プ タッカンムニ ダ</sub>

## サービス施設の利用

**1** FAXを受け取りたいんですが。

팩스를 받고 싶은데요.
<sub>ペックスルル　パッコ　シップンデヨ</sub>

**2** インターネットができるところはありませんか?

인터넷을 사용할 수 있는 곳은 없나요?
<sub>イント ネスル　サヨン ハル　ス　インヌン　ゴスン　オンムナ ヨ</sub>

### 3 ホテル内に両替所はありますか？

호텔 안에 환전하는 곳이 있나요?
ホ テル　アネ　ファンジョン ハ ヌン　コ シ　イン ナ ヨ

### 4 タクシーを呼んで下さい。

택시를 불러 주세요.
テック シ ルル　プル ロ　チュ セ ヨ

### 5 こちらのフィットネスクラブは無料で利用できますか？

여기 피트니스 클럽은 무료로 이용할 수 있나요?
ヨ ギ　フィト ネ ス　クロッブン　ム リョ ロ　イ ヨン ハル　ス　イン ナ ヨ

プール
수영장

### 6 レストランのブッフェは何時までですか？

레스토랑 부페는 몇 시까지예요?
レ ス ト ラン　プ フェ ヌン ミョッ シ カ ジ エ ヨ

### 7 エステサロンは夜もやってますか？

에스테 살롱은 밤에도 하나요?
エ ス テ　サロン ウン　パ メ ド　ハ ナ ヨ

### 8 ビジネスセンターは予約が必要ですか？

비즈니스 센터는 예약이 필요한가요?
ビ ズ ニ ス　セン ト ヌン　イェ ヤ ギ　ピリョ ハン ガ ヨ

観光・娯楽

## フロントにて

### 1 部屋にキーを置き忘れて来ました。

방에 키를 두고 나왔어요.
パン エ　キ ルル　トゥ ゴ　ナ ワッ ソ ヨ

**2** 1315室の田中ですが、私宛にFAXは届いていませんか？

천삼백십오 호실의 다나카인데요, 저한테 팩스
<sub>チョンサムベック シボ ホ シレ タ ナ カ インデヨ チョハンテ ペックス</sub>

온 거 없나요?
<sub>オン ゴ オンムナ ヨ</sub>

郵便物
우편물

**3** 外出中に来客がありましたらロビーで待つようにお願いできますか？

제가 외출 중에 손님이 오시면 로비에서 기다려
<sub>チェガ ウェチュル ジュンエ ソン ニミ オ シミョン ロ ビ エ ソ キ タ リョ</sub>

달라고 전해 주시겠어요?
<sub>ダル ラ ゴ チョネ チュ シ ゲッソ ヨ</sub>

**4** 貴重品を預けたいんですが。

귀중품을 맡기고 싶은데요.
<sub>キジュン プムル マッ キ ゴ シップン デ ヨ</sub>

---

# 苦情

**1** 部屋がうるさいんだけど、他の部屋に替えてもらえますか？

방이 시끄러운데 다른 방으로 바꿔 주시겠어
<sub>パン イ シ ク ロ ウン デ タルン パン ウ ロ パ クォ チュ シ ゲッソ</sub>

요?
<sub>ヨ</sub>

汚いんだけど
지저분한데

**2** 石けんがないんですが。

비누가 없는데요.
<sub>ビ ヌ ガ オンムヌン デ ヨ</sub>

**3** テレビのスイッチが入りません。

텔레비전 스위치가 안 켜져요.
<sub>テ レ ビジョン ス ウィ チ ガ アン キョジョ ヨ</sub>

4 温水が出ません。

**온수가 안 나와요.**
オン ス ガ アン ナ ワ ヨ

5 エアコンが効きません。

**에어콘이 안 들어와요.**
エ オ コニ アン ドゥロ ワ ヨ

6 30分前に注文した料理がまだ来ていないんですが。

**삼십분 전에 주문한 요리가 아직 안 왔는데요.**
サムシップン ジョネ チュムナン ヨ リ ガ ア ジッ アン ナワンヌン デ ヨ

7 ベッドサイドのスタンドがつきません。

**침대 곁 스탠드가 안 켜지는데요.**
チンム デ キョッ ス テン ド ガ アン キョ ジ ヌン デ ヨ

8 隣の部屋のドアの音がうるさいです。

**옆방 문소리가 시끄러워요.**
ヨッパン ムン ソ リ ガ シ ク ロ ウォ ヨ

## チェックアウト

1 チェックアウトをお願いします。

**체크아웃 부탁해요.**
チェック ア ウッ ブ タッケ ヨ

2 カードでお願いします。

**카드로 부탁해요.**
カ ド ロ ブ タッケ ヨ

3 ホテルの名刺かパンフレットをいただけますか？

**호텔 명함이나 팸플릿 받을 수 있을까요？**
ホ テルミョン ハ ミ ナ ペン プリッ パドゥル ス イッスル カ ヨ

観光・娯楽

**4** この追加料金の内訳は？

# 이 추가 요금의 내역은요?
イ チュガ ヨ グメ ネ ヨグンニョ

**5** 領収書をいただけますか？

# 영수증 받을 수 있어요?
ヨン ス ジュン パドゥル ス イッソ ヨ

## 観光
CD-**1**
[track43]

# どんなものに関心がありますか？

**1** この辺に観光案内所はありませんか？

# 이 주변에 관광 안내소 없나요?
イ チュ ビョネ クァングァンアンネ ソ オンムナ ヨ

**2** この辺のおすすめの観光スポットはどこですか？

# 이 주변에 추천할 만한 관광명소는 어디예요?
イ チュ ビョネ チュ チョナル マナン クァングァンミョン ソ ヌン オ ディ エ ヨ

**3** 観光パンフレットがあればいただきたいんですが。

# 관광 팸플릿을 받고 싶은데요.
クァングァン ペム プリ スル パッ コ シップン デ ヨ

**4** 日本語のパンフレットはありますか？

# 일본어로 된 팸플릿 있어요?
イル ボノ ロ テェン ペム プリッ イッソ ヨ

**5** 美術館とか博物館に行ってみたいです。

# 미술관이나 박물관에 가 보고 싶어요.
ミ スル クァニ ナ パンムル クァンネ カ ボ ゴ シッポ ヨ

景勝地・テーマパーク

# 경승지 / 테마 파크

146

6 古いお寺や歴史的な建物に興味があります。

오래된 절이라든가 역사적인 건물에 흥미가
オ レ デン チョリ ラ ドン ガ ヨック サ ジョギン コン ムレ フン ミ ガ

있어요.
イッソ ヨ

7 市場とか庶民の生活が見られるところがいいです。

시장이라든가 서민의 생활을 볼 수 있는 곳이
シ ジャン イ ラ ドン ガ ソ ミ ネ セン ファルル ボル ス イッヌン コシ

좋아요.
チョ ア ヨ

8 ドラマのロケ地にぜひ行ってみたいです。

드라마의 로케 현장에 꼭 가 보고 싶어요.
ドゥ ラ マ エ ロ ケ ヒョンジャン エ コック カ ボ コ シッポ ヨ

9 市内観光をしたいんですが。

시내 관광을 하고 싶은데요.
シ ネ クァングァン ウル ハ ゴ シップン デ ヨ

10 この街の歴史を知る資料館のようなところはありますか？

이 고장의 역사를 알 수 있는 자료관 같은 곳이
イ コ ジャン エ ヨック サ ルル アル ス インヌン チャリョグァン カトゥン コシ

있나요？
イン ナ ヨ

## 景勝地

1 ここからの眺めは最高ですね。

여기에서 바라보는 경치는 최고네요.
ヨ ギ エ ソ パ ラ ボ ヌン キョン チ ヌン チェ ゴ ネ ヨ

147

**2** わざわざ船まで乗って来た甲斐がありました。

일부러 배를 타고 온 보람이 있었어요.
<sub>イルブロ ペルル タゴ オン ボラミ イッソッソヨ</sub>

**3** この山は標高何メートルですか？

이 산은 표고 몇 미터예요？
<sub>イ サヌン ピョゴ ミョン ミトエヨ</sub>

**4** 昔、天女が舞い降りたという渓谷がここですか？

옛날에 선녀가 내려왔다는 계곡이 여기예요？
<sub>イェンナレ ソンニョガ ネリョワッタヌン ケゴギ ヨギエヨ</sub>

**5** この地名の由来は？

여기 지명의 유래는요？
<sub>ヨギ チミョンエ ユレヌンニョ</sub>

**6** 美しい並木ですね！

아름다운 가로수군요！
<sub>アルムダウン カロスグンニョ</sub>

**7** 雪の景色が本当に一幅の絵のようです。

눈경치가 정말 한 폭의 그림같아요.
<sub>ヌンキョンチガ チョマル ハン ポゲ クリム ガッタヨ</sub>

## 旧跡

**1** 慶州を1日で廻りたいんです。

경주를 하루에 돌고 싶은데요.
<sub>キョンジュルル ハルエ トルゴ シップンデヨ</sub>

**2** 石掘岩に行くなら日の出の時刻がおすすめだそうですね。

석굴암에 가려면 일출 시각이 좋다면서요.
<sub>ソックラメ カリョミョン イルチュル シガギ チョッタミョンソヨ</sub>

### 3 この古墳はいつ頃のものですか？

이 고분은 언제쯤 것이에요?

### 4 これが昔の民家ですか？

이것이 옛날 민가인가요?

### 5 わらぶき屋根はもうほとんど残されてないんです。

초가집은 이제 거의 남아 있지 않아요.

### 6 瓦の形が日本や中国のものと少し違いますね。

기와의 형태가 일본이나 중국의 것과 조금 다르군요.

### 7 この建物はいつ頃復元されたものですか？

이 건물은 언제쯤 복원된 거예요?

### 8 独立門は元々はどこにあったものなんですか？

독립문은 원래 어디에 있었던 거예요?

## お寺

### 1 韓国にはすばらしいお寺がたくさんありますね。

한국에는 훌륭한 절이 많이 있네요.

**2** 入場料はいくらですか？

입장료는 얼마예요？
イッチャンニョヌン オルマエヨ

**3** 本当に古いお寺ですね。

정말 오래된 절이네요.
チョンマル オレデン チョリネヨ

**4** 境内では写真撮影は固く禁じられています。

경내에서의 사진촬영은 엄격히 금지되어 있어요.
キョンネエソエ サジンチャリョンウン オムキョキ クムジデオ イッソヨ

**5** この八万大蔵経は世界遺産に指定されています。

이 팔만대장경은 세계유산으로 지정되어 있습니다.
イ パルマンデジャンキョンウン セゲユサヌロ チジョンデオ イッスムニダ

**6** 直接見られるんですか？

직접 볼 수 있어요？
チックチョップ ポル ス イッソヨ

**7** 格子越しに見られますよ。

창살 너머로 볼 수 있어요.
チャンサル ノモロ ポル ス イッソヨ

**8** あれは舎利塔ですか？

저건 사리탑이에요？
チョゴン サリタピエヨ

**9** お寺は好きだけど、山中なので行くのが大変です。

절은 좋아하지만 산속이라서 가는게 힘들어요.
チョルン チョアハジマン サン ソギラソ カヌンゲ ヒムドゥロヨ

## 文化施設

### 美術館・画廊

1. 美術館の開館時間は何時から何時までですか？

미술관의 개관시간은 몇 시부터 몇 시까지예요？

2. 館内に飲み物を飲めるところはありますか？

관내에 음료수를 마실 수 있는 곳이 있나요？

3. 特別展を見るには別のチケットが必要ですか？

특별전을 보려면 별도 티켓이 필요한가요？

4. 荷物を預けるところはありますか？

짐을 맡기는 곳이 있나요？

5. 今、展示されているのは誰の作品ですか？

지금 전시되어 있는 건 누구 작품이에요？

6. 新進作家の絵を見るのが好きなんですよ。

신진작가의 그림을 보는 걸 좋아해요.

7. この画家の絵は買えるんですか？

이 화가의 그림은 살 수 있나요？

8 ギフトショップはどこですか？

선물 가게는 어디예요?
ソンムル カゲヌン オディエヨ

9 パンフレットはどこで売っていますか？

팸플릿은 어디서 팔아요?
ペンムプルリスン オディソ パラヨ

10 この画家の絵はがきもありますか？

이 화가의 그림엽서도 있나요?
イ ファガエ クリムヨプソド インナヨ


## 感想を述べる

1 巨匠の絵を直に見られて感動しました。

거장의 그림을 직접 보게 되어서 감동했어요.
コジャンエ クリムル チックチョプ ポゲ デオソ カムドン ヘッソ ヨ

2 私は油絵が好きなんです。　　　　　　水彩画・水墨画

저는 유화를 좋아해요.　　　　　수채화/수묵화
ジョヌン ユファルル チョアヘヨ

3 とてもきれいな色の使い方ですね。

색을 참 곱게 사용하네요.
セグル チャム コプケ サヨンハネヨ

4 この画家の絵は線が力強くて迫力がありますね。

이 화가의 그림은 선에 힘이 있어서 박력이
イ ファガエ クリムン ソネ ヒミ イッソソ パンリョギ

있어요.
イッソヨ

5 これはどういうジャンルの絵ですか？

## 이건 어떤 장르의 그림인가요？
イゴン　オ トン ジャンル エ　ク リ ミン ガ ヨ

6 これはリトグラフですか？　　　　　　　木版画・ドライエッチング

## 이건 석판화인가요？　　　목판화/동판화
イゴン　ソックパンファイン ガ ヨ

7 この曲線は母性愛が感じられます。

## 이 곡선은 모성애가 느껴져요．
イ　コック ソヌン　モ ソン エ ガ　ヌ キョ ジョ ヨ

8 この作家はいつ頃の人ですか？

## 이 작가는 언제쯤의 사람이에요？
イ　ジャッカ ヌン　オン ジェ チュメ　サ　ラ ミ　エ ヨ

9 芸術にあまり造詣が深いとは言えないので抽象画はわかりません。

## 예술에는 별로 조예가 깊지 않아서 추상화는 잘
イェ スレ ヌン ピョル ロ　チョ エ ガ　キッチ　アナ ソ　チュサンファヌン チャル

## 모르겠어요．
モ ル ゲッソ ヨ

10 この通りは画廊が多くて歩いているだけで楽しいです。

## 이 거리에는 화랑이 많아서 걸어만 다녀도 즐거
イ　コ リ エ ヌン　ファラン イ　マナ ソ　コロ マン　タ ニョ ド ズル ゴ

## 워요．
ウォ ヨ

観光・娯楽

---

## 博物館

1 この博物館は仏像が多いですね。

## 이 박물관에는 불상이 많네요．
イ　パン ムル クァネ ヌン　プル サン イ　マンネ ヨ

153

陶器が・土器が・装飾品類が
# 도자기가 / 토기가 / 장식품류가

---

２ これは何という仏像ですか？

# 이것은 뭐라고 하는 불상인가요?
イ ゴスン　モ ラ ゴ　ハ ヌン　プルサンイン ガ ヨ

---

３ 日本の阿弥陀如来と指の曲げ方が違うんですが…

# 일본의 아미타불과 손가락 굽힌 부분이 다른데
イル ボネ　ア ミ タ ブルグァ ソン カラック　クッピン　プ ブニ　タルン デ

# 요…
ヨ

---

４ これはいつ頃作られたものですか？

# 이것은 언제쯤에 만들어진 것인가요?
イ ゴスン　オンジェ チュメ　マン ドゥロ ジン　コシン ガ ヨ

発掘された
## 발굴된

---

５ 王の棺の付近で出土されたものです。

# 임금님의 관 부근에서 출토된 것이에요.
インムクンム ニ　メ　クァン　プ グネ　ソ チュルト デン　コシ　エ ヨ

---

６ 中国の影響を濃く受けています。

# 중국의 영향을 많이 받았어요.
チュン グゲ　ヨンヒャン ウル　マニ　パタッソ ヨ

---

７ 本物の青磁が見たいです。　　　　　　　　　　　白磁が

# 진짜 청자가 보고 싶어요.　　　　## 백자가
チンチャチョンジャガ　ポ ゴ　シッポ ヨ

---

154

**8** あの冠に使われているのは曲玉ですか？

저 왕관에 사용된 것은 곱은 옥인가요？

**9** 巨済島に捕虜収容所博物館があるそうですが。

거제도에 포로수용 박물관이 있다면서요.

**10** 博物館ガイドのような本はありませんか？

박물관 안내 같은 책은 없나요？

**11** 国立中央博物館なら日本語版のホームページもありますよ。

국립중앙 박물관이라면 일본어로 된 홈페이지도 있어요.

## 映画

### 映画に行こう

**1** どこかで面白い映画をやっていませんか？

어디 재미있는 영화 안 하나요？

**2** どんな映画が観たいですか？

어떤 영화가 보고 싶어요？

**3** スリラー映画以外なら何でもいいですよ。

공포영화가 아니라면 뭐든지 좋아요.

**4** 今どんな映画をやっていますか？

지금 무슨 영화 하고 있어요?

**5** 最近の韓国映画はジャンルを問わず、いいものが出てますね。

최근의 한국영화는 장르를 불문하고 좋은 작품이 많아요.

**6** 特に好きな監督はいますか？

특별히 좋아하는 감독이 있나요.

俳優は
배우가

**7** 今話題の映画は何ですか？

지금 화제가 되고 있는 영화는 뭔가요?

**8** 携帯のコンテンツで映画情報を調べてみますね。

휴대폰 콘텐츠로 영화 정보를 조사해 볼게요.

ネットで・新聞で
인터넷으로 /신문으로

**9** 映画館にはよく来るほうですか？

극장에는 자주 오는 편인가요?

**10** 映画館で観ると迫力が違いますからね。

극장에서 보면 박력이 다르잖아요.

11 私は映画は専らビデオで観ます。

### 저는 영화는 주로 비디오로 봐요.
チョヌン ヨンファヌン チュロ ビデオロ ブァヨ

## 映画を決める

1 これはどういう映画ですか？

### 이건 어떤 내용의 영화예요？
イゴン オトン ネヨンエ ヨンファエヨ

2 なかなか評判のいい映画です。

### 꽤 평판이 좋은 영화예요.
クェピョン パニ チョウン ヨンファエヨ

3 男2人でラブストーリーはないでしょう。

### 남자 둘이서 어떻게 러브스토리를 봐요？
ナムジャ トゥリソ オトッケ ロブストリルル ブァヨ

4 この映画は封切り前から話題を集めた映画です。

### 이 영화는 개봉 전부터 화제를 모은 영화예요.
イ ヨンファヌン ケボンジョン ブト ファジェルル モウン ヨンファエヨ

5 ブラッド・ピットの最新作ですよ。

### 브래드 피트의 최신작이에요.
ブレドゥ ピットゥエ チェシン ジャギ エヨ

6 どんなストーリーですか？

### 어떤 스토리예요？
オットン ストリエヨ

7 ストーリーを先に言うと楽しみが半減しますよ。

### 스토리를 먼저 얘기하면 재미가 반감돼요.
ストリルル モンジョ イェギ ハミョン チェミ ガ バンガムデヨ

**8** それは子供向け映画ですか？　　　　　大人・ファミリー

그건 어린이용 영화인가요？　　성인용/가족용
ク ゴン　オ　リニ ヨン　ヨンファイン ガ ヨ

---

**9** 18才未満は観覧不可とありますね。

십팔 세 미만 관람불가라고 되어 있네요.
シッパル　セ　ミマン　クァルランムプル ガ ラ ゴ　デ オ　イン ネ ヨ

---

**10** 最終回が終わるのは何時ですか？

최종회가 끝나는 건 몇 시예요？
チェジョンフェ ガ　クン ナ ヌン　コン ミョッ　シ エ ヨ

---

**11** 上映は何時からですか？

상영은 몇 시부터예요？
サンヨンウン ミョッ　シ ブ ト エ ヨ

---

**12** 上映時間は何時間ぐらいでしょうか？

상영시간은 몇 시간정도 인가요？
サンヨン シ ガヌン　ミョッ　シ ガンチョン ド　イン ガ ヨ

---

## 映画の感想

**1** 話題になった割にはあまり面白くなかったですね。

화제가 된 것치고는 별로 재미없었지요？
ファジェ ガ　テン　コッチ ゴ ヌン　ピョル ロ　チェ ミ オッソッ ジ ヨ

---

**2** 映画音楽がとても良かったです。

영화음악이 아주 좋았어요.
ヨンファ ウマギ　ア ジュ チョ アッソ ヨ

---

**3** ラストがちょっと物足りなかったですね。

결말이 좀 모자라는 듯싶었죠？
キョル マリ　チョム　モ ジャ ラ ヌントゥッシッポッ ジョ

**4** 最近のCGはすごいです。

최근 컴퓨터 그래픽은 굉장해요.
<sub>チェグン コンムピュト グレピグン クェンジャンヘ ヨ</sub>

**5** 本当に涙なくしては観られない映画ですね。

정말 눈물 없이는 볼 수 없는 영화예요.
<sub>チョンマル ヌンムル オッㇷ゚シヌン ボル ス オㇺヌン ヨンファエ ヨ</sub>

**6** 主人公たちの切ない恋が、胸が痛かったです。

주인공들의 애틋한 사랑이 가슴 아팠어요.
<sub>チュインゴン ドゥレ エ トゥッタン サランイ カスㇺ アッ パッソ ヨ</sub>

**7** クライマックスシーンには感動しましたよ。

클라이맥스 장면에서는 감동했어요.
<sub>クライメックス チャンミョンエ ソヌン カㇺドン ヘッソ ヨ</sub>

**8** 久々に痛快に笑えました。

오래간만에 통쾌하게 웃었어요.
<sub>オレガン マネ トンクェハゲ ウソッソ ヨ</sub>

**9** フランス映画は難しい。

프랑스영화는 어려워요.
<sub>プランス ヨンファヌン オリョウォ ヨ</sub>

**10** とても考えさせられる映画でしたね。

많이 생각하게 하는 영화였어요.
<sub>マニ センガッカゲ ハヌン ヨンファ ヨッソ ヨ</sub>

観光・娯楽

## 俳優についての感想

**1** 脇役で出ていた男の子がかわいかったですね。

<u>조연</u>으로 나온 남자애가 귀여웠죠?
<sub>チョヨヌ ロ ナオン ナㇺジャエ ガ クィヨ ウォッチョ</sub>

主演
주연

**2** 主人公の演技が泣かせましたね。

주인공의 연기가 울리더군요.
チュインゴン エ ヨンギ ガ ウル リ ド グンニヨ

**3** この女優、顔はいいけど演技は下手ですね。

이 여배우, 얼굴은 예쁜데 연기는 형편없네요.
イ ヨベウ オルグルン イェブンデ ヨンギヌン ヒョンピョンオㇺネ ヨ

**4** この俳優は前作と全くイメージが違って最初わかりませんでしたよ。

이 배우는 전번 작품하고 이미지가 전혀 달라서
イ ベウヌン チョンボン チャックプㇺ ハゴ イミジガ チョニョ タルラソ

처음엔 못 알아봤어요.
チョウメン モ ダラ ファッソ ヨ

**5** ひょうきんな役があんなに上手いとは思わなかった。

익살스러운 역할을 그렇게 잘 할줄 몰랐어.
イッサルスロウン ヨッカルル クロッケ チャ ラルチュル モル ラッソ

**6** あの年で高校生役はちょっと無理がありましたね。

그 나이에 고등학생 역할은 좀 무리가 있었지
ク ナイ エ コドゥンハックセン ヨッカルン チョㇺ ムリガ イッソッチ

요?
ヨ

**7** キャスティングがイマイチでしたね。

캐스팅이 별로였어요.
ケスティンイ ピョルロ ヨッソ ヨ

## 芝居・舞踊など

## 芝居（演劇）

1 芝居のチケットがあるんですが、一緒に行きませんか？

연극 티켓이 있는데 같이 안 가시겠어요 ?
ヨン グック ティ ケシ インヌンデ カッチ アン ガ シ ゲッソ ヨ

2 私は映画より芝居のほうが好きです。

저는 영화보다 연극을 더 좋아해요.
チョヌン ヨンファ ボ ダ ヨン ググル ト チョ ア ヘ ヨ

3 小劇場の芝居は活気がありますね。

소극장의 연극은 활기가 있어요.
ソ グックチャン エ ヨン ググン ファルギ ガ イッソ ヨ

4 ロングランの芝居は一度は観ておかないとね。

장기 공연하는 연극은 한번은 봐 둬야지요.
チャン ギ コン ヨナ ヌン ヨン ググン ハン ボヌン ブァ トォヤ ジ ヨ

5 予約なしでも観られますか？

예약없이도 볼 수 있어요 ?
イェヤック オップシ ド ボル ス イッソ ヨ

6 当日券は割高だけど、あるはずですよ。

당일권은 좀 비싸지만 있을 거예요.
タン イル クォヌン チョム ビ サ ジ マン イッスル コ エ ヨ

7 トルストイの作品を韓国語で観るのもなかなか乙なものですね。

톨스토이 작품을 한국어로 보는 것도 꽤 운치가
トルス ト イ ジャップムル ハン グゴ ロ ボ ヌン コット クェ ウン チ ガ

있네요.
イン ネ ヨ

161

## 舞踊

**1** 韓国舞踊は華やかですね。

### 한국무용은 화려해요.
ハングン ム ヨンウン ファリョ ヘ ヨ

**2** これは何という踊りですか？

### 이 춤은 무슨 춤이에요？
イ チュムン ムスン チュミ エ ヨ

**3** 伝統舞踊はよく上演されるんですか？

### 전통무용은 자주 상연이 되나요？
チョントン ム ヨンウン チャジュ サン ヨニ デナヨ

**4** 創作舞踊でもバレエっぽい感じでしたね。

### 창작무용이라도 발레 같은 느낌이 드네요.
チャンジャン ム ヨン イ ラ ド バル レ カトゥン ヌ キミ ドゥ ネ ヨ


## ミュージカル

**1** ミュージカルはうちの子供が大好きなんです。

### 뮤지컬은 우리 애들이 아주 좋아해요.
ミュジ コルン ウリ エ ドゥリ アジュ チョア ヘ ヨ

**2** このミュージカルはぜひ観たかったんですよ。

### 이 뮤지컬은 꼭 보고 싶었어요.
イ ミュジ コルン コック ポ ゴ シッポッソ ヨ

**3** 「アニー」は毎年上演されています。

### 〈애니〉는 해마다 상연되고 있어요.
エ ニ ヌン ヘ マ ダ サンヨン デ ゴ イッソ ヨ

## コンサート

**1** コンサートの前売り券はどこで買えるんですか？

### 콘서트의 예매권은 어디서 살 수 있어요?
コン ソ トゥ エ イェ メ クォヌン オ デ ソ サル ス イッソ ヨ

**2** チケットリンクというサイトで買うといいですよ。

### 티켓링크라는 사이트에서 사면 돼요.
テ ケッリン ク ラ ヌン サ イ トゥ エ ソ サ ミョン デ ヨ

**3** クラシックコンサートなんて何年ぶりかな。

### 클래식 콘서트가 몇 년 만이야?
クル レ シッ コン サ トゥ ガ ミョンニョン マニ ヤ

**4** この年でロックコンサートに行って浮かないかしら？

### 이 나이에 록 콘서트가면 튀지 않을까?
イ ナ イ エ ロック コン ソ トゥ ガ ミョントゥ ジ アヌル カ

**5** 「神話」のコンサートのチケット手に入りませんか？

### 〈신화〉콘서트 티켓 구할 수 없어요?
シンヌファ コン サ トゥ ティ ケッ ク ハル ス オプソ ヨ

**6** 最終日のまで売り切れだそうですよ。

### 최종일까지 다 매진이래요.
チェジョン イル カ ジ ダ メ ジニ レ ヨ

**7** 最前列の席はありますか？

### 맨 앞자리 있어요?
メン アプチャ リ イッソ ヨ

**8** 一番安い席はいくらですか？

### 제일 싼 자리가 얼마예요?
チェ イル サン チャ リ ガ オル マ エ ヨ

9 高い席でもいいです。

**비싼 자리라도 좋아요.**
ピッサンチャリ ラド チョアヨ

## リゾート・ロケ地・遊園地

CD-**1**
[track47]

# スキー場

1 一番施設のいいスキー場はどこですか？

**시설이 제일 좋은 스키장은 어디예요？**
シ ソリ チェイル チョウン スキジャンウン オディエヨ

ここから近い

**여기에서 가까운**

2 韓国にはスキー場が何ヶ所ぐらいありますか？

**한국에는 스키장이 몇 군데 정도 있어요？**
ハン グゲ ヌン スキジャンイ ミョックンデ チョンド イッソヨ

3 スキー板のレンタルがあるから楽ですね。

**스키렌탈이 있어서 편하네요.**
スキレンタリ イッソソ ピョナネヨ

スキーウェアー
**스키웨어**

4 リフト券はどこで買えばいいですか？

**리프트권은 어디서 사면 돼요？**
リプトゥクォヌン オディソ サミョン デヨ

5 スキー場付近の宿泊施設は予約なしでも大丈夫ですか？

**스키장 부근의 숙박시설은 예약 없이도 괜찮아요？**
スキジャン プクネ スックパックシ ソルン イェヤック オップシド クェンチャナヨ

**6** 長期滞在ならコンドミニアムの利用がお得ですよ。

장기 체류라면 콘도미니엄을 이용하는게 싸게 들어요.
チャンギ チェリュラミョン コンドミニ オムル イヨン ハヌンゲ ッサゲ ドゥロ ヨ

**7** 子供たちはそり滑りが気に入ったみたいですね。

애들은 썰매가 마음에 든 모양이에요.
エドゥルン ッソルメガ マウメ ドゥン モヤン イ エヨ

**8** そこは上級者用のコースですよ。

거기는 상급자용 코스예요.
コギヌン サングッブチャヨン コス エヨ

**9** スキーのレッスンを受けたいんですが。

스키 레슨을 받고 싶은데요.
スキ レッスヌル パッコ シップンデヨ

**10** もっと滑りたいです。

좀더 스키를 타고 싶어요.
チョムド スキルル タゴ シッポ ヨ

**11** スキー場がライトアップされてきれいですよ。

스키장에 불이 켜져서 아주 예뻐요.
スキジャンエ ブリ キョジョソ アジュ イェポ ヨ

観光・娯楽

## 海水浴場

**1** あまり混んでいない海水浴場を探しています。

많이 붐비지 않는 해수욕장을 찾고 있어요.
マニ ブンビジ アンヌン ヘスヨックチャンウル チャッコ イッソ ヨ

砂浜のきれいな
# 모래사장이 아름다운

**2** 脱衣場はどこですか？
## 탈의장은 어디예요？
タリ ジャンウン オ ディエ ヨ

**3** パラソルを借りられるところはありますか？
## 파라솔을 빌리는 데가 있어요？
パ ラ ソル ピルリ ヌン デガ イッソ ヨ

水着を・浮き輪を
## 수영복을 / 튜브를

**4** そちらは深いから気をつけてね。
## 거기는 깊으니까 조심해요.
コ ギ ヌン キプ ニ カ チョシㇺ ヘ ヨ


## 温泉

**1** 家族で楽しめる温泉でおすすめのところは？
## 가족이 즐길 수 있는 온천 중에서 추천할 만한
カ ジョギ ズルギル ス インヌン オンチョン チュン エ ソ チュチョンハル マナン

## 곳은요？
コスン ヨ

**2** この間、行ってきた温泉はとても良かったです。
## 요전에 갔다 온 온천이 아주 좋았어요.
ヨ ジョネ カッタ オン オン チョニ ア ジュ チョ アッソ ヨ

3 韓国の露天風呂は水着で入るのでびっくりしました。

## 한국의 노천탕은 수영복을 입고 들어가서 깜짝
ハン グゲ　ノ チョンタンウン　ス ヨン ボグル　イッ コ　トゥロ ガ ソ　カム チャン

## 놀랐어요.
ノル ラッソ　ヨ

4 ここの温泉は硫黄成分が豊富ですね。

## 여기 온천은 유황성분이 풍부하네요.
ヨ ギ　オン チョヌン　ユ ファンソン ブ ニ　プン ブ ハ ネ ヨ

5 最近の温泉はテーマパーク化されてますね。

## 최근의 온천은 테마파크화되었네요.
チェ グ ネ　オン チョヌン　テ マ パ ク ファ デ オン ネ ヨ

6 日本の温泉とずいぶんイメージが違いますね。

## 일본의 온천하고 굉장히 이미지가 달라요.
イル ボ ネ　オン チョ ナ　ゴ クェンジャン ヒ　イ ミ ジ ガ　タル ラ ヨ

7 家族風呂もありますか？

## 가족탕도 있어요？
カ ジョクタン ド　イッソ　ヨ

観光・娯楽

# ロケ地

1 映画の舞台となったところに行ってみたいです。

## 영화의 무대가 된 곳에 가 보고 싶어요.
ヨンファ エ　ム デ ガ デン　コ セ　カ　ポ ゴ　シッポ ヨ

ドラマ

## 드라마

**2** 最近ドラマのロケ地ツアーが流行ってます。

요즘 드라마의 로케 현장 투어가 유행이에요.

**3** 「チャングムの誓い」のロケ地がテーマパークになったそうですね。

〈대장금〉의 로케 현장이 테마파크로 되었다면서요?

**4** ロケのセットがそのまま残っていて面白いそうですよ。

로케 세트가 그대로 남아 있어서 재미있대요.

**5** ロケ地は景色のすばらしい所が多いです。

로케 현장은 경치가 좋은 곳이 많아요.

**6** 「夏の香り」はどこで撮られたものですか?

〈여름향기〉는 어디에서 찍은 거예요?

**7** 映像を通して観るのと実際行ってみるのとは違いますね。

영상을 통해서 보는 것과 실제로 가서 보는 것은 다르네요.

## テーマパーク・遊園地

**1** 大人も楽しめるテーマパークを教えて下さい。

어른도 즐길 수 있는 테마파크를 가르쳐 주세요.
<sub>オルン ド ズルギル ス イッヌン テ マ パ クルル カ ル チョ チュ セ ヨ</sub>

**2** 子供連れなので車で行きます。

애들을 데리고 가니까 차로 갈 겁니다.
<sub>エ ドゥルル デ リ ゴ ガ ニッカ チャ ロ カル コンムニ ダ</sub>

人数が多いので

인원수가 많아서
<sub>イヌォンスガ マナソ</sub>

**3** 行き方を教えて下さい。

가는 방법을 가르쳐 주세요.
<sub>カ ヌン バン ボブル カル チョ チュ セ ヨ</sub>

**4** フリーパスはいくらですか？

자유이용권은 얼마예요？
<sub>チャ ユ イ ヨンクォヌン オル マ エ ヨ</sub>

**5** 乗り物はあまり好きじゃないから入場券だけでいいです。

타는 것은 별로 좋아하지 않으니까 입장권만
<sub>タ ヌン コスン ビョル ロ チョ ア ハ ジ アヌ ニ カ イップチャンクォンマン</sub>

있으면 돼요.
<sub>イッス ミョン デ ヨ</sub>

**6** ナイトパスは何時からの入場ですか？

야간입장권은 몇 시부터 입장하는 거예요？
<sub>ヤ ガニップ チャンクォヌン ミョッ シ ブ ト イップチャン ハ ヌン コ エ ヨ</sub>

**7** 団体割引は何名以上ですか？

# 단체할인은 몇 명이상이에요?
タンチェ　ハリヌン　ミョンミョンイサンイエヨ

**8** この遊園地の乗り物で一番エキサイティングなのはどれですか？

# 이 유원지의 탈것 중에 제일 신나는 건 어떤 거
イ　ユウォンジエ　タルッコッチュンエ　チェイル　シンナヌン　ゴン　オトン　ゴ

# 예요？
エヨ

**9** 行事の日程などをチェックしていくと2倍楽しめます。

# 행사일정 같은 걸 확인해서 가면 두배로 즐길
ヘンサイルチョン　カトゥン　ゴル　ファギネソ　カミョン　トゥベロ　ズルキル

# 수 있어요.
ス　イッソヨ

**美容:エステ**

## エスエに行く

**1** どこかいいエステがあれば紹介して下さい。

### 어디 좋은 에스테가 있으면 소개해 주세요.
<sub>オディ チョウン エステガ イッスミョン ソゲヘ チュセヨ</sub>

**2** 予約は電話でですか？

### 예약은 전화로 하면 되나요?
<sub>イェヤグン チョナロ ハミョン デナヨ</sub>

**3** 2時に予約してある石田ですが。

### 두시에 예약한 이시다인데요.
<sub>トゥシエ イェヤカン イシダインデヨ</sub>

**4** 予約はしていませんが、利用できますか？

### 예약은 하지 않았는데 이용할 수 있어요?
<sub>イェヤグン ハジ アナンヌンデ イヨンハル ス イッソヨ</sub>

**5** — 本日はどのようなお手入れをご希望ですか？

### 오늘은 어떤 손질을 원하십니까?
<sub>オヌルン オットン ソンジルル ウォナシムニカ</sub>

**6** フェイスエステはどのようなコースがありますか？

### 페이스 에스테는 어떤 코스가 있어요?
<sub>ペイス エステヌン オトン コスガ イッソヨ</sub>

## 具体的な相談

**1** 老化防止コースをお願いします。

### 노화 방지 코스를 부탁해요.
<sub>ノファ バンジ コスルル プタッケヨ</sub>

美白・全身トリートメント
# 미백 / 전신 트리트먼트

---

2 目元と口元の小じわを何とかしたいの。

## 눈가, 입가의 주름을 어떻게 없애고 싶어요.
ヌンカ　イッカエ　チュルムル　オトッケ　オッセゴ　シッポ ヨ

---

3 目の下にできたクマがなかなか消えないんです。

## 눈 밑에 생긴 그림자가 안 없어져요.
ヌン　ミッテ　センギン　クリムジャ ガ　アン　オッソ ジョ ヨ

---

4 首のシワを目立たなくしたいんです。

## 목 주름을 눈에 안 띄게 하고 싶어요.
モッ チュ ルムル　ヌネ　アン ティゲ　ハ ゴ　シッポ ヨ

---

5 毛穴の引き締めは1回で効果がありますか？

## 모공축소는 한 번에 효과가 있나요?
モ ゴンチュッソ ヌン　ハン　ボネ　ヒョクァガ　インナヨ

---

6 この辺のシミを取りたいんですけど。

## 이 근처 기미를 제거하고 싶은데요.
イ　グンチョ　キミルル　チェゴ　ハゴ　シップンデヨ

そばかす

## 주근깨

---

7 背中のニキビを夏までに治したいんです。

## 등의 여드름을 여름까지 없애고 싶어요.
トゥン エ　ヨドゥルムル　ヨルムカジ　オッセゴ　シッポヨ

---

172

## 痩身

**1** 太もものセルライトが気になるんです。

허벅지의 셀룰라이트가 신경이 쓰여요.

**2** ワンサイズダウンを目指してるんです。

한 사이즈 줄이기를 목표로 하고 있어요.

**3** 腰まわりのぜい肉を取りたいんです。

허리 부분의 군살을 제거하고 싶어요.

**4** 二の腕のたるみを引き締めたいんです。

팔뚝의 처진부분을 빼고 싶어요.

## メイク

**1** 今日パーティーがあるので、ちょっと華やかなメイクにして下さい。

오늘 파티가 있으니까 좀 화사하게 화장해 주세요.

**2** あまり濃すぎないようにして下さい。

너무 짙지 않게 해 주세요.

**3** 普段使っている化粧品でもメークしてもらえるんですか？

평상시에 제가 쓰는 화장품으로도 화장해 주나요?

**4** つけまつげをつけて下さい。

속눈썹 붙여 주세요.

## マニキュア

**1** ネイルトリートメントでマニキュアも塗ってもらえるんですか？

네일 트리트먼트하면 매니큐어도 발라 주나요?

**2** 甘皮の処理がうまくできないんです。

큐티클 처리를 잘 못 해요.

**3** 指先のささくれはマッサージで良くなりますか？

손거스러미는 마사지하면 좋아져요?

**4** 爪が弱くて、すぐ割れたり剥けたりするんです。

손톱이 약해서 금방 부러지고 벗겨지고 해요.

**5** 爪はスクエアカットでお願いします。

손톱은 사각으로 잘라 주세요.

## ペディキュア

1 サンダルの季節の前にお手入れしておくといいですよ。

샌들 신는 계절이 되기 전에 손질을 해 두는 게
좋아요.

2 ペディキュアコースは角質除去、マッサージも含まれます。

페디큐어코스는 각질제거, 마사지도 포함됩니다.

3 このフットバスにはアロマオイルが入っています。

이 풋배스에는 아로마오일이 들어 있습니다.

## ヘアケア

1 髪がパサパサしてつやがないんです。

머리카락이 부시시하고 윤기가 없어요.

細くてコシが

가늘고 힘이

2 髪が傷んでるんです。

머리카락이 상했어요.

3 毛髪診断をして下さい。

### 모발진단을 해 주세요.
モ バルジン ダヌル ヘ チュセヨ

4 頭皮ケアでふけも治りますか？

### 두피케어로 비듬도 나아요？
トゥピケオロ ビドゥムド ナアヨ

5 ここで使っているシャンプーとリンスを買いたいんですが。

### 여기서 쓰는 샴푸하고 린스를 사고 싶은데요.
ヨギソ ッスヌン シャンプハゴ リンスルル サゴ シップンデヨ

## 美容整形

CD-2 [track2]

# 顔（希望を伝える）

1 バーチャル手術で手術後のお顔をご覧になれます。

### 버철수술로 수술 후의 얼굴을 보실 수 있습니다.
ボチャルススルロ ススル フエ オルグルル ボシル ス イッスムニダ

2 ニキビの跡をきれいに消せますか？

### 여드름자국을 깨끗이 지울 수 있나요？
ヨドゥルムチャググル ケクッシ チウル ス インナヨ

3 眉間のシワを目立たなくしたいです。

### 미간의 주름을 눈에 안 띄게 하고 싶어요.
ミガネ チュルムル ヌネ アンティゲ ハゴ シッポヨ

4 目尻のシワを除去して下さい。

### 눈가 주름을 제거해 주세요.
ヌンカ チュルムル チェゴヘ チュセヨ

二重あご
이중턱

**5** 二重まぶたにしたいのですが、入院が必要ですか？

쌍꺼풀수술을 하고 싶은데, 입원이 필요한가
<sub>サン コ プル ス スルル ハ ゴ シップン デ イボニ ピリョ ハン ガ</sub>

요？
<sub>ヨ</sub>

**6** 大きな二重じゃなくて自然な感じがいいです。

큰 쌍꺼풀이 아니라 자연스러운 게 좋아요.
<sub>クヌ サン カ プリ ア ニ ラ チャンヨン ス ロ ウン ゲ チョア ヨ</sub>

**7** 顔のえらが気になるんですが、削るのは抵抗があります。

사각턱이 신경 쓰이는데 깎는 데는 저항이 있어
<sub>サ ガック トギ シンギョン ッス イ ヌン デ カンヌン デ ヌン チョハン イ イッソ</sub>

요.
<sub>ヨ</sub>

ほお骨が
**광대뼈가**

**8** ぺちゃんこの鼻を少しだけ高くしたいです。

납작코를 조금만 높이고 싶어요.
<sub>ナプチャッ コ ルル チョグンマン ノピ ゴ シッポ ヨ</sub>

**9** 唇が薄いので、ぷっくら唇にしたいんですが。

입술이 얇아서 도톰한 입술로 만들고 싶은데요.
<sub>イプ スリ ヤルバ ソ ド トマン イプ スル ロ マンドゥル ゴ シップン デ ヨ</sub>

**10** ほくろを取って下さい。

점을 빼 주세요.
<sub>チョムル ペ チュ セ ヨ</sub>

観光・娯楽

## その他

**1** すね毛の永久脱毛をしたいんですが。

### 다리털 영구탈모를 하고 싶은데요.
<sub>タ リ トル ヨン グ タル モ ルル ハ ゴ シップン デ ヨ</sub>

脇毛

### 겨드랑이털

---

**2** 胸が貧弱なので、もう少し大きくしたいです。

### 가슴이 빈약해서 조금만 더 크게 하고 싶어요.
<sub>カ スミ ピニャケ ソ チョクムマン ド クゲ ハ ゴ シッポ ヨ</sub>

**3** お腹の脂肪吸入をしたいんですが。

### 배의 지방흡입을 하고 싶은데요.
<sub>ペ エ チ バン フビブル ハ ゴ シップン デ ヨ</sub>

**4** 半永久化粧は入れ墨とは違うんですか？

### 반영구화장은 문신과 다른가요?
<sub>パンヨン グ ファジャンウン ムンシングァ タルン ガ ヨ</sub>

---

## 美容整形後の質問

**1** 副作用はありませんか？

### 부작용은 없어요?
<sub>プ ジャギョンウン オップソ ヨ</sub>

**2** どれぐらいの期間で効果が出ますか？

### 어느 정도 기간이면 효과가 나타나요?
<sub>オ ヌ ジョンド キ ガニ ミョンヒョクァガ ナ タ ナ ヨ</sub>

### 3 麻酔をかけるんですか？

마취를 하나요 ?
マ チュィルル　ハ　ナ　ヨ

### 4 手術を受けてからどれくらいで化粧できるようになりますか？

수술을 받고 나서 어느 정도면 화장할 수 있게
ス　スルル　パッ コ　ナ ソ　オ ヌ ジョン ド ミョン ファジャンハル　ス　イッ ケ

되나요 ?
デ ナ ヨ

### 5 できるだけキズが目立たないようにして下さい。

될 수 있으면 눈에 안 띄게 해 주세요.
トェル ス　イッス ミョン ヌネ　アン ディゲ　ヘ　チュ セ ヨ

### 6 腫れは何日くらいで引きますか？

붓기는 며칠 만에 빠져요 ?
ブッ キ ヌン ミョチル　マネ　パ ジョ ヨ

### 7 コラーゲン注射はどれぐらいもちますか？　　脂肪吸入は

콜라겐 주사는 어느정도 가요 ?　　지방흡입은
コ ラ ゲン チュ サ ヌン　オ ヌ ジョン ド　カ ヨ

### 8 保険はききますか？

보험은 적용이 되나요 ?
ポ　ホムン チョギョン イ　デ ナ ヨ

### 9 手術の見積もりを出して下さい。

수술 견적을 내 주세요.
ス スル キョンジョグル　ネ　チュ セ ヨ

観光・娯楽

## 待ち合わせをする

### 位置の説明・待ち合わせの約束

**1** 今、どこにいますか？

지금 어디 있어요 ?
チ グンム オ ディ イッソ ヨ

**2** 明洞のロッテホテルにいます。

명동 롯데호텔에 있어요.
ミョンドン ロッテ ホ テ レ イッソ ヨ

日本大使館の近くに・インチョンに

일본대사관 근처에 / 인천에

**3** ちょっと位置を説明しづらいんですが…

좀 위치를 설명하기 힘든데요…
チョンム ウィ チ ルル ソルミョン ハ ギ ヒンムドゥン デ ヨ

**4** 今日午後7時に会えますか？

오늘 오후 일곱 시에 만날 수 있어요 ?
オ ヌル オ フ イルゴプ シ エ マンナル ス イッソ ヨ

明日・土曜日

내일 / 토요일

**5** 水曜日の昼頃はいかがですか？

수요일 낮 즈음엔 어때요 ?
ス ヨ イル ナッ チュ ウ メン オ テ ヨ

**6** どこで会いましょうか？

어디서 만날까요 ?
オ ディ ソ マン ナル カ ヨ

**7** 鐘路にあるチョンノ書籍でどうですか？

종로에 있는 종로서적은 어때요 ?
チョン ノ エ　インヌン　チョン ノ　ソ ジョグン　オ テ ヨ

**8** 梨花女子大は知っていますか？

이화여대는 아세요 ?
イ ファ ヨ デ ヌン　ア セ ヨ

**9** そこで会いましょう。

거기서 만나요.
コ ギ ソ　マン ナ ヨ

**10** 明日の朝、そちらへ迎えに行きます。

내일 아침에 그쪽으로 마중 나갈게요.
ネ イル　ア チ メ　ク チョグ ロ　マ ジュン ナ ガル ケ ヨ

**11** 駅まで出迎えに行きます。

역까지 마중나가겠습니다.
ヨッ カ ジ　マ ジュン ナ ガ ゲッ スン ニ ダ

## 行き方を聞く

**1** クァンファムンに行くには、どう行けばいいですか？

광화문에 가려면 어떻게 가면 되나요 ?
クァン ファ ムネ　カ リョ ミョン　オ トッ ケ　カ ミョン　デ ナ ヨ

**2** 何で行くのが一番速いですか？

뭘로 가는 게 가장 빨라요 ?
モル ロ　カ ヌン ゲ　カ ジャン　パル ラ ヨ

**3** 最寄りの駅は何駅ですか？

가까운 역은 무슨 역이에요 ?
カ カ ウン ヨグン　ム スン　ヨ ギ エ ヨ

**4** 何号線に乗ればいいですか？

### 몇 호선을 타면 되나요？
ミョット ソヌル タミョン デナヨ

**5** タクシーの運転手に言えばわかりますか？

### 택시 운전수한테 얘기하면 아나요？
テッシ ウンジョンスハンテ イェギハミョン アナヨ

## 道を聞く

CD-2 [track4]

**1** すみません、ちょっとお伺いしますが。

### 죄송합니다만, 말씀 좀 여쭙겠습니다.
チェソンハムニダマン マルスム チョム ヨッチュッケッスムニダ

**2** 道に迷ってしまいました。

### 길을 잃었어요.
キルル イロッソヨ

**3** 道を間違えたようなんですが…

### 길을 잘못 든 모양인데요…
キルル チャルモット トゥン モヤンインデヨ

**4** ここはどこですか？

### 여기가 어디예요？
ヨギガ オディエヨ

**5** この地図だと今どの辺りにいますか？

### 이 지도로 지금 어디쯤에 있어요？
イ チドロ チグム オディッチュメ イッソヨ

**6** 地図を描いていただけますか？

### 약도를 그려 주시겠어요？
ヤットルル クリョ チュシゲッソヨ

**7** ここをまっすぐ行くと、どこに出ますか？

### 여기로 똑바로 가면 어디로 나와요 ?
ヨ ギ ロ  トッ パ ロ  カ ミョン  オ ディ ロ  ナ ワ ヨ

**8** タクシー乗り場はどこですか？

### 택시승차장은 어디예요 ?
テッ シ スン チャ ジャン ウン  オ ディ エ ヨ

バス停は・(地下鉄) 駅は

### 버스정류장은 / 지하철역은

**9** 地下鉄の駅はどちらに行けばいいですか？

### 지하철역은 어느 쪽으로 가면 되요 ?
チ ハ チョル ヨ グン  オ ヌ ッチョグ ロ  カ ミョン  デ ヨ

**10** 日本大使館はどこかご存知ですか？

### 일본대사관이 어딘지 아세요 ?
イル ボン テ サ グァ ニ  オ ディン ジ  ア セ ヨ

**11** セジョン文化会館はこの方向ですか？

### 세종문화회관은 이 방향이 맞아요 ?
セ ジョン ムナ フェ グァ ヌン  イ  パン ヒャン イ  マ ジャ ヨ

**12** 歩いて行ける距離ですか？

### 걸어서 갈 수 있는 거리예요 ?
コ ロ ソ  カル ス  イッ ヌン  コ リ エ ヨ

**13** ここから遠いですか？　　　　　　　　　　　近いですか

### 여기서 멀어요 ?　　　　　　　　　가까워요
ヨ ギ ソ  モ ロ ヨ

**14** タクシーに乗ったほうがいいですか？

### 택시를 타는 편이 좋을까요 ?
テッ シ ルル  タ ヌン  ピョ ニ  チョ ウル カ ヨ

**15** ここから歩いてどれくらいですか？

여기서 걸어서 얼마나 걸려요?
ヨギソ コロソ オルマナ コルリョヨ

車で・バスで・タクシーで・電車で

차로 / 버스로 / 택시로 / 전철로

**16** 途中で何か目印になるものはありますか？

도중에 뭔가 표시가 될 만한 것이 있나요?
トジュンエ モンガ ピョシガ テル マナン コシ インナヨ

**17** すみません、もう一度言っていただけますか？

죄송합니다만, 다시 한 번 말씀해 주시겠어요?
チェソンハムニダマン タシ ハンボン マルスメ チュシゲッソヨ

ゆっくり

천천히

## 道を教える

CD-2
[track5]

**1** すみません、私もよくわからないんですよ。

미안해요, 저도 잘 몰라요.
ミアネヨ チョド チャル モルラヨ

**2** あそこに交番があるので、そこで聞いてみて下さい。

저기 파출소가 있으니까 거기서 물어 보세요.
チョギ パチュルソガ イッスニカ コギソ ムロ ポセヨ

**3** あ、あそこですよ。

아, 저기예요.
ア チョギエヨ

**4** そこなら逆方向ですよ。

거기라면 반대방향이에요.

**5** ここをまっすぐ行くと、大学通りに出ます。

여기를 똑바로 가면 대학로가 나와요.

**6** ここからならバスに乗ったほうが早いですよ。

여기서부터라면 버스를 타는 게 빨라요.

**7** 歩いても5分くらいで行けますよ。

걸어도 오분 정도면 갈 수 있어요.

**8** 路地を間違えて入りましたよ。

골목을 잘못 들었어요.

**9** いったん、大通りに出て下さい。

일단 큰길로 나가세요.

**10** すぐそこの角を曲がったところです。

바로 저기 모퉁이를 돌아간 곳이에요.

**11** 私も同じ方向なので一緒に行きましょう。

저도 같은 방향이니까 같이 가시죠.

**12** あそこに青い看板が見えるでしょ？その隣です。

저기에 파란 간판이 보이죠? 그 옆이에요.

大きな建物が・銀行が

## 큰 건물이 / 은행이

**13** あの銀行の向かい側です。

## 저 은행의 맞은편이에요.
チョ ウネン エ マジュン ピョニ エ ヨ

前・裏手・右隣り・左隣り・はす向かい

## 앞 / 뒤편 / 오른쪽 옆 / 왼쪽 옆 / 사선 맞은편

**14** この道をまっすぐ行けばいいですよ。

## 이 길을 똑바로 가면 돼요.
イ キルル トック パ ロ カミョン デヨ

**15** 3番目の信号で右に曲がって、道なりに進んで下さい。

## 세번째 신호등에서 오른쪽으로 돌아가서, 길을
セ ボンチェ シンノ ドゥン エ ソ オルン チョグ ロ ドラ ガ ソ キルル

## 따라 가세요.
ッタラ カ セ ヨ

**16** この塀に沿って5分ほど歩くと左手に見えます。

## 이 담을 따라서 오분 정도 걸어가면 왼편에 보
イ タムル タ ラ ソ オ ブン チョン ド コロ ガミョン ウェン ピョネ ポ

## 여요.
ヨ ヨ

右手
오른편에

**17** あそこに見える映画館を左に曲がったところです。

## 저기 보이는 영화관을 왼편으로 돌아간 곳이에요.
チョ ギ ポ イ ヌン ヨンファ クァヌル ウェン ピョヌ ロ ト ラ ガン コ シ エ ヨ

**18** 銀行と本屋の間の路地を入ったところです。

## 은행과 책방 사이의 골목으로 들어간 데예요.
ウネン グァ チェッパン サ イ エ コル モ グ ロ トゥロ ガン テ エ ヨ

**19** そこの突き当たりです。

### 바로 저기 막다른 골목이에요.
パロ チョギ マッタルン コル モギ エ ヨ

**20** あそこの 信号 を渡って右に行けばいいですよ。

### 저기 신호등을 건너서 오른쪽으로 가면 돼요.
チョギ シノドゥンウル コンノソ オルンチョグロ カミョン デヨ

横断歩道を・歩道橋を・踏切を

### 횡단보도를 / 보도교(육교)를 / 건널목을

## タクシー

CD-2
[track6]

**1** タクシーを呼んでいただけますか？

### 택시를 불러 주시겠습니까?
テクシルル プルロ チュシゲッスムニカ

**2** 仁川空港到着ロビーまでお願いします。

### 인천공항 도착로비까지 부탁합니다.
インチョンゴンハン トチャンロビカジ プタッカムニダ

出発ロビー

### 출발로비

**3** 荷物があるんですが、トランクを開けてもらえますか？

### 짐이 있는데요, 트렁크 좀 열어 주시겠어요?
チミ イッヌンデヨ トゥロンク チョム ヨロ チュシゲッソヨ

**4** ちょっと重いんですけど、手伝ってもらえますか？

### 좀 무거운데, 도와 주시겠어요?
チョム ムゴウンデ トワ チュシゲッソヨ

**5** 料金はいくらくらいかかりますか？

## 요금은 얼마나 나올까요？
ヨ グムン　オルマナ　ナオルカヨ

**6** 時間はどれくらいかかりそうですか？

## 시간은 얼마나 걸릴까요？
シ ガヌン　オルマナ　コルリルカヨ

**7** この住所に行きたいんですけど。

## 이 주소지로 가고 싶은데요.
イ チュソジロ　カゴ　シプンデヨ

**8** ちょっと急いでるんですけど。

## 좀 급한데요.
チョム　グパンデヨ

**9** 通勤時間帯だから渋滞しますよ。

## 통근시간대라 밀려요.
トングン シガンテ ラ　ミルリョヨ

**10** 近道とかありませんか？

## 지름길 같은 거 없어요？
チルムキル　カトゥン　ゴ　オプソヨ

**11** 7時までに間に合いますかね？

## 일곱시까지 맞춰 갈 수 있을까요？
イルゴプ シカジ　マッチョ　カル　ス　イッスルカヨ

**12** 高速に乗って下さい。

## 고속을 타 주세요.
コ ソグル　タ　チュセヨ

**13** そこをまっすぐ行って下さい。

## 저기로 똑바로 가 주세요.
チョギロ　トックパロ　カ　チュセヨ

**14** 次の信号を右に曲がって下さい。

## 다음 신호등에서 오른쪽으로 돌아 주세요.
<sub>タウム シノ ドゥン エ ソ オルン チョグ ロ ドラ チュ セ ヨ</sub>

**15** そこの郵便ポストのところで停めて下さい。

## 바로 저기 우체통 앞에서 세워 주세요.
<sub>パロ チョギ ウチェトン アペ ソ セウォ チュセヨ</sub>

**16** あの入り口で降ろして下さい。

## 저 입구에서 내려 주세요.
<sub>チョ イップ ク エ ソ ネリョ チュ セ ヨ</sub>

**17** おつりは要りません。

## 잔돈은 됐습니다.
<sub>チャン ドヌン テッスンム ニ ダ</sub>

# バス・高速バス

CD-2
[track7]

## 市内バス

**1** この辺にバス停はありますか？

## 이 근처에 버스정류장이 있나요？
<sub>イ クンチョ エ ポ ス ジョンニュジャン イ インナ ヨ</sub>

**2** バス路線図の本はどこで買えますか？

## 버스 노선도는 어디서 사나요？
<sub>ポス ノ ソンド ヌン オディソ サナヨ</sub>

**3** 仁川空港に行くバス乗り場はどこですか？

## 인천공항 가는 버스정류장은 어디예요？
<sub>インチョンゴンハン ガヌン ポス ジョンニュジャンウン オ デ エ ヨ</sub>

**4** このバスはクァンファムンに行きますか？

## 이 버스는 광화문 가요？
<sub>イ ポ ス ヌン クァンファムン カ ヨ</sub>

### 5 バス料金はいくらですか？

버스 요금이 얼마예요?
<sub>ポス ヨ グミ オル マ エ ヨ</sub>

### 6 料金は乗るときに払うんですか、降りるときに払うんですか？

요금은 탈 때 내요, 내릴 때 내요?
<sub>ヨ グムン タル テ ネヨ ネリル テ ネヨ</sub>

### 7 ソウル大学前で降りたいんですが…

서울대 앞에서 내리고 싶은데요…
<sub>ソウルデ アペソ ネリゴ シプン デヨ</sub>

### 8 セブランス病院前で知らせていただけますか？

세브란스병원 앞에서 알려 주시겠습니까?
<sub>セ ブ ラン ス ビョンウォン アペ ソ アル リョ チュ シ ゲッスムニ カ</sub>

### 9 貿易センターはあと何個目ですか？

무역센터는 앞으로 몇 정류장이에요?
<sub>ム ヨッセント ヌン アプ ロ ミョッ チョンニュジャン イ エ ヨ</sub>

## 高速バス

### 1 高速バスのキップ売り場はどこですか？

고속버스 표파는 곳이 어디예요?
<sub>コ ソッポス ピョ パ ヌン ゴシ オ デ エ ヨ</sub>

### 2 釜山まで大人3枚。

부산까지 어른 세 장.
<sub>プ サン カ ジ オ ルン セ ジャン</sub>

### 3 キョンジュ行きの乗り場は何番ですか？

경주행 승차장은 몇 번인가요?
<sub>キョンジュヘン スン チャジャンウン ミョッ ポニン ガ ヨ</sub>

4 次のバスは何時ですか？

## 다음 버스는 몇 시예요 ?
タウム ポスヌン ミョッ シ エ ヨ

5 今、出たばかりだから30分後です。

## 지금 막 나갔으니까 삼십 분 후예요.
チグンム マック ナ ガッス ニ カ サンムシッ プン フ イェ ヨ

# 地下鉄・電車・KTX

1 市内地下鉄の線路図はどこで手に入りますか？

## 시내 지하철 노선도는 어디서 얻을 수 있어요 ?
シネ チ ハ チョル ノ ソンド ヌン オディソ オドゥル ス イッソ ヨ

2 すみません、キップを買い間違えました。

## 죄송합니다, 차표를 잘못 샀어요.
チェソンハムニダ チャピョルル チャルモッ サッソ ヨ

3 乗り越しの精算は窓口でできますよ。

## 더 타고 온 요금정산은 창구에서 할 수 있어요.
ト タゴ オン ヨグムチョン サヌン チャング エ ソ ハル ス イッソ ヨ

4 スウォンに行くのはどちらのホームですか？

## 수원으로 가는 건 어느쪽 홈이에요 ?
ス ウォヌ ロ カヌン コン オ ヌチョッ ホミ エ ヨ

5 3号線はどこで乗り換えればいいですか？

## 삼호선은 어디서 갈아 타면 되나요 ?
サモ ソヌン オディソ カラ タミョン デナヨ

6 梨花女子大学へはこれ1本で行けますか？

## 이화여자대학은 이 전철로 한번에 갈 수 있나
イ ファ ヨ ジャ デ ハグン イ チョンチョル ロ ハン ボネ カル ス インナ

요？
ヨ

**7** これは5号線だからチュンジョンロで乗り換えて下さい。

이건 오호선이니까 충정로에서 갈아 타세요.
イゴン オホ ソニ ニ カ チュンジョンノ エ ソ カラ タ セ ヨ

**8** 次の駅はどこですか？

다음 역은 어디예요？
タ ウ ム ヨグン オ ディ エ ヨ

**9** この電車は急行ですか？

이 전철은 급행이에요？
イ チョンチョルン クペン イ エ ヨ

**10** 終電は何時ですか？                                              始発

막차는 몇 시예요？                                                첫차
マッチャヌン ミョッ シ エ ヨ

**11** 急行は3番線のホームに行かなきゃいけないですよ。

급행은 삼번선 홈으로 가야 해요.
クペン ウン サンボンソン ホム ロ カヤ ヘ ヨ

**12** チョンノ書籍はどの出口から出ればいいですか？

종로서적은 어느 출구로 나가면 되나요？
チョン ノ ソジョグン オ ヌ チュルグ ロ ナ ガ ミョン デ ナ ヨ

**13** この階段を上がって右側の出口ですよ。

이 계단을 올라가서 오른쪽 출구예요.
イ ケ ダヌル オル ラ ガ ソ オルンチョッ チュル グ エ ヨ

改札口を出て

개찰구를 나가서

192

**14** KTXで釜山まで大人2枚、子供1枚下さい。

### 케이티엑스로, 부산까지 어른 둘, 어린이 한 장
ケイティエックスロ ブサンカジ オルン トゥル オリニ ハンジャン

### 주세요.
チュセヨ

ムグンファ(列車名-特急)

### 무궁화

**15** 一般室ですか、特室ですか？

### 일반실이에요, 특실이에요?
イルバン シリ エヨ トゥック シリ エヨ

**16** 釜山まで何回停まります？

### 부산까지 몇 번이나 서요?
ブサンカジ ミョッ ボニナ ソヨ

## 飛行機・船

CD-2 [track9]

## 飛行機

**1** 飛行機のチケットを予約したいんですけど。

### 비행기표를 예약하고 싶은데요.
ピヘンギ ピョルル イェヤカゴ シプンデヨ

**2** 7月10日、済州島までお願いします。

### 칠월 십일 제주도까지 부탁해요.
チルウォル シビル チェジュドカジ プタッケヨ

**3** 往復切符にして下さい。

### 왕복표로 해 주세요.
ワンボックピョロ ヘ チュセヨ

片道

### 편도

**4** — その日は空席がございませんが。

### 그 날은 빈 좌석이 없는데요.
ク ナルン ピンチャ ソギ オムヌンデヨ

5 ― 翌日の朝ならまだ空席があります。

다음날 아침이라면 아직 빈 좌석이 있습니다.
タンム ナル ア チミ ラミョン アジック ピン チャ ソギ イッスムニダ

6 じゃ、それにして下さい。

그럼, 그걸로 해 주세요.
クロンム クゴルロ ヘ チュセヨ

7 どうしてもその日に行かなきゃいけないんですけど。

어떻게든 그 날 가야 하는데요.
オットケドゥンク ナル カヤ ハヌンデヨ

8 キャンセル待ちで入れて下さい。

캔슬대기로 넣어 주세요.
ケンスルテギロ ノオ チュセヨ

9 ― 帰りは何日になさいますか？

돌아오시는 편은 며칠로 하시겠습니까？
トラ オ シ ヌン ピョヌン ミョチルロ ハ シゲッスムニカ

10 まだ決まっていないから、オープンでお願いします。

아직 정해져 있지 않으니까 오픈으로 해 주세요.
アジックチョン ヘジョ イッチ アヌニカ オプヌロ ヘ チュセヨ

11 航空会社はどこでもいいです。

항공사는 어디라도 괜찮습니다.
ハンゴンサヌン オディラド ケンチャンスムニダ

12 大韓航空のをお願いします。

대한항공 것으로 부탁해요.
テハンハンゴン コスロ プタッケヨ

13 できれば午前中がいいんですが。

가능하면 오전 중이 좋은데요.
カヌンハミョン オジョン ジュンイ チョウンデヨ

**14** 72時間以内に予約の確認をお願いします。

## 칠십이 시간전에 리컴폼 (예약확인) 해 주세요.
チル シビ シ ガン ジョネ リ コンポム イェヤックファギン ヘ チュ セ ヨ

**15** 窓側の席をお願いします。　　　　　　　　　　　　通路側

## 창쪽 자리로 부탁해요.　　　　　　　　　　　　**통로쪽**
チャンチョックチャ リ ロ ブ タッケ ヨ

**16** この荷物には壊れやすい物が入っています。

## 이 짐 속에 깨지기 쉬운 게 들어 있어요.
イ チンム ソゲ ケ ジ ギ シ ウン ゲ トゥロ イッソ ヨ

**17** 私の荷物がないんです。

## 제 짐이 없어요.
チェ チミ オップソ ヨ

# 船

**1** 高速フェリーの旅客ターミナルはどこですか？

## 고속페리 여객터미널이 어디예요？
コ ソック ペ リ ヨ ゲック ト ミ ノリ オ ディ エ ヨ

**2** 高速フェリーは予約が必要ですか？

## 고속페리는 예약이 필요한가요？
コ ソック ペ リ ヌン イェ ヤギ ピリョ ハン ガ ヨ

**3** 国際旅客船は必ず予約して下さい。

## 국제여객선은 반드시 예약해 주십시오.
クックチェ ヨ ゲック ソヌン パンドゥ シ イェ ヤケ チュシップ シ オ

**4** 国内旅客船でも観光シーズンには予約が要ります。

## 국내여객선이라도 관광시즌 때는 예약이 필요해요.
クン ネ ヨ ゲック ソニ ラ ド クァングァン シ ズン テ ヌン イェ ヤギ ピリョ ヘ ヨ

### 5 この路線は先着順で乗船しますよ。

# 이 노선은 선착순으로 승선합니다.
<sub>イ ノ ソヌン ソンチャクスヌ ロ スンソンハムニ ダ</sub>

### 6 済州島まで、2等客室1枚下さい。

# 제주도까지 이등객실 한 장 주세요.
<sub>チェジュド カ ジ イ ドゥンゲックシル ハン ジャン チュ セ ヨ</sub>

### 7 料金以外に船着き場料金がかかります。

# 요금 이외에도 선착장 요금이 듭니다.
<sub>ヨ グンム イ ウェ エ ド ソンチャクチャン ヨ グミ トゥムニ ダ</sub>

## 遅れる・キャンセルする

CD-2
[track10]

### 1 すみません、ちょっと遅れます。

# 죄송합니다, 좀 늦어요.
<sub>チェソンハムニ ダ チョム ヌジョ ヨ</sub>

### 2 朝、ちょっとアクシデントがあって出遅れました。

# 아침에 약간의 사고가 있어서 늦게 나왔어요.
<sub>ア チメ ヤッ カネ サ ゴ ガ イッソ ソ ヌッケ ナ ワッソ ヨ</sub>

### 3 バスに乗り遅れてしまいました。　　　　　　電車に

# 버스를 놓쳤어요.　　　　　　전철을
<sub>ポ ス ルル ノ チョッソ ヨ</sub>

### 4 次のバスで行くので30分ほど遅れると思います。

# 다음 차로 갈 거니까 삼십 분 정도 늦을 거예요.
<sub>タ ウム チャ ロ カル コ ニ カ サムシッ プンチョン ド ヌズル コ エ ヨ</sub>

### 5 居眠りして、駅を乗り過ごしてしまいました。

# 졸다가 역을 지나치고 말았어요.
<sub>チョルダ ガ ヨ グル チ ナ チ ゴ マラッソ ヨ</sub>

**6** 電車を乗り間違えちゃって。

### 전철을 잘못 타서요.
チョン チョルル チャルモッ タ ソ ヨ

**7** 道路が混んでいて、ちょっと遅れそうです。

### 길이 막혀서 좀 늦을 것 같아요.
キリ マキョ ソ チョム ヌズル コッ カタ ヨ

**8** 線路の事故があったみたいで、電車が来ないんです。

### 선로의 사고가 있었던 모양인지 전철이 안 와요.
ソンロエ サゴガ イッソットン モヤンインジ チョンチョリ ア ヌァヨ

**9** 飛行機のチケットが取れなかったので、今日は行けなくなりました。

### 비행기 티켓을 못 사서, 오늘은 못 가게 되었습
ピヘンギ ティケスル モッ サソ オヌルン モッ カゲ デオッスム

### 니다.
ニダ

**10** 体の具合が悪いので、今日は行けなくなりました。

### 몸 상태가 안 좋아서 오늘은 못 나가게 됐어요.
モム サンテ ガ アン ジョアソ オヌルン モン ナガゲ デッソ ヨ

**11** 急用ができてしまって、行けなくなりました。

### 급한 볼일이 생겨서 못 나가게 됐어요.
クパン ポル イリ センギョ ソ モン ナガゲ デッソ ヨ

どこかへ行く

## 食べに行く

**1** どんな食べ物がお好きですか？

어떤 음식을 좋아하세요？
オットン ウム シグル チョア ハ セヨ

**2** 何か召し上がりたいものはありますか？

뭐 드시고 싶은 거 있으세요？
モ トゥシゴ シプン ゴ イッス セヨ

**3** この辺にどこかおいしい店はありますか？

이 근처에 어디 맛있는 가게 있어요？
イ クンチョエ オディ マシッヌン カゲ イッソ ヨ

**4** 中華料理はお好きですか？

중화요리는 좋아하세요？
チュンファ ヨ リ ヌン チョア ハ セヨ

韓国料理は・和食は・イタリアンは

한식은 /일식은 /이탈리아 요리는

**5** サムゲタンのうまい店があるんですよ。

삼계탕을 잘 하는 집이 있는데요．
サム ゲ タン ウル チャル ハ ヌン チビ インヌン デ ヨ

冷麺の・豚カルビの

냉면을 /돼지갈비을

**6** 何食べに行く？

뭐 먹으러 갈까？
モ モグロ カルカ

---

⑧ 食べる・飲む

韓国の料理屋さんに入ると、注文した料理以外にもずらりと小鉢が並びますが、これは昔ながらの韓国の食膳、飯床（パンサン）の名残です。反床はご飯と汁物、キムチ、蒸し物、鍋物の基本に、いくつの小鉢（チョプ）が並ぶかによって3，5，7，9，12 チョプ飯床に分けられます。通常、庶民は3〜7 チョプまで、貴族は9 チョプ、王様のお膳は12 チョプでした。

**7** 食べられないものはありますか？

## 못 먹는 거 있어요?
モッ モンヌン ゴ イッソ ヨ

**8** 温かい麺類が食べたいですね。

## 따뜻한 면 종류가 먹고 싶네요.
ッタットゥタンミョン ジョンニュ ガ モッコ シム ネ ヨ

鍋ものが・さっぱりしたものが

## 냄비요리가 /개운한 것이

**9** 思いっきり辛いのが食べてみたいです。

## 아주 매운 걸 먹어 보고 싶어요.
ア ジュ メ ウン ゲ モゴ ポ ゴ シポ ヨ

**10** あまり辛いのはダメだけど好きですよ。

## 너무 매운 건 못 먹지만 좋아해요.
ノ ム メ ウン ゴン モン モッチ マン チョ ア ヘ ヨ

**11** 韓国の伝統料理が食べてみたいです。　　　　宮中

## 한국의 전통요리를 먹어 보고 싶어요.　　궁중
ハン グゲ チョトンヨ リル モゴ ポ ゴ シポ ヨ

**12** 食べ物横町みたいな所に行ってみたいんですけど。

## 먹자골목 같은 데 가 보고 싶은데요.
モッチャ ゴル モッ カトゥン デ カ ポ ゴ シプン デ ヨ

**13** 犬肉以外なら何でも食べられますよ。

## 개고기만 아니라면 뭐든지 먹을 수 있어요.
ケ ゴ ギ マン ア ニ ラ ミョン モ ドゥン ジ モグル ス イッソ ヨ

**14** 彼はグルメなんですよ。

## 그 사람은 미식가예요.
ク サ ラムン ミ シッ カ エ ヨ

15 たしか横田さんはベジタリアンのはずですよ。

아마 요코타 씨는 채식주의자였을걸요.
アマ ヨコタ ッシヌン チェシックチュイジャ ヨッスル コルヨ

16 スパゲッティーならこの店が一番ですよ。

스파게티라면 이 가게가 제일이에요.
スパゲティラミョン イ カゲガ チェイリ エヨ

釜飯なら・中華なら・焼き肉なら

솥밥이라면 /중화요리라면 /불고기라면

## 飲食店で

CD-2
[track12]

# 注文する

1 ― 座敷とテーブル席のどちらにしますか？

방과 테이블자리가 있는데, 어느 쪽으로 하시겠어요？
パングァ テイブルチャリガ インヌンデ オヌ チョグロ ハシゲッソヨ

2 禁煙席はありますか？

금연석은 있나요？
クミョン ソグン インナヨ

禁煙席
흡연석

3 ― 禁煙席は特にありません。

금연석은 특별히 없어요.
クミョン ソグン トゥック ピョリ オップソヨ

4 ― ご注文なさいますか？

주문하시겠어요？
チュムナ シ ゲッソヨ

200

### 5 メニューを見せて下さい。
메뉴를 보여 주세요.
メニュルル ポヨ チュセヨ

### 6 何を召し上がりますか？
뭐 드시겠어요？
モ トゥシ ゲッソヨ

### 7 読めても何の料理かさっぱりわかりません。
읽을 준 알아도 무슨 요린지 통 모르겠어요.
イルグル チュン アラド ムスン ヨリンジ トン モルゲッソヨ

### 8 お任せします。
맡길게요.
マッキルケヨ

### 9 適当に頼んで下さい。
적당히 주문해 주세요.
チョッタンイ チュムネ チュセヨ

### 10 早くできるのは何ですか？
빨리 되는 게 뭐예요？
パルリ トェヌン ゲ モエヨ

### 11 一番辛くないのはどれですか？
제일 안 매운 건 어떤 거예요？
チェイル アン メウン ゴン オトン ゴエヨ

### 12 おすすめの料理は何ですか？
추천요리는 어떤 거예요？
チュチョンヨリヌン オトン ゴエヨ

### 13 何種類か頼んで一緒に食べましょう。
몇 종류가 주문해서 같이 먹어요.
ミョッ チョンリュンガ チュムネソ カチ モゴヨ

**14** これは量が多いですか？

이건 양이 많아요？
イゴン ヤンイ マナ ヨ

**15** ジャジャ麺、並1つと大盛り1つ下さい。

자장면, 보통 하나랑 곱빼기 하나 주세요．
チャジャンミョン ポトン ハナラン コッペギ ハナ チュセヨ

**16** チャンポン、1つは辛めにして下さい。

짬뽕, 하나는 더 맵게 해 주세요．
チャムポン ハナヌン トゥ メッケ ヘ チュセヨ

**17** 辛さ控えめにして下さい。

덜 맵게 해 주세요．
トル メッケ ヘ チュセヨ

**18** 韓定食というのがあるから、これにします。

한정식이라는 게 있으니까 이걸로 하겠어요．
ハンジョン シギ ラヌン ゲ イッスニカ イゴルロ ハゲッソヨ

**19** ここは餃子もおいしいですよ。

여기 교자도 맛있어요．
ヨギ キョジャド マシッソ ヨ

**20** ここは牛テールスープが特においしいですよ。

여기는 소꼬리곰탕을 아주 잘 해요．
ヨギヌン ソコリゴムタンウル アジュ チャル ヘヨ

**21** あれと同じものを下さい。

저것과 같은 걸 주세요．
チョゴックァ カトゥン ゴル チュセヨ

**22** チゲ鍋は1人前でも頼めますか？

찌개는 일인분도 시킬 수 있어요？
チゲヌン イリンブンド シ キル ス イッソ ヨ

### 23 肉はしっかり火を通して下さい。
고기는 완전히 익혀 주세요.
コ ギ ヌン ワン ジョニ イキョ チュ セ ヨ

### 24 肉はレアでお願いします。
고기는 레어로 부탁해요.
コ ギ ヌン レ オ ロ プ タッケ ヨ

### 25 飲み物は何にしますか？
뭘 마시겠어요？
モル マ シ ゲッソ ヨ

### 26 私はビール党ですが…。
저는 맥주파인데요….
チョヌン メックチュ パ イン デ ヨ

焼酎
소주

### 27 ビールは何がありますか？
맥주는 뭐가 있어요？
メックチュヌン モ ガ イッソ ヨ

### 28 韓国のどぶろくを飲んでみたいですね。
한국의 막걸리를 마셔 보고 싶어요.
ハン グゲ マッコル リ ルル マ ショ ボ ゴ シッポ ヨ

### 29 お茶で結構です。
보리차면 돼요.
ポ リ チャミョン デ ヨ

### 30 ご注文を確認させていただきます。
주문 확인하겠습니다.
チュムン ファギナ ゲッスンム ニ ダ

### 31 持ち帰りはできますか？
테이크아웃 돼요？
テ イ ク ア ウッ デ ヨ

食べる・飲む

## 料理が来てから

**1** これは何の料理ですか？

이건 무슨 요리예요?
 イ ゴン ムスン ヨ リ エ ヨ

**2** これはおぼろ豆腐鍋です。　　　　　　　　みそ鍋・ホルモン

이건 순두부찌개예요.　　　　된장찌개 / 곱창찌개
 イ ゴン スンドゥブ チ ゲ エ ヨ

**3** これはイカと野菜を辛めに味つけして炒めたものです。

이건 오징어하고 야채를 맵게 양념해서 볶은 거
 イ ゴン オ ジンオ ハ ゴ　ヤ チェルル メッケ ヤンニョム ヘ ソ ポクン ゴ

예요.
 エ ヨ

**4** これはどうやって食べるんですか？

이건 어떻게 해서 먹어요?
 イ ゴン オ ト ケ ヘ ソ モ ゴ ヨ

**5** 薬味醤油をつけて食べます。　　　　　　　塩・ゴチュジャン

양념간장에 찍어 먹어요.　　　　소금에 / 고추장에
 ヤンニョムカンジャン エ チゴ モ ゴ ヨ

**6** ゆでた豚と薬味をサンチュでくるんで食べるんです。

돼지고기 삶은 것과 양념을 상추에 싸서 먹어요.
 テ ジ ゴ ギ サルムン コックァ ヤン ニョムル サンチュ エ ッサ ソ モ ゴ ヨ

**7** このコチュジャンをかけて食べます。

이 고추장을 끼얹어서 먹어요.
 イ コ チュジャンウル キ オンジョ ソ モ ゴ ヨ

8 みそをつけて食べるとおいしいですよ。

## 된장을 찍어서 먹으면 맛있어요.
トェンジャンウル チゴ ソ モグ ミョン マシッソ ヨ

9 すみません、キムチのおかわりを下さい。

## 죄송합니다, 김치 좀 더 주세요.
チェソンハムニダ キム チ チョム トゥ チュセ ヨ

10 お箸、新しいのをもらえますか？

## 젓가락 새 거 주시겠어요?
チョッカラッ セ ゴ チュシ ゲッソ ヨ

11 おしぼりを下さい。

## 물수건 주세요.
ムル スゴン チュセ ヨ

お冷や・つまようじ・灰皿

## 물 /이쑤시개 /재떨이

12 取り皿を3枚下さい。

## 개인접시 세 개 주세요.
ケ インジョプ シ セ ゲ チュセ ヨ

13 残りの料理は持って帰れますか？

## 남은 요리는 가지고 갈 수 있어요?
ナムン ヨ リ ヌン カ ジ ゴ カル ス イッソ ヨ

## 苦情

1 この皿、何か付いていますよ。

## 이 접시 뭐가 묻었어요.
イ チョプ シ モ ガ ムドッソ ヨ

2 お料理が1つまだ来てないんですけど。

## 음식이 하나 아직 안 나왔는데요.
ウム シギ ハ ナ ア ジック アン ナ ワンヌン デ ヨ

3 これは頼んでないんですけど。

## 이건 주문하지 않았는데요.
イ ゴン チュ ムナ ジ アナン ヌン デ ヨ

## 食後

1 デザートは何にしましょう？

### 디저트는 뭘로 할까요?
ティジョ ト ヌン モル ロ ハル カ ヨ

2 もう一品頼みましょうか？

### 하나 더 시킬까요?
ハ ナ トゥ シ キル カ ヨ

3 おかわり、どうぞ。

### 더 드세요.
トゥ ドゥ セ ヨ

4 もっと食べる？

### 더 먹을래?
トゥ モグル レ

5 私は結構です。

### 저는 됐어요.
チョ ヌン テッソ ヨ

6 十分食べました。

### 많이 먹었어요.
マニ モゴッソ ヨ

7 もうお腹いっぱいだよ。

### 이제 배불러.
イ ジェ ペ ブル ロ

8 ― 空いたお皿をお下げしてもよろしいですか？

## 빈 접시를 치워도 될까요 ?
ピンチョプ シ ル ル　チ ウォ ド　テル カ ヨ

9 ― デザートをお持ちしてよろしいでしょうか？

## 디저트를 가지고 와도 될까요 ?
ティジョ ト ル ル　カ ジ ゴ　ワ ド　テル カ ヨ

## ファーストフード・喫茶店

CD-2 [track13]

**食べる・飲む**

1 チーズバーガーとポテト、コーラを下さい。

## 치즈버거하고 감자튀김, 콜라 주세요.
チ ズ ボ ゴ ハ ゴ　カムジャトゥィギム　　コ ル ラ　チュ セ ヨ

チキンサンド

## 치킨샌드

2 ― こちらでお召し上がりですか？

## 여기서 드시겠어요 ?
ヨ ギ ソ　トゥ シ ゲッソ　ヨ

3 持ち帰りにします。

## 테이크아웃으로 할게요.
テ イ ク ア ウ ス ロ　ハル ケ ヨ

4 ― コーラのサイズはMになさいますか、Lになさいますか？

## 콜라 사이즈는 엠으로 하시겠어요, 엘로 하시
コル ラ　サ イ ズ ヌン　エム ロ　ハ シ ゲッソ ヨ　　エル ロ　ハ シ

## 겠어요 ?
ゲッソ ヨ

ポテト

## 감자튀김

207

**5** ― サイドオーダーはいかがですか？

### 사이드 오더는 어떠십니까?
サ イ ドゥ オ ドヌン オ ト シンム ニ カ

---

**6** アメリカンコーヒーを下さい。

### 아메리칸 커피 주세요.
ア メ リ カン コ ピルル チュ セ ヨ

コーンサラダ
### 콘 샐러드

---

**7** ミルクは要りません。

### 프림은 필요없어요.
プ リムン ピリョ オプソ ヨ

---

**8** シロップは2つ下さい。

### 시럽은 두 개 주세요.
シ ロブン トゥ ゲ チュ セ ヨ

---

**9** コーヒーのおかわりはできますか？

### 커피 리필 되나요?
コ ピ リ ピル テ ナ ヨ

---

**10** 冷たい飲み物は何がありますか？

### 차가운 음료는 뭐가 있어요?
チャ ガ ウン ウンムニョヌン モ ガ イッソ ヨ

温かい
### 따뜻한

---

**11** 韓国の伝統茶は何がありますか？

### 한국 전통차는 뭐가 있어요?
ハングックチョントンチャヌン モ ガ イッソ ヨ

---

**12** これは何が入ってるんですか？

### 여기엔 뭐가 들었어요?
ヨ ギ エン モ ガ トゥロッソ ヨ

---

**13** これはどんなお茶ですか？

### 이건 무슨 차예요?
イ ゴン ム スン チャ エ ヨ

208

14 ゆずの蜂蜜漬けです。

유자를 꿀에 잰 거예요.
ユ ジャルル　クレ　チェン　コ エ ヨ

15 ミスッカルは、日本の麦焦がしのようなものです。

미숫가루는 일본의 무기코가시 같은 거예요.
ミ スッカ ル ヌン　イル　ボネ　ム ギ コ ガ シ　カトゥン　ゴ エ ヨ

16 カムジュは日本の甘酒と似たものです。

감주는 일본의 아마자케와 비슷한 거예요.
カムジュヌン　イル　ボネ　ア マ ザ ケ ワ　ビ スタン　ゴ エ ヨ

17 シナモンとショウガが入っています。

계피와 생강이 들었어요.
ケ ビ ワ　センガン イ　ドゥロッソ　ヨ

18 甘くない韓国茶はありませんか？

달지 않은 한국차는 없나요？
タル ジ　アヌン　ハングッチャヌン　オンム ナ ヨ

19 雀舌茶という緑茶があります。

작설차라는 녹차가 있어요.
チャッソルチャ ラ ヌン　ノックチャ ガ　イッソ　ヨ

## 味について

CD-2
[track14]

1 ― 味はどうですか？

맛이 어때요？
マシ　オ テ ヨ

2 ― お口に合いますか？

입에 맞아요？
イベ　マジャ ヨ

**3** この匂いがたまりませんね。

이 냄새가 뭐라 말할 수 없네요.
<sub>イ ネムセ ガ モラ マラル ス オンムネ ヨ</sub>

**4** 辛すぎますよ。

너무 매워요.
<sub>ノム メウォ ヨ</sub>

**5** これが本場の味ですね。

이게 본토의 맛이군요.
<sub>イ ゲ ポン ト エ マシ グンニョ</sub>

**6** さっぱりして食べやすいです。

깔끔해서 먹기가 좋아요.
<sub>カル クメ ソ モッキ ガ チョア ヨ</sub>

**7** こちらの方が私の口に合うみたいです。

이쪽이 제 입에 더 맞는 것 같아요.
<sub>イ チョギ チェ イベ トゥ マンヌン コッ ガタ ヨ</sub>

**8** 慣れていない味なので…

맛이 익숙지 않아서…
<sub>マシ イックスック ジ アナ ソ</sub>

**9** このキムチは日本で食べるより酸っぱいですね。

이 김치는 일본에서 먹는 것 보다 시네요.
<sub>イ キムチ ヌン イル ボネ ソ モンヌン コッ ポダ シネ ヨ</sub>

**10** キムチがいい漬かり具合ですね。

김치가 잘 익었네요.
<sub>キムチ ガ チャル イゴン ネ ヨ</sub>

**11** 肉が軟らかいです。　　　　　　　固いです

고기가 연해요.　　　　　딱딱해요 (뻣뻣해요)
<sub>コ ギ ガ ヨネ ヨ</sub>

**12** お腹にずっしりきますね。

배에 좀 부담이 가는군요.
<sub>ペ エ チョンム プ ダミ カ ヌン グンニョ</sub>

## 飲みに行く

[track15]

### 飲みに誘う

**1** (久しぶりに) 一杯いかがですか？

(오래간만에)한잔 어때요?
<sub>ハンジャヌォ テ ヨ</sub>

**2** (迎え酒) 飲みに行きましょう。

(해장술)마시러 갑시다.
<sub>マ シ ロ カプ シ ダ</sub>

**3** 打ち上げをしよう。

쫑파티하자.
<sub>チョン パ ティ ハ ジャ</sub>

**4** 祝杯を挙げなくちゃ。

축배를 들어야지.
<sub>チュッ ペ ルル ドゥロ ヤ ジ</sub>

**5** 今日は忘年会ですよ。

오늘은 망년회예요.
<sub>オ ヌルン マン ニョネ エ ヨ</sub>

**6** そんな時はお酒が一番だよ。

그럴 땐 술이 최고예요.
<sub>グロル テン スリ チェ ゴ エ ヨ</sub>

**7** 予約を入れておきましたよ。

예약해 뒀어요.
<sub>イェ ヤケ トゥォッソ ヨ</sub>

## 酒量

**1** 酒量はどれぐらいですか？

주량이 어느 정도예요?
チュリャン イ　オ ヌ チョン ド エ ヨ

**2** かなり飲めそうですね。

잘 마시겠는데요.
チャル マ シ ゲッヌン デ ヨ

**3** 彼は底なしですよ。

그 양반은 밑빠진 독이에요.
ク ヤン バヌン ミッパ ジン トギ エ ヨ

**4** 結構飲めるほうですよ。

잘 마시는 편이에요.
チャル マ シ ヌン ピョニ エ ヨ

**5** 私はあまり飲めません。

저는 술을 잘 못 해요.
チョヌン スルル チャル モ テ ヨ

**6** ビールなら中ビン３本が限度です。

맥주라면 중병으로 세 병이 한도예요.
メックチュ ラミョン チュンビョン ウ ロ　セ ビョン イ　ハン ド エ ヨ

**7** すぐ酔うんです。

금방 취해요.
クンムバン チュィ ヘ ヨ

**8** アルコール類は一滴も飲めません。

알코올 종류는 한 방울도 못마셔요.
アル コ オルチョンニュヌン ハン バン ウル ド モン マ ショ ヨ

9 すぐ顔が赤くなるんです。

## 금방 얼굴이 빨개져요.
クンバン オル グリ パル ゲ ジョ ヨ

## 飲み屋で

1 これはアルコール度数が低いです。

## 이건 알코올 도수가 낮아요.
イ ゴン アル コ オル ド ス ガ ナジャ ヨ

2 このお酒は弱いですよ。

## 이 술은 약해요.
イ スルン ヤケ ヨ

3 強いお酒はあまり好きじゃないです。

## 독한 술은 별로 안 좋아해요.
トカン スルン ピョル ロ アン チョ ア ヘ ヨ

4 お酒なら何でも好きですよ。

## 술이라면 뭐든지 좋아해요.
スリ ラ ミョン モ ドゥン ジ チョ ア ヘ ヨ

5 韓国の伝統的なお酒はどんなものがありますか？

## 한국의 전통적인 술은 어떤 게 있어요？
ハン グゲ チョントンチョギン スルン オ トン ゲ イッソ ヨ

6 これは口当たりはいいけど翌日が辛いですよ。

## 이건 술술 잘 넘어가는데 다음날이 괴로워요.
イ ゴン スル スル チャル ノモ カヌン デ タ ウンム ナリ ケ ロ ウォ ヨ

7 とりあえずビールにしましょう。

## 우선 맥주로 합시다.
ウ ソン メックチュ ロ ハプ シ ダ

**8** 生ビールにしますか、瓶ビールにしますか？

생맥주로 할까요, 병맥주로 할까요？
センメックチュロ ハルカヨ ビョンメックチュロ ハルカヨ

**9** ビールはどんな銘柄がありますか？

맥주는 어떤 것이 있어요？
メックチュヌン オトン コシ イッソ ヨ

焼酎・ウィスキー

소주는 / 위스키는

**10** ウィスキーをダブルで。

위스키 더블로요.
ウィスキ トブルロ ヨ

ロック
로크

**11** 生ビール、中ジョッキ2つ下さい。

생맥주, 500cc 둘 주세요.
センメックチュ オベックッシッシ トゥル チュ セ ヨ

**12** 一杯どうぞ。

한잔 드세요.
ハンジャン トゥ セ ヨ

**13** 私がお注ぎします。

제가 따르겠습니다.
チェガ タルゲッスンム ニ ダ

**14** お酒は飲み干してから注ぐものですよ。

술은 잔을 비우고 나서 따르는 거예요.
スルン チャヌル ピウゴ ナソ タルヌン コエヨ

**15** 注ぎ足しは礼儀に反します。

첨잔은 예의가 아니에요.
チョムジャヌン イェウィガ ア ニ エ ヨ

16 左手で注いだら失礼です。

## 왼손으로 따르면 실례예요.
ウェン ソヌ ロ タル ミョン シル レ エ ヨ

17 おつまみは何にしますか？

## 안주는 뭘로 하시겠어요?
アンジュヌン モルロ ハ シ ゲッソ ヨ

18 おつまみばかり食うなよ！

## 안주발 세우지 마！
アンジュバル セ ウ ジ マ

19 乾杯！

## 건배！
コンベ

20 さあ、一気！

## 자, 원샷！
チャ ウォンシャッ

21 2次会、行きましょう。

## 이차 갑시다.
イ チャ カプ シ ダ

22 酔ってませんよ。

## 안 취했어요.
アン チュィ ヘッソ ヨ

23 空腹で飲んだせいか、くらっとしますね。

## 빈속에 마셔서 그런지 핑 도네요.
ピン ソゲ マ ショソ ク ロン ジ ピン ド ネ ヨ

24 まだ酔いが覚めていないです。

## 아직 술이 안 깼어요.
ア ジック スリ アン ケッソ ヨ

**25** まだ飲むの？

# 더 마셔?
トマショ

**26** 飲み過ぎたかな？

# 너무 많이 마셨나?
ノム マニ マションナ

**27** ゆっくり飲もうよ。

# 천천히 마셔요.
チョンチョニ マショヨ

**28** 酔いが回ってきました。

# 취기가 돌기 시작했어요.
チュィギガ トルギ シジャッケッソヨ

**29** 飲み過ぎて気持ち悪いです。

# 너무 많이 마셔서 속이 울렁거려요.
ノム マニ マションソ ソギ ウルロンゴリョヨ

**30** もう飲めないよ！

# 더 이상 못 마셔!
ト イサン モン マショ

**31** こんな時飲まなきゃ、いつ飲むんだよ。

# 이럴 때 안 마시면 언제 마시냐.
イロル テ アン マシミョン オンジェ マシニャ

**32** やけ酒は体に毒だよ。

# 홧김에 마시는 술은 몸에 해로워.
ファッキメ マシヌン スルン モメ ヘロウォ

**33** 酔っぱらわないでね。

# 주정 부리지 마요.
チュジョン ブリジ マヨ

**34** 酔い覚ましにコーヒーでも飲みますか？

술 깨게 커피라도 마실까요？
スル ケゲ コピラド マシルカヨ

## 勘定する

**1** お勘定をお願いします。

계산 부탁해요 (계산해 주세요).
ケサン プタッケヨ ケサネ チュセヨ

**2** カードは使えますか？

카드 쓸 수 있어요？
カドゥ ッスル ス イッソ ヨ

**3** 別々に計算して下さい。

따로따로 계산해 주세요.
タロタロ ケサネ チュセヨ

**4** ここは私が払います。

여기는 제가 내겠습니다.
ヨギヌン チェガ ネゲッスムニダ

**5** 韓国では誘った人が払うんでしょう？

한국에서는 가자고 한 사람이 내는 거죠？
ハングゲソヌン カジャゴ ハン サラミ ネヌン ゴジョ

**6** 年長者が払うものです。

연장자가 내는 거예요.
ヨンジャンジャガ ネヌン ゴエヨ

**7** 経費で落としますからいいですよ。

경비로 할 거니까 됐어요.
キョンビロ ハル コニカ テッソ ヨ

8 領収書を下さい。

# 영수증 주세요.
ヨン ス ジュン チュ セ ヨ

9 次回は私におごらせて下さい。

# 다음엔 제가 살게요.
タ ウ メン チェ ガ サル ケ ヨ

---

★ コラム ★

**「割り勘」について**

　会食や、食事会などの時、韓国ではたいてい年長者や役職の上の者がおごることが一般的でしたが、だんだん外国の合理主義の波が押し寄せ、割り勘も一つの文化として定着しました。
「割り勘」の韓国語は、「추렴」や「각출」という古くからの言葉がありますが、会話ではあまり使われず、「더치페이」という言葉が一般的に使われています。俗語として「와리깡（ワリカン）」「분빠이（分配）」という日本語も残っています。

　ところで、この「더치페이」は、オランダの（オランダ人）という意味の「Dutch」に、支払という意の「pay」がくっついたもので、いわゆる韓国製の英語表現です。ちなみに英語では 'Going Dutch', 'Dutch treat', 'Dutch date'。

　和製英語ならぬ韓国製英語である「더치페이」が若者を中心として広く使われる一方、メディア関係者から、そんな正体不明の言葉はやめて韓国固有の言葉を使うべきとの声が上がり、一時「추렴」や「각출」が意識的に使われたこともありましたが、耳慣れない言葉の上、発音の硬さから敬遠され、メジャーな言葉として市民権を得ることはできませんでした。

　その代わりといいますか、最近では「더치페이」という名詞を使わず、「각자 내자（各自、支払おうね＝割り勘しよう）」、「각자 낼까？（各自、出す？＝割り勘する？）」という表現がよく使われるようになりました。時代と共に言葉は変化・進化していますね。

＜料理屋＞

| 韓国料理 | 韓国料理屋 | 한식집 |
|---|---|---|
| | 焼き肉屋 | 불고기집 |
| | トックポッキ屋 | 떡볶이집 |
| | 参鶏湯屋 | 삼계탕집 |
| 和食 | 和食屋 | 일식집 |
| | 蕎麦屋 | 메밀국수집 |
| | 寿司屋 | 초밥집 |
| | トンカツ屋 | 돈가스집 |
| | うどん屋 | 우동집 |
| | 釜飯屋 | 솥밥집 |
| 洋食 | （ファミリー）レストラン | (패밀리) 레스토랑 |
| | スパゲッティー屋 | 스파게티집 |
| | ピザ屋 | 피자집 |
| | ステーキ屋 | 스테이크집 |
| その他 | 中華料理屋 | 중국집 |
| | タイ料理屋 | 타이요리집 |

食べる・飲む

## 品物を買う

### 店に入る

**1** ― いらっしゃいませ。

어서 오세요.
オソ オセヨ

**2** ― 何をお探しですか？

뭘 찾으십니까?
モル チャズ シムニ カ

**3** ― どんな物をお探しですか？

어떤 물건을 찾으십니까?
オトン ムルゴンヌル チャズ シムニ カ

**4** 見ているだけです。

그냥 보는 거예요.
クニャン ポヌン コエヨ

**5** カタログありますか？

카탈로그 있어요?
カタログ イッソヨ

**6** これを取り寄せできますか？

이거 주문돼요?
イゴ チュムンデヨ

**7** アフターサービスは受けられますか？

애프터서비스는 받을 수 있어요?
エ フトゥソ ビ スヌン パドゥル ス イッソヨ

---

# ⑨ ショッピング

値引きの交渉（흥정）はショッピングの醍醐味。デパートやチェーン店以外なら、たいてい交渉次第でまけてくれたり、おまけ（덤）をくれたりします。交渉は日本の家電量販店で買い物をするときの要領と同じです。

## 品物を選ぶ

**1** ― これはいかがですか？

이런 건 어떠세요?
イロン ゴン オ ト セ ヨ

**2** これの色違いはありませんか？

이걸로 다른 색 없어요?
イ ゴル ロ　タ ルン　セッ ク　オッ プ ソ　ヨ

**3** これは素材は何ですか？

이건 소재가 뭐예요?
イ コン　ソ ジェ ガ　モ エ ヨ

**4** もう少し大きいのはないですか？

좀 더 큰 것은 없나요?
チョム ド クン ゴスン オンムナ ヨ

小さいの・明るめの・落ち着いた色

작은 것 / 색이 밝은 것 / 점잖은 색

**5** もう少し小さければいいんだけど。

조금만 더 작으면 좋겠는데.
チョ クンマン トゥ チャグ ミョン チョ ケン ヌン デ

大きければ・長ければ・短ければ

크면 / 길면 / 짧으면

**6** (店員を呼ぶ) すみません、ちょっといいですか？

저기요, 좀 와 주실래요?
チョ ギ ヨ　チョンム ワ　ジュ シル レ ヨ

**7** ─ はい、何でしょうか (何をお手伝いしましょうか)？

네, 뭘 도와 드릴까요?
ネ　モル　トワ　トゥリルカヨ

**8** あそこに飾ってあるのを見せて下さい。

저기 진열되어 있는 걸 보여 주세요.
チョギ　チニョルデオ　イッヌン　ゴル　ポヨ　チュセヨ

**9** その右側のです。　　　　　　左側・上・下・真ん中

그 오른쪽 거요.　　왼쪽 / 위에 / 아래 / 가운데
ク　オルンチョッ　コヨ

**10** 右から3番目のです。　　　　上から・左から

오른쪽에서 세번째 거요.　　위에서 / 왼쪽에서
オルン　チョゲソ　セボンッチェ　コヨ

## 買う

**1** これを下さい。

이거 주세요.
イゴ　チュセヨ

**2** それを2つ、別々に包んで下さい。

그걸 두 개, 따로따로 포장해 주세요.
クゴル　トゥゲ　タロタロ　ポジャンヘ　チュセヨ

**3** いくらですか？

얼마예요?
オルマエヨ

**4** 少し高いですね。

좀 비싸네요.
チョム　ピッサネヨ

**5** ― ご予算はいくらぐらいでしょうか？

### 예산은 어느 정도십니까?
<sub>イェ サヌン　オ ヌ　ジョン ド シㇺ ニ カ</sub>

**6** 少し安くなりませんか？

### 좀 싸게 안 돼요?
<sub>チョㇺ ッサ ゲ　アン　デ ヨ</sub>

**7** ― 今はちょうどバーゲンセール中なのでお安くなってます。

### 지금 마침 바겐세일 중이라서 많이 내렸어요.
<sub>チ グㇺ　マ チㇺ　バ ゲン セ イㇽ ジュン イ ラ ソ　マニ　ネ リョッソ ヨ</sub>

**8** ― 代わりにサービスしますよ。　　　少しお安く

### 대신에 서비스해 드리겠습니다.　　　좀 싸게
<sub>テ シ ネ　ソ ビ ス ヘ　トゥ リ ゲッ スㇺ ニ ダ</sub>

**9** 送ってもらえますか？

### 배달돼요?
<sub>ペ ダㇽ テ ヨ</sub>

**10** 送料はいくらですか？

### 송료는 얼마예요?
<sub>ソン ニョ ヌン　オㇽ マ エ ヨ</sub>

**11** 何日くらいかかりますか？

### 며칠 정도 걸려요?
<sub>ミョ チㇽ チョン ド　コㇽ リョ ヨ</sub>

**12** ― お支払いは現金になさいますか、カードになさいますか？

### 지불은 현금으로 하시겠습니까, 카드로 하시겠습니까?
<sub>チ ブ ルン　ヒョン グㇺ ロ　ハ シ ゲッ スㇺ ニ カ　　カ ド ロ　ハ シ ゲッ スㇺ ニ カ</sub>

ショッピング

**13** ― 一括になさいますか、分割になさいますか？

일시불로 하시겠습니까, 할부로 하시겠습니까?
イル シ ブル ロ  ハ シ ゲッスムニ カ   ハル ブ ロ  ハ シ ゲッスムニ カ

**14** 3回払いにしてください。

삼회 할부로 해 주세요.
サンムフェ  ハル ブ ロ  ヘ  チュ セ ヨ

## 返品・交換

**1** 後で、交換できますか？　　　　　　　　　　　　　　返品

나중에, 교환돼요?　　　　　　　　　　　　　　　　반품
ナ ジュン エ　　キョファン デ  ヨ

**2** ― 1週間以内で、領収書をお持ち下されば大丈夫です。

일주일 이내로 영수증을 가지고 오시면 됩니다.
イル チュ イル  イ ネ ロ  ヨン ス ズン ウル  カ ジ ゴ  オ シ ミョン デンムニ ダ

**3** ― 一度ご使用された物は交換できないんです。

한번 사용하신 것은 교환이 안 됩니다.
ハンボン  サ ヨン ハ シン  コスン  キョ ファニ  アン デンムニ ダ

ご着用された物は

입으신 것은

**4** これ、昨日買ったんですけど、レシートをなくしたんです。

이거, 어제 샀는데, 영수증을 잃어버렸어요.
イ ゴ　　オ ジェ サン ヌン デ　　ヨン ス ズン ウル  イジョ ポ リョッソ ヨ

**5** これ、返品したいんですけど。   交換

이걸 반품하고 싶은데요.
<sub>イゴル パンプムハゴ シップンデヨ</sub>

교환

**6** — 代金払い戻しでよろしいでしょうか？

대금 환불해 드리면 될까요?
<sub>テグム ファンブレ トゥリミョン テルカヨ</sub>

**7** 他のものに交換してもいいですか？

다른 것으로 교환해도 돼요?
<sub>タルン ゴスロ キョファネド テヨ</sub>

## 洋服を買う

CD-2 [track17]

**1** 長めのジャケットが欲しいんですが。

길이가 긴 재킷을 사고 싶은데요.
<sub>キリガ キン ゼキスル サゴ シップンデヨ</sub>

スカートが

스커트(치마)를

**2** 試着してもいいですか？

입어 봐도 돼요?
<sub>イボ ファド テヨ</sub>

**3** — はい、こちらへどうぞ。

네, 이쪽입니다.
<sub>ネ イチョギンムニダ</sub>

**4** — これは試着できません。

이건 입어 볼 수 없습니다.
<sub>イゴン イボ ボル ス オプスムニダ</sub>

225

**5** この布の素材は何ですか？

이 천의 소재는 뭐예요?
イ チョネ ソジェヌン モエヨ

**6** ― 綿100パーセントです。

순면이에요.
スン ミョニ エヨ

**7** ― 少しポリエステルが入ってます。

약간 폴리에스테르가 들어 있어요.
ヤッカン ポリエステルガ トゥロ イッソヨ

**8** 化学繊維が入ってないのがいいんですが。

화학섬유가 안 들어 있는 게 좋은데요.
ファハックソムニュガ アン ドゥロ イッヌン ゲ チョウンデヨ

**9** 小さすぎて入りません。

너무 작아서 안 들어가요.
ノム チャガソ アン ドゥロガヨ

**10** 胸のあたりがきついです。

가슴 부분이 꽉 껴요.
カスム ブブニ クァック キョヨ

ウエストが・お尻が・太ももが

허리가 / 엉덩이가 / 허벅지가

**11** このデザインはちょっと細めなんです。

이 디자인은 좀 작게 나왔어요.
イ ディジャイヌン チョム チャッケ ナワッソヨ

ゆったりめ
넉넉하게

**12** 一つ上のサイズはありませんか？

하나 위 사이즈 없어요?
ハナ ウィ サイズ オップソヨ

下
아래

**13** ちょっと色が派手ですね。 / 柄が

좀 색이 야하네요.
チョㇺ セギ ヤ ハ ネ ヨ

무늬가

**14** 地味すぎじゃないですか？ / 派手

너무 칙칙하지 않아요？
ノ ㇺ チㇰチㇰ ハ ジ アナ ヨ

야하지

**15** もっと明るい色はありませんか？ / 落ち着いた色

더 밝은 색은 없어요？
トゥ パㇽグン セグン オㇷ゚ソ ヨ

점잖은 색

**16** ― 大変お似合いです。

아주 잘 어울리십니다.
ア ジュ チャㇽ オ ウㇽ リ シㇺニ ダ

**17** そで丈がちょっと長いですが。 / ズボン

소매 길이가 좀 긴데요.
ソ メ ギリ ガ チョㇺ キン デ ヨ

바지

**18** 丈を詰めることはできますか？ / 丈を

길이를 줄일 수 있어요？
キリルㇽ チュリㇽ ス イッソ ヨ

기장을

**19** ― お直し代を別途いただきますが。

수선료는 별도가 되는데요.
ス ソンリョヌン ピョㇽト ガ テ ヌン デ ヨ

**20** お直しはどれくらいかかりますか（時間）？

수선은 얼마나 걸려요.
ス ソヌン オㇽ マ ナ コㇽリョ ヨ

**21** ― ２０分くらいでできます。

이십 분 정도면 됩니다.
イ シㇷ゚ プン チョン ド ミョン テㇺ ニ ダ

ショッピング

22 ─ お直しは中1日かかります。

**고치는 데는 이틀 걸립니다.**
コ チ ヌン デ ヌン イ トゥル コル リム ニ ダ

## プレゼントを買う

CD-2
[track18]

1 プレゼント用なんですが。

**선물용인데요.**
ソン ムル ヨン イン デ ヨ

2 ─ 男性用ですか？女性用ですか？

**남성용이에요? 여성용이에요?**
ナム ソン ヨン イ エ ヨ  ヨ ソン ヨン イ エ ヨ

3 ─ 身長はどれくらいですか？

**키는 어느 정도예요?**
キ ヌン オ ヌ ジョン ド エ ヨ

4 160センチくらいです。

**백육십 센티 정도예요.**
ペン ユック シップ センティ ジョン ド エ ヨ

5 ぽっちゃり型です。　　　　　　　　　　　　　　痩せ型

**통통한 편이에요.**　　　　　　　　　　　　　**마른 편**
トントンハン ピョニ エ ヨ

6 ─ お年はおいくつくらいですか？

**나이는 어느 정도세요?**
ナ イ ヌン オ ヌ ジョン ド セ ヨ

7 ─ 年配の方なら、こういったものも喜ばれます。

**나이 드신 분이라면 이런 것도 좋아하십니다.**
ナ イ ドゥシン プニ ラ ミョン イ ロン コット チョア ハ シム ニ ダ

若い方

## 젊으신 분

---

8 ー こちらも売れ筋ですよ。

### 이쪽도 잘 나갑니다.
イ チョッ ト　チャル　ナ ガンムニ ダ

---

9 ー 包装はどうなさいますか？

### 포장은 어떻게 하시겠습니까?
ポ ジャンウン　オ トッケ　ハ シ ゲッスムニ カ

---

10 贈り物用にお願いします。

### 선물용으로 부탁해요.
ソン ムル ヨン ウ ロ　プ タケ ヨ

---

11 箱に入れて下さい。　　　　　　　　　　リボンをかけて

### 상자에 넣어 주세요.　　　리본을 매
サン ジャ エ　ノオ　チュ セ ヨ

---

12 簡単に包んで下されば結構です。

### 간단하게 포장해 주시면 돼요.
カン ダン ハ ゲ　ポ ジャン ヘ　チュ シ ミョン テ ヨ

---

## 化粧品

CD-2 [track19]

---

1 基礎化粧品を見せて下さい。

### 기초 화장품을 보여 주세요.
キ チョ　ファジャン プンムル　ポ ヨ ジュ セ ヨ

---

2 化粧水とローションが欲しいんですが。

### 화장수하고 로션이 필요한데요.
ファジャンス ハ ゴ　ロ ショニ　ピリョ ハン デ ヨ

ショッピング

3 乾燥肌なんです。

### 건성피부예요.
コンソンピブエヨ

オイリー肌・敏感肌・ニキビ肌

### 지성피부 /민감성피부 /여드름 잘 나는 피부

4 よく吹き出物が出るんです。

### 뽀루지가 잘 나요.
ピョルジガ チャル ナヨ

5 アルコールが入っているのはダメなんです。

### 알코올이 들어 있는 건 안 돼요.
アルコオリ トゥロ イッヌン ゴン アン デヨ

6 このルージュは色が濃すぎるわ。

### 이 루주는 색이 너무 짙다.
イ ルジュヌン セギ ノム チッタ

7 テカテカし過ぎるのは好きじゃないです。

### 너무 번쩍번쩍하는 건 안 좋아해요.
ノム ポンチョッポンチョッカヌン ゴン アン ジョアヘヨ

8 もう少し薄めの色はないですか？

### 좀 더 옅은 색은 없나요 ?
チョム ドゥ ヨットゥン セグン オムナヨ

濃いめの・明るめの・目立たない

### 짙은 / 밝은 / 눈에 안 띄는

## 靴

[CD-2 track20]

**1** ショートブーツを見たいんですけど。   パンプスを・サンダルを

쇼트부츠를 보려고 하는데요.   펌프스를 /샌들을
ショトゥブ ツ ルル　ポリョゴ　ハ ヌン デ ヨ

**2** これを履いてみたいんですけど。

이걸 신어 보고 싶은데요.
イ ゴル　シノ　ポ ゴ　シプン デ ヨ

**3** ― サイズはおいくつでしょうか？

사이즈가 어떻게 되십니까 ?
サ イ ズ ガ　オトッケ　テ シムニ カ

**4** これの24センチありますか？

이거 이십사 센티 있어요 ?
イ ゴ　イシプ サ　センティ　イッソ　ヨ

**5** ― 24は今切らしてるんですよ。

이십사는 지금 떨어지고 없어요.
イ シッ サ ヌン　チ グンム　トロ　ジ ゴ　オプ ソ ヨ

**6** ― サイズは出ているものだけになります。

사이즈는 나와 있는 게 답니다.
サ イ ズ ヌン　ナ ワ　イッヌン　ゲ　タンム ニ ダ

**7** 扁平足なので幅広のを見せて下さい。

평발이라 발 폭이 넓은 걸 보여 주세요.
ピョン バリ　ラ　バル　ポギ　ノルブン　ゴル　ポ ヨ　チュ セ ヨ

**8** 茶系のを探してるんですけど。   黒系

밤색 계열 것을 찾고 있는데요.   검정색 계열
パンムセック　ケ ヨル　コッスル チャッ コ　イッヌン デ ヨ

231

**9** ─ この靴は牛革です。 　　　　　　　　　ピッグスキン・エナメル
　　이 구두는 소가죽입니다. 　　　　　　　돼지가죽 /에나멜

**10** ヒールが高すぎます。 　　　　　　　　　低すぎます
　　굽이 너무 높아요. 　　　　　　　　　　　너무 낮아요.

**11** もう少しスマートなのがいいな。
　　좀 더 얄상한 게 좋은데.

**12** ぴったりです。
　　딱 맞아요.

**13** デザインは気に入ってるんですが、つま先が窮屈です。
　　디자인은 마음에 드는데 발끝이 갑갑해요.

**14** かかとが固いです。
　　발 뒤꿈치가 딱딱해요.

**15** ちょっと幅が狭い感じです。 　　　　　　きつい
　　좀 폭이 좁은 것 같아요. 　　　　　　　　꽉 끼는 것

**16** 指が中で遊んでます。
　　발가락이 안에서 놀아요.

**17** ─ 革ですから履いているうちに伸びてきますよ。
　　가죽이니까 신으시다 보면 늘어나요.

**18** ― 少しなら伸ばすこともできます。

## 조금이라면 늘일 수도 있습니다.
チョ グミ ラミョン ヌリル ス ドゥ イッスム ニ ダ

**19** 中敷きを一枚敷いていただけますか？

## 안에 깔창을 하나 깔아 주시겠어요？
アネ カルチャンウル ハナ カラ チュ シ ケッソ ヨ

**20** 靴の修繕もやってますか？

## 구두 수선도 하나요？
ク ドゥ ス ソンド ハナ ヨ

**21** ここの修膳をお願いします。

## 여기를 수선해 주세요.
ヨ ギルル ス ソネ チュ セ ヨ

**鞄**

CD-2
[track21]

**1** 通勤用に使えるバッグを探してるんです。

## 통근용으로 쓸 수 있는 가방 좀 보려고요.
トングンニョン ウ ロ スル ス イッヌン カバン ジョム ポ リョ ゴ ヨ

**2** 旅行鞄を見せて下さい。

## 여행가방을 보여 주세요.
ヨ ヘン カ バンウル ポ ヨ チュ セ ヨ

**3** 軽くて丈夫なものがいいな。

## 가볍고 튼튼한 게 좋은데.
カ ビョッコ トゥントゥナン ゲ チョウン デ

小ぶりの・軽い

## 아담한(자그마한) / 가벼운

### 4 旅行用のスーツケースを見せて下さい。

**여행용 슈트케이스** 좀 보여 주세요.
ヨ ヘンヨン シュトゥケイス チョム ボヨ チュセヨ

ショルダーバッグ

**숄더백**

### 5 車輪が付いているものがいいです。

바퀴가 달린 게 좋아요.
バクィガ ダルリン ゲ チョアヨ

### 6 ハンドバッグは出ているものだけですか？

핸드백은 나와 있는 게 다예요?
ヘンドゥベグン ナワ インヌン ゲ タエヨ

### 7 — これは革ではなく、布にコーティングを施したものです。

이건 가죽이 아니라 천에 코팅한 거예요.
イゴン カジュギ アニラ チョネ コティンハン ゴエヨ

## 家具

CD-2
[track22]

### 1 学習机を見たいんですが。

**책상을** 보고 싶은데요.
チェッサンウル ボゴ シブンデヨ

ベッド・洋服ダンス・書棚

**침대를 / 옷장을 / 책장을**

### 2 — お子様用でしょうか？　　　　　　　　大人用

어린이용인가요?　　　　　　　　**어른용**
オ リニ ヨンインガヨ

**3** ― こちらは机や椅子の高さが調節できます。

### 이쪽 것은 책상이나 의자 높이가 조절됩니다.
イチョッ コスン チェッサン イ ナ イ ジャ ノッピ ガ チョジョルデンム ニ ダ

**4** 引き出しが浅いですね。

### 서랍이 얕네요.
ソ ラビ ヤン ネ ヨ

**5** 引き出しがもう少しいっぱいあったほうがいいんだけど。

### 서랍이 좀 더 많이 있는 게 좋은데.
ソ ラビ チョム ド マニ イッヌン ゲ チョウン デ

**6** ここ、ちょっと傷があるんだけど安くなりませんか？

### 여기 좀 흠이 있는데 싸게 안돼요？
ヨ ギ チョム フミ イッヌン デ ッサゲ アン デ ヨ

**7** 材質はラワンです。

### 재질은 나왕입니다.
チェ ジルン ナ ワンインム ニ ダ

集成材・オーク

### 집성재 / 오크(떡갈나무)

**8** この食卓は何人用ですか？

### 이 식탁은 몇 인용이에요？
イ シッ タグン ミョディンヨン イ エ ヨ

**9** 円形の食卓はないですか？

### 원형식탁은 없어요？
ウォンヒョンシッ タグン オッ ソ ヨ

**10** 食卓と椅子はセットですか？

### 식탁과 의자가 세트인가요？
シッ タクァ イ ジャガ セットゥイン ガ ヨ

ショッピング

**11** ソファーの布は変えられますか？

소파 천은 바꿀 수 있어요？
<sub>ソ プァ チョヌン パ クル ス イッソ ヨ</sub>

**12** もっと本がたくさん入る書棚はないですか？

더 책이 많이 들어가는 책장은 없나요？
<sub>トゥ チェギ マニ トゥロ カ ヌン チェッジャンウン オンム ナ ヨ</sub>

**13** ― ガラス戸付きがいいですか？

유리문이 달려 있는 게 좋으세요？
<sub>ユ リ ムニ タル リョ イッヌン ゲ チョウ セ ヨ</sub>

**14** クラシックなデザインが好きなんですよ。

클래식한 디자인을 좋아해요．
<sub>ク レ シッカン ディジャ イヌル チョア ヘ ヨ</sub>

**15** シックな色合いの家具を探しています。

점잖은 색상의 가구를 찾고 있어요．
<sub>ジョンムジャヌン セッサン エ カ グ ルル チャッコ イッソ ヨ</sub>

明るい色・ポップな色

밝은 / 경쾌한

## 寝具

CD-2
[track23]

**1** これは掛け布団と敷き布団がセットですか？

이건 덮는 이불하고 까는 이불이 세트예요？
<sub>イ ゴン トンムヌン イ ブル ハ ゴ カ ヌン イ ブリ セットゥ エ ヨ</sub>

**2** ― 別々でもご購入いただけますが、セットがお安いですよ。

따로따로 구입하셔도 되지만 세트가 쌉니다．
<sub>タ ロ タ ロ ク イッパ ショ ド テ ジ マン セットゥ ガ ッサムニ ダ</sub>

### 3 枕カバーはついてますか？

**베개 커버는 딸려 있어요?**
ベゲ カバヌン タルリョ イッソ ヨ

### 4 この羽毛布団はどこのですか？

**이 오리털이불은 어느 나라 거예요?**
イ オリトルイブルン オヌ ナラ コエヨ

### 5 もう少し薄い掛け布団はありませんか？

**덮는 이불은 좀 더 얇은 건 없어요?**
トムヌン イ ブルン チョム ド ヤルブン ゴン オㇷ゚ソ ヨ

### 6 ベッドのマットは他のに変えられますか？

**침대 매트는 다른 걸로 바꿀 수 있나요?**
チムデ メットゥヌン タルン コルロ パクル ス インナヨ

### 7 シングルじゃなくて、ダブルサイズを見せて下さい。

**싱글 말고 더블사이즈를 보여 주세요.**
シングル マルゴ ダブルサイズルル ポヨ チュセヨ

### 8 カバーは変えられますか？

**커버는 바꿀 수 있나요?**
カバヌン パクル ス インナヨ

### 9 ベッドシーツはどちらに置いてありますか？

**침대 시트는 어디 있어요?**
チムデ シトヌン オディ イッソ ヨ

## 家電製品

[CD-2 track24]

### 1 この冷蔵庫、在庫ありますか？

**이 냉장고 재고 있어요?**
イ ネンジャンゴ ジェゴ イッソ ヨ

ショッピング

洗濯機・テレビ
# 세탁기 / 테레비(텔레비전)

**2** もう少し容量の大きいものを探してます。

## 좀 더 용량이 큰 걸 찾고 있는데요.
チョム ドゥ ヨンニャン イ クン ゴル チャッ コ イッヌン デ ヨ

**3** コンパクトなものがいいんだけど。

## 콤팩트한 게 좋은데요.
コムペックトゥハン ゲ チョウン デ ヨ

**4** ― 他の色はお取り寄せとなります。

## 다른 색상은 주문이 되겠습니다.
タ ルン セックサンウン チュ ムニ テ ゲッスムニ ダ

**5** ― メーカに問い合わせてみます。

## 제조 회사에 문의해 보겠습니다.
チェジョ フェ サ ヘ ムニ ヘ ポ ゲッスムニ ダ

**6** どちらのほうが省電力型ですか？

## 어느 쪽이 더 절전형이에요?
オ ヌ チョギ ドゥ チョルチョンヒョン イ エ ヨ

**7** 旧型だし、もう少し安くなりませんか？

## 구형인데, 좀 더 싸게 안돼요?
ク ヒョンイン デ チョム ドゥ ッサ ゲ アン デ ヨ

**8** こちらのオーディオを試聴できますか？

## 여기 오디오는 시청할 수 있나요?
ヨ ギ オ ディ オ ヌン シ チョンハル ス イン ナ ヨ

**9** このテレビは何インチですか？

## 이 텔레비전은 몇 인치예요?
イ テル レ ビ ジョヌン ミョディンチ エ ヨ

モニターは
모니터는

**10** こちらのものとどう違うんですか？

이쪽 것과 어떻게 달라요？
イ チョッ コックァ オトッケ タルラヨ

**11** こちらは去年のモデルで、あちらが新型です。

이건 작년 모델이고 저쪽이 신형입니다.
イゴン チャンニョン モデリゴ チョチョギ シンヒョンインムニダ

**12** 設置料金がかかりますか？

설치 요금이 드나요？
ソルチ ヨグミ ドゥナヨ

配送
배송

**13** 電子辞書を見せて下さい。

전자사전을 보여 주세요.
チョンジャサジョヌル ポヨ チュセヨ

**14** これが一番新しい機種ですか？

이게 최신 기종이에요？
イゲ チェシン キジョンイエヨ

**15** 何年保証ですか？

몇 년 보증이에요？
ミョッニョン ポジュンイエヨ

ショッピング

## 食料品

CD-2
[track25]

### 肉・魚

**1** これ、２００グラム下さい。

이거, 이백 그램 주세요.
イゴ イベッ グラム チュセヨ

牛肉・豚肉・鶏肉・しいたけ

소고기 / 돼지고기 / 닭고기 / 버섯

**2** この牛肉を挽肉にして下さい。

이 소고기를 갈아 주세요.
<sub>イ ソゴギルル ガラ チュセヨ</sub>

**3** 薄切りにして下さい。

얇게 썰어 주세요.
<sub>ヤルケ ッソロ チュセヨ</sub>

**4** これ 1000 ウォン分下さい。　　　　　　　　　一束・一把

이거 천 원어치 주세요.　　　　한 다발/한 단
<sub>イゴ チョノノチ チュセヨ</sub>

**5** イカ2杯、内臓取って下さい。

오징어 두 마리, 내장 빼고 주세요.
<sub>オジンオ トゥマリ ネジャン ペゴ チュセヨ</sub>

**6** このアサリは砂抜きですか？

이 조개는 모래 뺀 거예요?
<sub>イ チョゲヌン モレ ペンゴエヨ</sub>

**7** 鱗と内臓を取って下さい。

비늘이랑 내장 빼 주세요.
<sub>ピヌリラン ネジャン ペ ジュセヨ</sub>

**8** 刺し身用にして下さい。

횟감으로 해 주세요.
<sub>フェカムロ ヘ ジュセヨ</sub>

**9** 三枚におろして下さい。（中骨を取って下さい）

가시 발라 주세요.
<sub>カシ パルラ チュセヨ</sub>

**10** ぶつ切りにして下さい。

토막 내 주세요.
<sub>トマックネ チュセヨ</sub>

**11** そのままでいいです。

그대로 주세요.
<sub>クデロ チュセヨ</sub>

## その他

**1** 賞味期限はいつまでですか？

유통기한이 언제까지예요？
<sub>ユトンギ ハニ オンジェカジ エヨ</sub>

**2** これはどうやって食べるんですか？

이건 어떻게 먹는 거예요？
<sub>イゴン オトッケ モンヌン ゴエヨ</sub>

**3** ― みそ汁に入れるとおいしいですよ。

된장국에 넣으면 맛있어요.
<sub>トェンジャン クゲ ノウミョン マシッソヨ</sub>

**4** 食パンを6枚切りにして下さい。

식빵, 여섯 장으로 잘라 주세요.
<sub>シッパン ヨソッチャンウロ チャルラ チュセヨ</sub>

**5** 無糖のヨーグルトは置いてないですか？

무가당 요구르트는 없나요？
<sub>ムガダン ヨグルトヌン オムナヨ</sub>

**6** 挽いてないコーヒー豆はありませんか？

갈지 않은 커피원두 없어요？
<sub>カルジ アヌン コピウォンドゥ オプソヨ</sub>

**7** カフェイン抜きのコーヒーはありますか？

카페인 없는 커피 있어요？
<sub>カペイン オンムヌン コピ イッソヨ</sub>

8　冷えたビールはないですか？

　　**차가운 맥주 없어요?**
　　チャ ガ ウン　メッチュ　オップソ　ヨ

9　― 今、ちょっと切らしてます。

　　**지금 다 떨어졌어요.**
　　チ グンム タ　ト ロ　ジョッソ ヨ

## 果物

1　贈り物用に詰め合わせて下さい。

　　**선물용으로 넣어 주세요.**
　　ソン ムル ヨン ウ ロ　ノオ　チュ セ ヨ

2　― 箱にしますか、かごにしますか？

　　**상자로 하시겠습니까, 바구니로 하시겠습니까?**
　　サンジャ ロ　ハ シ ゲッスムニ カ　　バ グ ニ ロ　ハ シ ゲッスムニ カ

3　イチゴ一山とリンゴを３つ下さい。

　　**딸기 한 접시하고 사과 세개 주세요.**
　　タル ギ　ハン ジョプ シ ハ ゴ　サ グァ　セ ゲ　チュ セ ヨ

4　甘いのを選んで下さい。

　　**단 걸로 골라 주세요.**
　　タン　コル ロ　コル ラ　チュ セ ヨ

5　どれがよく熟れてますか？

　　**어떤 게 잘 익었어요?**
　　オ トン　ゲ　ジャル　イゴッソ　ヨ

6　この間のスイカは熟れすぎてましたよ。

　　**요전에 산 수박은 너무 익었어요.**
　　ヨ ジョネ　サン　ス バグン　ノ ム　イゴッソ　ヨ

## 生活雑貨・台所用品

**1** 食器洗浄機用の洗剤、ありますか？

### 식기세척기용 세제 있어요?
シッキ セチョッキヨン セゼ イッソ ヨ

シルクやウール用の専用洗剤

### 실크나 울 전용세제

**2** 電動歯ブラシのスペアはどこで売ってますか？

### 전동칫솔의 여분은 어디서 팔아요?
チョンドンチッ ソレ ヨ ブヌン オディソ パラ ヨ

**3** この石けんはマイルドですか？

### 이 비누는 순해요?
イ ビ ヌヌン スネ ヨ

**4** このセットの包丁をバラで買えますか（売っていますか）？

### 이 식칼세트는 낱개로도 팔아요?
イ シッカルセットゥヌン ナッケ ロ ド パラ ヨ

**5** もっと底の深い鍋があればいいんだけど。

### 좀더 바닥이 깊은 냄비가 있으면 좋겠는데.
チョムドゥ パ ダギ キプン ネンビガ イッスミョン チョケッヌン デ

底の浅い

### 바닥이 얕은

**6** 鍋の蓋だけ買えますか？

### 냄비 뚜껑만 살 수 있어요?
ネンビッ トゥコンマン サル ス イッソ ヨ

蓋のつまみ

### 뚜껑 꼭지

**7** この皿は電子レンジで使えますよね？

이 접시는 전자레인지에 사용할 수 있죠？

**8** この圧力鍋は取り扱いが簡単ですか？

이 압력솥은 사용이 간단한가요？

**9** この土鍋は直火でも大丈夫？

이 돌솥은 직접 불에 얹어도 괜찮아요？

**10** フッ素樹脂加工の鍋、ありますか？

불소수지가공 냄비 있어요？

## 書籍・CD・DVD・ビデオ

CD-2 [track27]

**1** 『愛の賛歌』というタイトルの本はありますか？

〈사랑의 찬가〉라는 제목의 책 있어요？

CD・DVD・ビデオ

시디 /디브이디 /비디오

**2** ― 品切れですので、お取り寄せになります。

품절이라서 주문하셔야 됩니다.

**3** ― 絶版なので今は手に入らないんです。

절판이라서 지금은 입수가 안 됩니다.

### 4 — 著者名か出版社名はおわかりですか？

## 저자명이나 출판사명을 아십니까？
チョジャミョン イ ナ チュルパン サ ミョン ウル　ア シン ム ニ カ

### 5 この本を予約したいんですが。

## 이 책을 예약하고 싶은데요.
イ　チェグル　イェ ヤカ ゴ　シプン デ ヨ

### 6 届いたら連絡下さい。

## 도착되는 대로 연락해 주세요.
ト チャッ デ ヌン　デ ロ　ヨル ラケ　チュ セ ヨ

### 7 この雑誌を定期購読したいんですが。

## 이 잡지를 정기구독하고 싶은데요.
イ　チャッ チ ルル　チョン ギ ク ドッカ ゴ　シプン デ ヨ

### 8 辞書の（陳列されている）棚はどこですか？

## 사전이 진열된 선반은 어디예요？
サ ジョ ニ　チニョル デン　ソン バ ヌン　オ ディ エ ヨ

参考書・絵本・漫画・実用書

## 참고서가 /그림책이 /만화가 /실용서가

---

# 文房具

CD-2
[track28]

### 1 その万年筆を見せて下さい。

## 그 만년필을 보여 주세요.
ク　マンニョン ピルル　ポ ヨ　チュ セ ヨ

### 2 インク式ですか？　　カートリッジ式

## 잉크식인가요？　　카트리지식
イン ク シッ イン ガ ヨ

**3** このボールペンの替え芯が欲しいんですけど。

이 볼펜의 여분 심이 필요한데요.
<sub>イ ボルペネ ヨブン シミ ピリョ ハンデヨ</sub>

**4** ― それはうちでは扱ってないんですよ。

그건 저희 가게에서는 취급하지 않아요.
<sub>クゴン チョヒ カゲエソヌン チュィグバジ アナヨ</sub>

**5** 幅の広いセロテープはありませんか？

폭이 넓은 스카치 테이프는 없나요?
<sub>ポギ ノルブン スカチ テイプヌン オンムナヨ</sub>

**6** どの接着剤が強力ですか？

어느 접착제가 강력해요?
<sub>オヌ チョプチャクチェガ カンリョケヨ</sub>

**7** ― 用途によって違いますが、何にお使いですか？

용도에 따라 다른데요, 어디에 쓰시게요?
<sub>ヨンドエ タラ タルンデヨ オディエ ッスシゲヨ</sub>

**8** 椅子の脚が折れたんです。

의자 다리가 부러졌어요.
<sub>イジャ タリガ プロジョッソヨ</sub>

**9** 子供が口に入れても安全な紙粘土は置いてますか？

아이가 입에 넣어도 안전한 지점토 있어요?
<sub>アイガ イベ ノオド アンジョナン チジョムト イッソヨ</sub>

## 手芸品

CD-2 [track29]

**1** カーテンの布地を見せて下さい。

커튼 천을 보여 주세요.
<sub>コトン チョヌル ポヨ チュセヨ</sub>

**2** 何センチ幅ですか？

몇 센티 폭이에요？
ミョッ センティ ポギ エ ヨ

**3** １メートルいくらですか？

일 미터에 얼마예요？
イル ミ ト エ オル マ エ ヨ

**4** これを１０メートル下さい。

이걸 십 미터 주세요.
イ ゴル シン ミ ト チュ セ ヨ

**5** ちょっと薄手の生地はないですか？　　　　　　　　　　厚手

좀 얇은 천은 없나요？　　　　　　　　　　두터운
チョム ヤルブン チョヌン オンム ナ ヨ

**6** パッチワーク用の端切れはありますか？

패치워크용의 천 짜투리는 없나요？
ペ チ ウォック ヨン エ チョン チャトゥ リ ヌン オンム ナ ヨ

**7** 手芸の教材も置いてますか？

수예 교재도 있나요？
ス イェ キョジェ ド イン ナ ヨ

**8** 編み針を見せて下さい。

뜨개바늘을 보여 주세요.
トゥ ゲ バ ヌルル ポ ヨ チュ セ ヨ

**9** 子供用のセーターを編むにはどれくらい必要ですか？

애들용 스웨터를 뜨려면 얼마나 필요한가요？
エ ドゥルヨン ス ウェトゥル トゥリョミョン オル マ ナ ピリョ ハン ガ ヨ

**10** ８号針で編むと、この毛糸６玉要ります。

팔호 바늘로 뜨면 이 털실이 여섯 개 들어가요.
パロ バ ヌル ロ トゥミョン イ トル シリ ヨソッ ケ トゥロ ガ ヨ

ショッピング

# 大工用具

CD-2 [track30]

---

### 1 これと同じネジを10本下さい。
## 이것과 똑같은 나사를 열 개 주세요.
イ ゴックァ トッカトゥン ナ サルル ヨル ケ チュ セ ヨ

### これより一つ上の(下の)
## 이것보다 하나 위 치수(아래 치수)

---

### 2 このボルトに合うナットを下さい。
## 이 볼트에 맞는 너트를 주세요.
イ ボル ト エ マッヌン ノットルル チュ セ ヨ

### 3 この釘はコンクリートでも打てますか？
## 이 못은 콘크리트에도 박을 수 있어요？
イ モスン コン ク リ トゥ エ ド パグル ス イッソ ヨ

### 4 もっと大きい金槌はないですか？
## 더 큰 망치는 없나요？
トゥ クン マン チ ヌン オンム ナ ヨ

### 5 これは水性ペイントですか？
## 이건 수성페인트예요？
イ ゴン ス ソン ペ イントゥ エ ヨ

### 6 初めての人でも塗れますか？
## 처음인 사람도 칠할 수 있어요？
チョ ウミン サ ラムド チラル ス イッソ ヨ

### 7 ペイント塗り一式お願いします。
## 페인트 칠 일습 부탁해요.
ペ イントゥ チル イルスップ プ タッケ ヨ

## 花屋

1. 花束の配達もできますか？

꽃다발 배달도 되나요?

2. 今日中に届きますか？

오늘 중에 들어가요?

3. 黄色系で花束を作って下さい。

노란색 계열로 꽃다발을 만들어 주세요.

4. 予算は1万ウォンです。

예산이 만 원이에요.

5. バラが好きなので必ず入れて下さいね。

장미를 좋아하니까 꼭 넣어 주세요.

6. これはドライフラワーにできますか？

이건 드라이플라워로 할 수 있어요?

7. 病院のお見舞い用なんですが。

병문안용인데요.

8. あまり手がかからない観葉植物はどれですか？

별로 손이 안 가는 관엽식물은 어떤 거예요?

9 他の鉢に植え替えてもらえますか？

## 다른 화분에 옮겨 심어 주시겠어요?
タルン ファ ブネ オンムギョ シモ チュシ ゲッソ ヨ

## ペットショップ

CD-2
[track32]

1 この猫は何という種類ですか？   犬・鳥

## 이 고양이는 무슨 종류예요?   개 / 새
イ コヤンイヌン ムスン チョニュ エ ヨ

2 血統書付きです。

## 혈통서가 있어요.
ヒョルトン ソ ガ イッソ ヨ

3 抱いてみてもいいですか？

## 안아 봐도 돼요?
アナ ブァド テ ヨ

4 性格は穏和ですか？

## 성격은 순한가요?
ソン キョグン スナン ガ ヨ

5 予防接種はすべて済んでますか？

## 예방접종은 다 마쳤나요?
イェバンジョプチョンウン タ マチョン ナ ヨ

6 ハムスターの餌を下さい。

## 햄스터 먹이 주세요.
ヘムスト モギ チュセ ヨ

7 初めてでも飼いやすい熱帯魚はどんなのがありますか？

## 처음이라도 기르기 쉬운 열대어는 어떤 게 있어요?
チョウンミラド キルギ シウン ヨルテオヌン オトン ゲ イッソ ヨ

8 海水魚を飼うのは難しいですか？

### 해수어 기르기는 어려워요 ?
ヘ ス オ　キ ル ギ ヌン　オ リョウォ ヨ

9 水槽の掃除は大変ですか？

### 수조 청소는 힘들어요 ?
ス ジョ　チョン ソ ヌン　ヒンム ドゥロ　ヨ

## 乳幼児用品

CD-2
[track33]

1 産着は何枚くらい必要ですか？

### 배냇저고리는 몇 장 정도 필요해요 ?
ペ ネッチョ ゴ　リ ヌン　ミョン チャン チョン ド　ピリョ ヘ ヨ

2 新生児用の紙おむつはどれですか？

### 신생아용 종이 기저귀는 어느 거예요 ?
シンセン ア ヨン チョン イ　キ ジョ ギ ヌン　オ ヌ　ゴ エ ヨ

3 ガラスの哺乳ビンはありませんか？

### 유리 젖병은 없나요 ?
ユ リ チョッピョンウン オンム ナ　ヨ

4 この粉ミルクは離乳期のものですか？

### 이 분유는 이유기 때 거예요 ?
イ　ブニュ ヌン　イ ユ ギ　テ　コ エ ヨ

5 ベビーバスのレンタルはありますか？

### 아기 욕조 빌려 주는 거 있어요 ?
ア ギ　ヨックチョ　ビル リョ　チュ ヌン　ゴ　イッソ　ヨ

ショッピング

### 6 このベビーカーは小さく折りたためます。
이 유모차는 작게 접을 수 있어요.
イ　ユモチャヌン　チャッケ　チョブル　ス　イッソヨ

### 7 出産祝いに何がいいですか？
출산선물로 뭐가 좋을까요?
チュルサンソンムルロ　モガ　チョウルカヨ

### 8 よだれかけはどこにありますか？
턱받이는 어디 있어요?
トッ　パジヌン　オディ　イッソヨ

お尻ふき
엉덩이 닦이

### 9 ガラガラとかは置いてないですか？
딸랑이 같은 것은 없나요?
タルランイ　カトゥン　ゴスン　オムナヨ

### 10 ベビーシートはどんなのがありますか？
베이비시트는 어떤 것이 있나요?
ベイビシトゥヌン　オトン　ゴシ　インナヨ

＜台所用品など＞

| | |
|---|---|
| 鍋 | 냄비 |
| 圧力鍋 | 압력솥 |
| フライパン | 프라이팬 |
| 食器 | 식기 |
| 皿 | 접시 |
| お椀 | 밥그릇 |
| 汁物お椀 | 국그릇 |
| お玉 | 국자 |
| しゃもじ | 주걱 |
| 箸 | 젓가락 |
| 包丁 | 칼 |
| まな板 | 도마 |
| ナイフ | 나이프 |
| コップ | 컵 |
| コーヒーカップ | 커피잔 |
| お盆 | 쟁반 |
| ふきん | 행주 |
| フライ返し | 뒤집개 |
| トング | 집게 |
| ピーラー | 필러 |
| 缶切り | 깡통따개 |
| 栓抜き | 병따개 ( 오프너 ) |
| 食器用洗剤 | 식기용세제 |
| キッチンペーパ | 키친페이퍼 |
| ラップ | 랩 |
| コーヒーメーカー | 커피 메이커 |
| トースター | 토스터 |
| 電子レンジ | 전자 레인지 |
| ミキサー | 믹서 |
| ジューサー | 주서 |
| 炊飯器 | 전기 밥통 |
| オーブン | 오븐 |
| ホットプレート | 전기 프라이팬 |
| 食器洗浄機 | 식기세척기 |

ショッピング

## 助けを求める

### 1 助けて！
**살려 줘요!**
サル リョ ジョ ヨ

### 2 誰か日本語が話せる人はいませんか？
**누구 일본말을 할 수 있는 사람 없어요?**
ヌ グ　イルボン マルル　ハル　ス　インヌン　サ ラム　オッブソ　ヨ

### 3 警察を呼んで下さい。
**경찰을 불러 주세요.**
キョン チャルル　プル ロ　チュ セ ヨ

救急車を
**구급차를**

### 4 交番はどこですか？
**파출소는 어디 있어요?**
パ チュル ソ ヌン　オ ディ　イッソ ヨ

### 5 助けが必要です。
**도움이 필요해요.**
ト ウ ミ　ピ リョ ヘ ヨ

### 6 携帯電話を貸していただけますか？
**휴대폰을 빌려 주시겠어요?**
ヒュ デ ポ ヌル　ピル リョ　チュ シ ゲッソ ヨ

### 7 電話をかけたいので小銭を貸していただけますか？
**전화를 걸고 싶은데 잔돈 좀 빌려 주시겠어요?**
チョナ ルル　コル ド　シプン デ　チャンドン チョム ピル リョ チュ シ ゲッソ ヨ

⑩ 緊急事態

韓国の治安は世界でも良いほうですが、それでも人混みの中でのスリや、置き引きなどには要注意です。財布や身分を証明するものは常に手元に置くこと。フタやファスナーのない、中の見えるバッグはNGです。

**8** すみません、先に行かせてもらえませんか？

죄송합니다, 저 먼저 좀 가게 해 주세요.
チェソンハムニダ　チョ　モンジョ　チョム　カゲ　ヘ　ジュセヨ

**9** 急いでるんです。

급해요.
クッペ　ヨ

**10** 急いで下さい。

서둘러 주세요.
ソドゥルロ　チュセヨ

**11** この近くにトイレはありませんか？

이 근처에 화장실 없나요？
イ　クンチョエ　ファジャンシル　オムナヨ

**12** すみませんが、順番を替わっていただけますか？

죄송합니다만, 순서를 좀 바꿔 주시겠어요？
チェソンハムニダマン　スンソルル　チョム　バクォ　チュシ　ゲッソ　ヨ

**13** 子供とはぐれてしまいました。

아이와 떨어지고 말았어요.
アイワ　トロジゴ　マラッソ　ヨ

**14** 館内放送をお願いします。

관내방송을 부탁합니다.
クァンネ　バンソン　ウル　ブ　タカムニダ

**15** この人、痴漢です。

이 사람 치한이에요.
イ　サラム　チ　ハニ　エ　ヨ

**16** 私のスカートに手を入れたんです。

제 스커트에 손을 넣었어요.
チェ　スカトゥエ　ソヌル　ノ　オッソ　ヨ

緊急事態

**17** お尻を触ったんです。

## 제 엉덩이를 만졌어요.
チェ オンドン イ ルル マン ジョッソ ヨ

**18** 誰か私をつけてるんです。

## 누군가 저를 따라와요.
ヌ グン ガ チョ ルル タ ラ ワ ヨ

## 紛失

**CD-2** [track35]

**1** パスポートをなくしました。

## 여권을 잃어버렸어요.
ヨ コヌル イロ ボ リョッソ ヨ

クレジットカードを・キャッシュカードを

## 신용카드를 / 현금카드를

**2** ― どこでなくしたか心当たりはありませんか？

## 어디에서 잃어버렸는지 짐작 가는 데가 있어요？
オ ディ エ ソ　　イロ　ボ リョッヌン ジ　チンムジャッ カ ヌン　デ ガ　イッソ ヨ

**3** ― カード会社にすぐ連絡して止めてもらったほうがいいですね。

## 카드회사에 곧바로 전화해서 정지시키는 것이
カ ド フェ サ エ　コッ パ ロ　チョナ ヘ ソ　チョンジ シ キ ヌン　コシ

## 좋을 거예요.
チョウル　コ エ ヨ

銀行
## 은행

**4** 不正使用された場合はどうなりますか？

## 부정사용되었을 경우에는 어떻게 되나요？
ブ ジョン サ ヨン テ オッスル キョン ウ エ ヌン　オ トッ ケ　テ ナ ヨ

**5** ここに置いてあった傘がなくなりました。

여기에 놔 둔 우산이 없어졌어요.
<sub>ヨギエ ナ ドゥン ウ サニ オプソジョッソ ヨ</sub>

**6** レジの横に財布を置いたはずですけど、見かけませんでしたか？

계산대 옆에 지갑을 놔 두었을 텐데 못 봤어요？
<sub>ケサンテ ヨペ チ カブル ナ トゥオッスル テンデ モッ バッソ ヨ</sub>

**7** タクシーの中に紙袋を置き忘れたんですが。

택시 안에 종이 봉투를 두고 내렸는데요.
<sub>テックシ アネ チョンイ ポントゥルル トゥゴ ネ リョッヌン デ ヨ</sub>

**8** ― どこからどこまで乗っていたんですか？

어디에서 어디까지 탔었어요？
<sub>オディエソ オディカジ タッソソ ヨ</sub>

**9** ― タクシーの会社はわかりますか？

택시 회사가 어딘지 알아요？
<sub>テックシ フェサガ オディンジ アラ ヨ</sub>

**10** ― タクシーの車体の色は覚えてますか？

택시 차체의 색상은 기억하세요？
<sub>テックシ チャチェエ セックサンウン キ オッカ セ ヨ</sub>

**11** ― 何番のバスですか？

몇 번 버스예요？
<sub>ミョッポン ポ スイェ ヨ</sub>

**12** ― 何時頃にどこで降りましたか？

몇 시경에 어디에서 내렸어요？
<sub>ミョッ シキョンエ オディエソ ネ リョッソ ヨ</sub>

**13** 飛行機の中に子供の上着を置き忘れました。

비행기 안에 애 웃옷을 두고 내렸어요.
<sub>ピヘンギ アネ エ ウドスル トゥゴ ネ リョッソ ヨ</sub>

緊急事態

14 今日、大阪からソウルに11時に到着した便です。

오늘 오사카에서 서울에 열한 시에 도착한 편이에요.

15 地下鉄で、バッグを網棚の上に置き忘れてしまったんです。

지하철에서, 가방을 그물선반 위에 두고 내렸어요.

16 地下鉄の遺失物センターはどちらでしょうか？　　バス

지하철 분실물 센터는 어딘가요?　　버스

17 ここに停めてあった自転車が見あたらないんです。

여기에 세워 둔 자전거가 안 보이는데요.

18 — カギがかかっていましたか？

열쇠를 잠갔나요?

19 — 盗難届けを出したほうがいいですね。

도난신고를 하는 게 좋을 거예요.

20 — ここは駐輪禁止ですから移動させられたかもしれませんね。

여기는 자전거 주차금지 구역이라서 이동시켰는지도 모르겠네요.

21 — 駅員に聞いてみて下さい。

역무원한테 물어 보세요.

店員・おまわりさん
## 점원 / 순경

## お店に忘れ物（電話でのやりとり）

**1** レストランにコートを忘れてきたんです。

### 레스토랑에 코트를 잊고 왔어요.
レ ストンラン エ　コ トゥルル　イッコ　ワッソ ヨ

**2** そちらの店に白いコートを置き忘れてきたんですが…

### 거기에 하얀 코트를 두고 왔는데요…
コ ギ エ　ハ ヤン　コ トゥルル　トゥ ゴ　ワッヌン デ ヨ

**3** 窓側の席でしたが確認していただけますか？

### 창쪽 자리였는데 확인 좀 해 주시겠어요?
チャンチョッ　チャ リ ヨッヌン デ　ファギン チョンム ヘ　チュ シ ゲッソ ヨ

**4** ありました？すぐに取りに行きます。

### 있어요? 금방 찾으러 갈게요.
イッソ ヨ　クンムバン　チャズ ロ　カル ケ ヨ

**5** 明日取りに行きますので預かっていただけますか？

### 내일 찾으러 갈 테니까 좀 맡아 주시겠어요?
ネ イル　チャズ ロ　カル　テ ニ カ　チョンム　マタ　チュ シ ゲッソ ヨ

**6** ― それではお名前をおっしゃって下さい。

### 그럼 성함을 말씀하세요.
ク ロンム ソン ハムル　マル スマ セ ヨ

**7** ないですか？もし見つかったら連絡いただけますか？

### 없어요? 만약에 있으면 연락해 주시겠어요?
オッブソ ヨ　マニャ ゲ　イッス ミョン ヨル ラッ　チュ シ ゲッソ ヨ

緊急事態

8 誰か私の傘を間違えて持って行ったんですが。

### 누가 내 우산을 잘못 알고 가져갔는데요.
ヌガ ネ ウ サヌル チャルモッ アル ゴ カ ジョカッヌン デ ヨ

## 盗難

[track36]

1 泥棒!

### 도둑이야!
ト ドゥギ ヤ

2 スリだ!

### 소매치기다!
ソ メ チ ギ ダ

3 誰かあの人を捕まえて!

### 누가 저 사람 좀 잡아 줘요!
ヌ ガ チョ サ ラム チョム チャバ チョ ヨ

4 あの人が私のカメラをひったくったんです。

### 저 사람이 내 카메라를 낚아챘어요.
チョ サ ラミ ネ カ メ ラ ルル ナッカ チェッソ ヨ

5 私のバッグに手を入れたんです。

### 내 가방 안에 손을 넣었어요.
ネ カ バン ア ネ ソヌル ノ オッソ ヨ

6 財布を盗られました。

### 지갑을 도난당했어요.
チ カブル ト ナンダン ヘッソ ヨ

7 キップを買っている隙にトランクを持って行かれたんです。

### 표 사는 틈에 트렁크를 누가 가지고 갔어요.
ピョ サ ヌン トゥ メ トゥロンク ルル ヌ ガ カ ジ ゴ カッソ ヨ

260

[8] この子がうちの店で万引きしたんですよ。

### 얘가 우리 가게에서 물건을 훔쳤어요.
イェガ　ウリ　カゲエソ　ムルゴンヌル　フンムチョッソ　ヨ

[9] 強盗にあいました。

### 강도를 만났어요.
カンドルル　マン　ナッソ　ヨ

[10] 後ろからいきなり襲われたんです。

### 뒤에서 갑자기 습격을 당했어요.
ドゥィエ　ソ　カッチャギ　スプキョグル　タン　ヘッソ　ヨ

[11] 鞄を盗られました。

### 가방을 뺏겼어요.
カバンウル　ペッキョッソ　ヨ

[12] 重要な書類が入ってるんです。

### 중요한 서류가 들어 있어요.
チュウンヨハン　ソリュガ　トゥロ　イッソ　ヨ

## 交通事故

CD-2 [track37]

[1] ここは見通しが悪くて事故が多発してるんですよ。

### 여기는 전망이 안 좋아서 사고가 많이 나요.
ヨギヌンチョンマン　イ　アン　チョアソ　サゴガ　マニ　ナヨ

[2] よそ見運転は危ないよ。

### 곁눈질 운전하면 위험해요.
キョンヌンジル　ウンジョナミョン　ウィホンメ　ヨ

[3] 飲酒運転は絶対にダメですよ。

### 음주운전하면 절대 안 돼요.
ウムジュウンジョナミョン　チョルテ　アン　デ　ヨ

**4** 今スピード違反の取締期間だよ。　　　　　　　飲酒運転

지금 속도위반 단속기간이야.　　　　　음주운전
<sub>チグム ソットウィバン タンソッキ ガニ ヤ</sub>

**5** 車がレッカー移動されてしまいました。

차가 견인차에 끌려갔어요.
<sub>チャガ キョニンチャエ ックルリョガッソヨ</sub>

**6** 子供が車にはねられました。

애가 차에 치였어요.
<sub>エガ チャエ チヨッソヨ</sub>

**7** ひき逃げです。

뺑소니차예요.
<sub>ペンソニチャエヨ</sub>

**8** 車のナンバーは覚えていません。

차 번호는 기억이 안 나요.
<sub>チャ ボノヌン キオギ アン ナヨ</sub>

**9** 交通事故です。

교통사고예요.
<sub>キョトンサゴエヨ</sub>

**10** 玉突き事故でケガ人がいます。　　　　　　　　正面衝突

연쇄충돌사고로 부상자가 있어요.　　　정면충돌
<sub>ヨンセチュンドルサゴロ プサンジャガ イッソヨ</sub>

**11** トラックが分離帯に乗り上げています。

트럭이 분리대 위에 올라 탔어요.
<sub>トゥロギ プリデ ウィエ オルラ タッソヨ</sub>

**12** 車が電信柱にぶつかったんです。

차가 전봇대에 부딪쳤어요.
<sub>チャガ ジョンボッテエ プディッチョッソヨ</sub>

13 自転車と車がぶつかったんです。

### 자전거하고 차가 부딪쳤어요.
チャジョン ゴ ハ ゴ チャ ガ プ ディ チョッソ ヨ

14 バイクが横転しています。

### 오토바이가 옆으로 쓰러져 있어요.
オ ト バ イ ガ ヨップ ロ ス ロ ジョ イッソ ヨ

## 交通違反

CD-2
[track38]

1 運転免許証を見せて下さい。

### 운전면허증을 보여 주세요.
ウンジョン ミョノ チュンウル ポ ヨ チュ セ ヨ

2 運転していたのはあなたですね？

### 운전하고 있었던 건 당신이죠?
ウン ジョナ ゴ イッソットン ゴン タン シニ ジョ

3 この免許証は期限が切れてますよ。

### 이 면허증은 기한이 지났어요.
イ ミョノ チュンウン キ ハニ チ ナッソ ヨ

4 国際免許の期限は入国してから１年間ですよ。

### 국제면허 기한은 입국하고 나서 일년간이에요.
クッチェ ミョノ キ ハヌン イックカ ゴ ナ ソ イルニョン ガニ エ ヨ

5 無免許運転ですね。　　　　　　　　　　　　信号無視

### 무면허 운전이군요.　　　　　신호무시
ム ミョノ ウン ジョニ グン ヨ

6 免許証を照会します。

### 면허증을 조회하겠습니다.
ミョノ チュンウル チョ フェ ハ ゲッスム ニ ダ

263

**7** 今、免停中じゃないですか？

### 지금 면허 정지 중이잖아요?
チグム ミョノ チョン ジ ジュン イ ジャナ ヨ

**8** 署まで一緒に来て下さい。

### 서까지 같이 갑시다.
ソ カジ カッチ カプ シ ダ

**9** 一時停止していなかったですね？

### 일시정지 안 했죠?
イル シ ジョン ジ ア ネッチョ

**10** 右のサイドミラーが壊れてますよ。

### 오른쪽 사이드미러가 망가졌네요.
オルンチョック サイドゥミロ ガ マン ガ ジョン ネ ヨ

**11** 尾灯が点灯してませんよ。

### 미등이 점등이 안 됐어요.
ミドゥン イ チョムドゥン イ アン デェッソ ヨ

**12** 制限速度を 20 キロもオーバーしてますよ。

### 제한속도를 이십 킬로나 초과했어요.
チェハンソック ト ルル イ シッ キロ ナ チョグァ ヘッソ ヨ

**13** ここに停めるのは駐車違反ですよ。

### 여기에 세우는 건 주차위반이에요.
ヨ ギエ セ ウ ヌン コン チュチャウィ バニ エ ヨ

**14** ここはUターン禁止なんですよ。

### 여기는 유턴 금지예요.
ヨ ギ ヌン ユトン クンム ジ エ ヨ

追い越し禁止・一方通行

### 추월 금지예요 / 일방통행이에요

15 車間距離は十分にとっていましたか？

### 차간거리는 충분히 확보했습니까?
チャガン コ リ ヌンチュン ブニ ファック ポ ヘッスム ニ カ

## 状況の説明

CD-2 [track39]

1 状況を説明して下さい。

### 상황을 설명해 주세요.
サンファン ウル ソルミョン ヘ チュセ ヨ

2 信号待ちをしていたら後ろからぶつかってきたんです。

### 신호대기하고 있었는데 뒤에서 받았어요.
シン ホ デ ギ ハ ゴ イッソン ヌン デ トゥィ エ ソ パダッソ ヨ

3 一瞬、居眠り運転をしていたみたいです。

### 일순 졸면서 운전했던 모양이에요.
イルスン チョルミョン ソ ウンジョンヘットン モ ヤン イ エ ヨ

4 ここは時速40キロだって知らなかったんです。

### 여기가 시속 사십 킬로라는 걸 몰랐어요.
ヨ ギ ガ シ ソック サ シッ キロ ラ ヌン コル モル ラッソ ヨ

5 道路が凍結してスリップしたんです。

### 도로가 얼어서 미끄러졌어요.
ト ロ ガ オロ ソ ミ ク ロ ジョッソ ヨ

6 タイヤがパンクしちゃって…

### 타이어가 펑크나서요…
タ イ ア ガ パンク ナ ソ ヨ

7 前の車が急に車線変更をしたもんだから…

### 앞차가 갑자기 차선변경을 하는 바람에…
アプ チャ ガ カプ チャ ギ チャソンピョンキョンウル ハ ヌン パ ラ メ

**8** 横の車線からいきなり割り込んできたんですよ。

옆 차선에서 갑자기 새치기해서 들어온 거예요.
ヨップ チャソン エ ソ カッチャギ セチギ ヘ ソ トゥロ オン コ エ ヨ

**9** 急に自転車が飛び出してきたんです。

갑자기 자전거가 뛰쳐나온 겁니다.
カッチャ ギ チャジョン ゴ ガ トゥィチョ ナ オン ゴムニ ダ

**10** 出会い頭の接触事故です。

만나자마자의 접촉사고예요.
マン ナ ジャ マ ジャ エ チョップ チョク サ ゴ エ ヨ

**11** 道路標識を見落としてしまいました。

도로표지를 깜빡 못 봤어요.
ト ロ ピョ ジ ル カンムッパックモッ パッソ ヨ

**12** 通い慣れた道なので油断していました。

익숙한 길이라 방심했어요.
イックスッカン キリ ラ パンシム ヘッソ ヨ

## 保険会社に連絡する

CD-2 [track40]

**1** 交通事故を起こしました。

교통사고를 일으켰어요.
キョトン サ ゴ ルル イル キョッソ ヨ

**2** 事故に巻き込まれました。

사고에 말려들었어요.
サ ゴ エ マル リョ トゥロッソ ヨ

**3** こちらの過失はないと思いますが…

이쪽 과실은 없는 걸로 아는데요…
イ チョック クァ シルン オムヌン コル ロ ア ヌン デ ヨ

**4** 車はレッカー車で修理工場に運ばれました。

## 차는 견인차로 수리공장에 이동되었어요.
チャヌンキョンインチャ ロ　ス リ コンジャン エ　イ ドン デ　オッソ　ヨ

**5** ― 保険証番号を教えて下さい。

## 보험증 번호를 가르쳐 주십시오.
ポンホンムチュン　ポノ ルル　カ ル チョ　チュシッㇷ゚ シ　オ

**6** ― 事故はいつ起きましたか？

## 사고는 언제 일어났습니까？
サ ゴ ヌン オンジェ　イロ　ナッスンム ニ　カ

**7** ― 警察には通報しましたか？

## 경찰에는 통보하셨습니까？
キョン チャレ ヌン　トン ボ　ハ ショスンム ニ　カ

**8** ― 損害の程度はどのくらいですか？

## 손해의 정도는 어느 정도입니까？
ソネ　エ チョン ド ヌン　オ ヌ チョン ド インム ニ　カ

**9** 保険の支払い請求をしたいんですが。

## 보험 지불청구를 하고 싶은데요.
ポ ホム　チ ブルチョン グ ルル　ハ ゴ　シブン デ　ヨ

**10** 車のドアが少しへこんだだけです。

## 차 문이 좀 찌그러든 것뿐이에요.
チャ　ムニ　チョンム チ　グ ロ ドゥンコッ プニ　エ ヨ

**11** 車が動きません。

## 차가 안 움직여요.
チャ ガ　アン ウンム ジギョ　ヨ

**12** 誰もケガはしていません。

## 아무도 안 다쳤어요.
ア ム ド アン ダ チョッソ ヨ

緊急事態

267

### 13 首がおかしいので病院に行ったら頸椎ねんざだそうです。

**목이 이상해서 병원에 갔더니 경추염좌랍니다.**
モギ　イサンヘ　ソビョン ウォネ　カットニ　ニキョンチュヨンムジャランム ニ　ダ

### 14 — 係の者がお伺いします。

**담당직원이 찾아뵙겠습니다.**
タンムダン チィグォニ　チャジャ ペッケッスム ニ　ダ

### 15 — 保険の支払い請求書をお送りします。

**보험 지불청구서를 송부하겠습니다.**
ポ ホム　チ ブル チョン グ　ソ ルル　ソン ブ ハ ゲッスム ニ　ダ

### 16 — 事故証明のコピーを送っていただけますか？

**사고증명의 사본을 보내 주시겠습니까？**
サ　ゴ ジュンミョン エ　サ ボヌル　ポ ネ　チュ シ ゲッスム ニ　カ

## 誤認逮捕

CD-2
[track41]

### 1 何かの間違いでしょう？

**뭔가 잘못된 거 아니에요？**
モン ガ チャルモッテン　ゴ　ア ニ エ ヨ

### 2 私はやってません。

**저는 안 했어요.**
チョ ヌン　ア　ネッソ　ヨ

### 3 人違いです。

**사람을 착각하셨어요.**
サ ラムル　チャッカカ ショッソ ヨ

### 4 外国人登録証なら持っています。

**외국인 등록증이라면 가지고 있어요.**
ウェ グギン トゥンノックチュン イ ラ ミョン カ ジ ゴ　イッソ ヨ

5 パスポートは本物です。

### 여권은 진짜 여권이에요.
ヨ クォヌン　チンチャ　ヨ クォニ エ ヨ

6 弁護士を呼んで下さい。

### 변호사를 불러 주세요.
ピョノ サルル　プル ロ　チュ セ ヨ

7 通訳をつけて下さい。

### 통역을 붙여 주세요.
トン ヨグル　プッチョ　チュ セ ヨ

8 黙秘権を行使します。

### 묵비권을 행사하겠습니다.
ムックビ クォヌル　ヘン サ ハ ゲッスムニ ダ

9 領事館に通報して下さい。

### 영사관에 통보해 주세요.
ヨン サ グァネ　トン ボ ヘ　チュ セ ヨ

緊急事態

## 保育園・幼稚園

### 保育園

1 近くに保育園はありますか？

근처에 놀이방이 있나요?
クンチョ エ　ノリ バン イ インナ ヨ

2 (電話)そちらの保育園に子供を入園させたいのですが。

거기 놀이방에 우리 애를 부탁하고
コ ギ　ノリ バン エ　ウ リ　エ ルル　ブ タ カ ゴ

싶은데요.
シップン デ ヨ

3 (電話)見学に行ってもいいですか？

견학 좀 해도 되겠습니까?
キョンハッ チョム　ヘ ド　テ ゲッスムニ カ

4 昼はお弁当が必要ですか？

점심은 도시락이 필요한가요?
チョムシムン　ト シ ラギ　ピリョ ハン ガ ヨ

5 送迎車はありますか？

스쿨버스가 있나요?
ス クル ボ ス ガ インナ ヨ

### 幼稚園

1 うちの子をそちらの幼稚園に入れたいんですが。

우리 애를 그 유치원에 보내고 싶은데
ウ リ　エ ルル　ク　ユ チ ウォ ネ　ボ ネ ゴ　シプン デ

요.
ヨ

⑪ 学校

韓国の学校は日本同様6・3・3・4制で中学まで義務教育。日本のような私立小・中学校への受験はありません。高校入試も希望校を選択するのではなく統一試験を受け、合格すると居住地を基準に学校が割り振られます。そのため有名な進学校に入れるために引っ越しも辞さない孟母が後を絶ちません。

2 クラスの定員は何名ですか？

## 반 정원은 몇 명인가요？
パン チョン ウォヌン　ミョン　ミョイン ガ ヨ

3 何人の先生が1クラスを担当なさいますか？

## 몇 분의 선생님이 한 반을 담당하세요？
ミョッ　プネ　ソンセン ニミ　ハン　パヌル　タムタン ハ セ ヨ

4 授業時間はどうなりますか？

## 수업시간은 어떻게 되요？
ス オプ シ ガヌン　オ ト ケ　テ ヨ

5 授業料は？

## 수업료는요？
ス オンムニョヌン ヨ

6 給食費と学習材料費は別ですね？

## 급식비와 학습재료비는 별도인거죠？
クッシック ビ ワ　ハックスプ チェ リョ ビ ヌン　ビョル ト イン ゴ ジョ

7 授業料と諸費用は毎月払うんですか？

## 수업료와 제 비용은 매달 지불하는 거예요？
ス オンムニョ ワ　チェ　ビ ヨ ウン　メ ダル　チ ブル ハ ヌン　コ エ ヨ

# 小学校・中学校・高校

CD-2 [track43]

## 学校について

1 この地域の子供達はどの小学校に通っていますか？

## 이 지역의 아이들은 어느 초등학교에 다녀요？
イ　チ ヨゲ　ア イ ドゥルン　オ ヌ　チョドゥンハックキョ エ　タ ニョ ヨ

**2** 入学手続きに関してはどちらに相談すればいいですか?

입학수속에 관해서는 어디에 상담을 하면 되나요?
イパック ス ソゲ クァネ ソヌン オ ディ エ サン ダムル ハ ミョン デ ナ ヨ

転入
전학
チョナク

**3** 中学までは義務教育ですね?

중학교까지는 의무교육이죠?
チュンハッキョッカ ジ ヌン ウィ ム ギョ ユギ ジョ

**4** 学校は何月から始まりますか?

학교는 몇 월부터 시작되나요?
ハッキョヌン ミョドォルブ ト シ ジャック デ ナ ヨ

夏休みは・冬休みは

여름방학은 / 겨울방학은

**5** 学校は給食がありますか?

학교는 급식이 있나요?
ハッキョヌン クプ シギ イン ナ ヨ

**6** 生徒はどうやって通学しますか?

학생들은 어떻게 통학하나요?
ハッセンドゥルン オ ト ケ トン ハッカ ナ ヨ

**7** 制服はありますか?

교복이 있나요?
キョ ボギ イン ナ ヨ

## 学校へ連絡

**1** 娘が風邪を引いたので今日はお休みします。

우리 딸이 감기에 걸려서 오늘은 쉬겠습니다.

熱があるので

열이 있어서

**2** 病院の検査があるので、明日は午後から早退します。

병원 검사가 있어서, 내일은 오후에 조퇴하겠습니다.

**3** 病院に寄ってから登校させます。

병원에 들렀다가 등교시키겠습니다.

**4** 12時に学校へ迎えに行きます。

열두시에 학교로 마중을 가겠습니다.

**5** 海外研修のため1週間お休みします。

해외연수를 가기 때문에 일주일 동안 쉬겠습니다.

**6** 息子は今日微熱があるので、体育の授業は見学させて下さい。

우리 애가 오늘 미열이 있어서, 체육수업은 견학하게 해 주세요.

## 学校からの連絡

**1** 最近忘れ物が多いようなので声をかけてあげて下さい。

최근에 잊어버리고 안 가지고 오는 일이 잦아서
요, 확인 좀 해 주세요.

**2** 風邪はもう大丈夫ですか？

감기는 이제 다 나았나요?

**3** いつ頃から登校できそうですか？

언제쯤부터 등교할 수 있을 것 같아요?

**4** 今日、金チョルス君とケンカをしまして…

오늘 김철수군과 싸움을 해서요…

## 学校の行事

**1** 運動会は父兄も参加するのですか？

운동회는 학부형도 참가하나요?

**2** 今年の学習発表会では何をするんですか？

올해 학습발표회는 뭘 하나요?

### 3 来週月曜日に授業参観があります。

다음 주 월요일에 수업참관이 있어요.
<small>タ ウンム チュ ウォリョ イレ ス オプチャンム グァニ イッソ ヨ</small>

### 4 保護者会の出欠表を出して下さい。

학부모회의 출결표를 내 주세요.
<small>ハック ブ モ フェ エ チュルギョルピョ ルル ネ チュ セ ヨ</small>

### 5 修学旅行はどこへ行くの？

수학여행은 어디로 가니？
<small>ス ハン ヨ ヘンウン オ ディ ロ カ ニ</small>

### 6 個人面談は必ず行かなければいけないですか？

개인면담은 꼭 가야만 하나요？
<small>ケ インミョン ダムン コッ カ ヤマン ハ ナ ヨ</small>

### 7 進学指導で何を言われるか不安ですよ。

진학지도에서 무슨 말을 들을지 불안해요.
<small>チナック チ ド エ ソ ムスン マルル トゥルル チ プラネ ヨ</small>

学校

## 保護者たちの話題

### 1 遠足はお弁当や水筒を用意すればいいですか？

소풍은 도시락하고 물통을 준비하면 되나요？
<small>ソ プンウン ト シ ラカ ゴ ムルトン ウル チュン ビ ハ ミョン テ ナ ヨ</small>

### 2 クラス委員の親は先生のお弁当を用意するんですよ。

반 임원부모는 선생님 도시락도 준비를 해야돼요.
<small>バン イムゥン ブ モ ヌン ソン セニンム ト シ ラック ト チュン ビ ルル ヘ ヤ デヨ</small>

### 3 英語教育が始まったので塾に通わせたいんですが。

영어교육이 시작돼서 학원에 보내고 싶은데요.
<small>ヨン オ ギョ ユギ シ ジャック テ ソ ハグオネ ポ ネ ゴ シプン デ ヨ</small>

**4** 何か習っていますか？

뭐 배우는거 있어요？

**5** うちはピアノと英語を習わせています。

우리는 피아노하고 영어를 시키고 있어요.

**6** ピアノは週に3回、先生が来てくれます。

피아노는 일주일에 세 번 선생님이 와요.

**7** 教え方がうまいです。

잘 가르쳐요.

**8** そのピアノの先生を紹介して下さい。

그 피아노 선생님 소개해 주세요.

**9** うちの子は勉強をしないので困っています。

우리 애는 공부를 안 해서 큰일이에요.

**10** 一人で勉強してくれたら世話はないですよね。

혼자서 공부한다면야 무슨 걱정이겠어요.

**11** このままだとどこの学校も行けないわ。

이대로 가다간 아무 데도 못 가요.

**12** どこの塾がいいですか？

어느 학원이 좋아요？

**13** やはり家庭教師をつけた方がいいかしら？

### 역시 가정교사를 붙이는 게 좋을까 ?

**14** そろそろ受験勉強ですね。

### 이제 슬슬 입시공부해야죠.

**15** この学校の進学率はどうですか？

### 이 학교의 진학률은 어때요 ?

**16** 志望校はどこですか？

### 지망하는 학교는 어디예요 ?

**17** 無事合格しました。

### 무사히 합격했어요.

**18** 落ちました。

### 떨어졌어요.

**19** 浪人するんですって。

### 재수하겠대요.

## 大学

[track44]

### 新入生

**1** 新入生のオリエンテーションはいつですか？

### 신입생 오리엔테이션은 언제예요 ?

**2** どんな科目が必須ですか？

어떤 과목이 필수예요?

**3** 受講申請は早めにしておかないと、人気のある講義はすぐ満員になります。

수강신청은 빨리 해 두지 않으면 인기가 있는 강의는 금방 만원이 돼요.

**4** 今日は新入生歓迎会があります。

오늘은 신입생 환영회가 있어요.

**5** 卒業までに何単位が必要ですか？

졸업까지는 몇 학점이 필요한가요?

**6** 単位を落とすことも考えて少し余分に取っておいたほうがいいですよ。

낙제점 맞을 수도 있으니까 좀 여유 있게 따 두는 게 좋아요.

**7** 授業のノートを貸してくれませんか？

수업 노트 좀 빌려 줄래요?

**8** 学食の味はどうですか？

학교식당 맛은 어때요?

## キャンパスライフ

**1** 何かサークルに入っていますか？

어디 서클 같은 데 들었어요？

**2** 映画鑑賞会というサークルはどうかなって思ってます。

영화감상회라는 서클은 어떨까 생각하고 있어요.

**3** 明日、梨花女子大と合同コンパがあるけど、どう？

내일, 이대하고 미팅이 있는데 어때？

**4** 前期の試験で2つも単位を落とした。

전기 시험에서 두 개나 과낙으로 떨어졌어.

**5** あの教授は出席のチェックをしないよ。

저 교수님은 출석 체크를 안해.

**6** この科目は試験なしでレポート提出のみだよ。

이 과목은 시험 없이 리포트 제출만 하면 돼.

**7** この科目は面白そうだけど、教授が気難しいんだって？

이 과목은 재미있을 것 같은데, 교수가 깐깐하다며？

## 就職活動

**1** 単位も全部取ったし、就職活動しなきゃ。

### 학점도 다 땄으니까 취직준비해야지.
<sub>ハッチョムド ダ タッスニカ チュィジッチュンビ ヘ ヤジ</sub>

**2** 公務員試験を受けるには専門の学校に通ったほうがいいよ。

### 공무원시험 보려면 전문학원에 다니는 게 좋아.
<sub>コンムウォンシホム ボリョミョン チョンムナグォネ タニヌン ゲ チョア</sub>

**3** サムスンの入社試験はいつかな？

### 삼성 공채는 언제지?
<sub>サムソン コンチェヌン オンジェジ</sub>

**4** 学生課に就職情報を見に行こう。

### 학생과에 취업정보를 보러 가야지.
<sub>ハッセンクァエ チュィオッチョンボルル ポロ ガヤジ</sub>

**5** 教授の推薦で就職が決まったよ。

### 교수님 추천으로 취직이 결정됐어.
<sub>キョスニム チュチョヌロ チュィジギ キョルチョン デッソ</sub>

## 韓国への留学

CD-2 [track45]

## 情報を集める・問い合わせ

**1** 韓国への留学を考えています。

### 한국 유학을 생각하고 있어요.
<sub>ハングック ユ ハグル センガッカゴ イッソ ヨ</sub>

**2** 大学の語学コースは何ヶ月ですか？

### 대학교 어학코스는 몇 개월인가요?
<sub>テ ハックキョ オ ハック コ スヌン ミョッ ケ ウォリン ガ ヨ</sub>

**3** 3ヶ月で話せるようになりますかね？

## 삼 개월 만에 말을 할 수 있게 될까요 ?
<sub>サンム ゲ ウォル マネ マルル ハル ス イッケ テル カ ヨ</sub>

**4** 読み書きができるくらいにはなりたいです。

## 읽고 쓰고 할 정도는 되고 싶어요.
<sub>イル コ ッス ゴ ハル チョン ド ヌン デ ゴ シポ ヨ</sub>

**5** おすすめの語学堂は？

## 추천할 만한 어학당은요 ?
<sub>チュ チョナル マナン オ ハッタンウン ヨ</sub>

**6** クラス分けテストがありますか？

## 반 나누는 시험이 있나요 ?
<sub>パン ナ ヌ ヌン シ ホミ イン ナ ヨ</sub>

学校

**7** 短期の3ヶ月コースだと学費は一括ですか？

## 단기 삼 개월 코스면 학비는 한꺼번에 내야 하
<sub>タン ギ サンム ゲ ウォル コ ス ミョン ハッ ピ ヌン ハン コ ボネ ネ ヤ ハ</sub>

## 나요 ?
<sub>ナ ヨ</sub>

**8** 奨学金制度はありますか？

## 장학금제도가 있나요 ?
<sub>チャンハックンムジェ ド ガ イン ナ ヨ</sub>

**9** 大学の寮に入れますか？

## 대학교 기숙사에 들어갈 수 있나요 ?
<sub>テ ハックキョ キ スック サ エ トゥロ カル ス イン ナ ヨ</sub>

## 留学生活：授業

**1** すべての授業が韓国語できついです。

### 모든 수업이 다 한국어라서 힘들어요.
モドゥン ス オビ タ ハン グゴ ラソ ヒンム ドゥロ ヨ

**2** ハングルの綴りは難しいです。

### 한글 맞춤법은 어려워요.
ハングル マチュンム ボプン オリョウォ ヨ

**3** 授業について行くのも精一杯です。

### 수업 따라가는 것만도 벅차요.
ス オプ タ ラ ガ ヌン コンマンド ポッチャ ヨ

**4** 金先生の話し方はとても聞き取りやすいです。

### 김선생님 말투는 알아듣기가 쉬워요.
キンムソンセンニム マルトゥヌン アラ トゥッキ ガ シ ウォ ヨ

**5** 明日は聞き取りのテストがありますよ。

### 내일은 듣기 시험이 있어요.
ネ イルン トゥッキ シ ホミ イッソ ヨ

**6** 私のクラスはほとんどが日本人なので聞こえるのは日本語ばかりです。

### 우리 반은 거의가 일본인이라 들리는 건 온통
ウリ バヌン コイガ イル ボニニ ラ トゥルリヌン コン オントン

### 일본어뿐이에요.
イル ボノ ブニ エ ヨ

**7** クラス替えテストはいつですか？

### 반편성 테스트는 언제예요?
パンピョンソン テ ス トゥヌン オンジェ エ ヨ

8 先生から韓国語で日記をつけるようにと言われました。

선생님이 한국말로 일기를 쓰라고 하셨어요.

9 シン先生の訛りはどこの地方の訛りですか?

신선생님의 사투리는 어느 지방 사투리예요?

## 学外

1 ビザの更新には学校の出席証明が要るんでしたっけ?

비자 갱신하는 데는 학교의 출석증명이 필요하던가요?

2 今度、国際交流会館に入ることになりました。

이번에 국제교류회관에 들어가게 되었어요.

3 ルームメイトはフランス人だけど韓国語で会話します。

룸메이트는 프랑스 사람인데 한국말로 대화를 해요.

4 韓国で1年ぐらい勉強する予定です。

한국에서 한 일년간 공부할 예정이에요.

5 外国語塾の日本語講師の口を紹介してもらいました。

외국어 학원의 일본어 강사자리를 소개받았어요.

**6** 下宿のおばさんがうるさくて部屋を替えたいんですけど。

하숙집 아줌마가 시끄러워서 방을 바꾸고 싶은
데요.

**7** シンチョンに日本人がよく集まるカフェがありますよ。

신촌에 일본 사람들이 잘 모이는 카페가 있어요.

**8** もう少し韓国語が使える環境にしないと留学した意味がないですよ。

좀더 한국어를 사용할 수 있는 환경을 만들지
않으면 유학 온 의미가 없어요.

**9** 語学コースが終わったら、大学院に進みたいです。

어학코스가 끝나면 대학원에 진학하고 싶어요.

<学校関係>

| | |
|---|---|
| 小学校 | 초등학교 |
| 中学校 | 중학교 |
| 高校 | 고등학교 |
| 大学 | 대학 ( 대학교 ) |
| 大学院　修士（博士）課程 | 대학원 석사 ( 박사 ) 과정 |
| 校長先生 | 교장 선생님 |
| 教頭先生 | 교감 선생님 |
| 担任の先生 | 담임 선생님 |
| 学年主任 | 학년 주임 |
| 教員室 | 교무실 |
| 保健室（保健の先生） | 양호실 ( 양호 선생님 ) |
| 体育館 | 체육관 |
| 運動場 | 운동장 |
| 遅刻・早退・欠席 | 지각・조퇴・결석 |
| 試験（中間試験・学期末試験） | 시험 ( 중간고사・학기말시험 ) |
| 通信簿 | 성적표 |
| 夏（冬・春）休み | 여름 ( 겨울・봄 ) 방학 |
| 内申成績 | 내신성적 |
| 国立（私立）大学 | 국립 ( 사립 ) 대학 |
| （大学の）第一志望 | 일지망 (一志望) |
| 入学・卒業 | 입학・졸업 |

学校

## 出社・退社

**1** 通勤電車は混みますね。

통근전철은 붐비네요.
トングンジョンチョルン ブンビネヨ

**2** まずコーヒーを一杯飲んで仕事モードに入ります。

일단 커피를 한 잔 마시고 일 모드로 들어갑니다.
イルタン コピルル ハンジャン マシゴ イル モドゥロ ドゥロ ガムニダ

**3** 今日は取引先に寄ってから出社します。

오늘은 거래처 들렀다가 출근하겠습니다.
オヌルン ゴレチョ ドゥルロッタガ チュルグナゲッスムニダ

**4** お先に失礼します。

먼저 실례하겠습니다.
モンジョ シルレハゲッスムニダ

**5** 帰りに一杯やりませんか？

귀갓길에 한잔 안 하시겠어요?
グィガキレ ハンジャン ア ナ シ ゲッソヨ

**6** 今日は残業があります。

오늘은 잔업이 있어요.
オヌルン ジャノビ イッソヨ

日本では身内の者を他人に話すときは敬称を使わず、へりくだった言い方をしますが、韓国では目上の者には絶対敬語、絶対敬称（尊称）です。これは会社でも同様で、社の内外を問わず、과장님、사장님と必ず「肩書き＋님」を付けた尊称に敬語を用います。

7 プロジェクトが終わったので打ち上げがあります。

### 프로젝트가 끝나서 쫑파티가 있어요.
プ ゼックトゥ ガ　クン ナ ソ　チョン パ ティ ガ　イッソ ヨ

8 打ち合わせに行って直帰します。

### 회의 끝나고 곧바로 돌아가겠습니다.
フェ イ　クン ナ ゴ　ゴッ パ ロ　ド ラ ガ ゲッスㇺ ニ ダ

9 明日の朝はクライアントの所に直行します。

### 내일 아침은 클라이언트한테 직접 가겠습니다.
ネ イル　ア チンムン　ク ラ イ オントゥハン テ　ジックチョㇷ゚　カ ゲッスㇺ ニ ダ

10 今日は私用があって午後から出社します。

### 오늘은 볼일이 있어서 오후부터 출근하겠습니다.
オ ヌルン　ボルリリ　イッソ ソ　オ フ ブ ト　チュル グナ ゲスㇺ ニ ダ

## 会議
CD-2 [track47]

1 これから会議ですよ。

### 지금부터 회의예요.
チ グンㇺブッ ト　フェ イ エ ヨ

2 来週の会議の予定が変更になりました。

### 다음 주 회의 일정이 변경됐어요.
タ ウンㇺ チュ フェ イ　イルチョン イ ピョンギョン デッソ ヨ

3 午後の会議が中止になりました。

### 오후 회의가 중지됐어요.
オ フ　フェ イ ガ　チュンジ デッソ ヨ

4 明日の会議には出られません。

### 내일 회의엔 못 나갑니다.
ネ イル　フェ イ エン　モン　ナ ガンㇺ ダ

**5** これについてはもう少し検討が必要かと思います。

여기에 대해서는 좀 더 검토가 필요하다고 생각합니다.

**6** いろいろ意見が出て面白かったです。

여러 가지 의견이 나와서 재미있었어요.

**7** もう少し建設的な意見があるといいですね。

좀 더 건설적인 의견이 있으면 좋겠어요.

**8** 金課長の話は説得力がありましたね。

김과장님 얘기는 설득력이 있었어요.

**9** これから会議なので、電話があったら折り返し電話すると伝えて下さい。

지금부터 회의가 있으니까, 전화가 오면 이쪽에서 다시 전화 드리겠다고 전해 주세요.

**10** 申し訳ありません、朴代理はただいま会議中です。

죄송합니다만, 박대리님은 지금 회의중 입니다.

## 商談

**1** ご担当の方のお名前は？

담당하시는 분 성함이 어떻게 되십니까?
タムダン ハ シ ヌン ブン ソン ハミ オ トッケ デ シンム ニ カ

**2** 一度お目にかかりたいのですが、ご都合はいかがですか？

한번 뵙고 싶은데요, 시간 괜찮으십니까?
ハンボン ベッ コ シプン デ ヨ シ ガン ゲン チャヌ シンム ニ カ

**3** とりあえず見積もりを出して下さい。

우선 견적을 내 주십시오.
ウ ソン キョン ジョグル ネ ジュシプ シ オ

**4** 貴社と業務提携をしたいと思っています。

귀사와 업무제휴를 하고자 합니다.
クィ サ ワ オン ム チェヒュ ルル ハ ゴ ジャ ハンム ニ ダ

**5** 貴社とライセンス契約を結びたいと考えています。

귀사와 라이선스 계약 체결을 생각하고 있습니다.
クィ サ ワ ライ ソンス ケ ヤック チェ ギョルル セン ガカ ゴ イッスンム ニ ダ

**6** 弊社の事業概要をお送りします。

폐사의 사업개요를 송부하겠습니다.
ペ サ エ サ オプ ケ ヨ ルル ソンブ ハ ゲッスンム ニ ダ

**7** 更に資料が必要でしたら、ご連絡下さい。

자료가 더 필요하시다면 연락해 주시기 바랍니다.
チャリョ ガ ドゥ ピリョ ハ シ ダミョン ヨルラケ チュ シ ギ バ ランム ニ ダ

**8** 貴社の製品には大変関心があります。

귀사의 제품에는 아주 관심이 있습니다.
クィ サ エ チェ プメ ヌン ア ジュ クァン シ ミ イッスンム ニ ダ

9 新規参入は難しいですね。

### 신규진입은 어렵네요.
シンキュ ジニブン オリョㇺネヨ

10 もう少し価格を下げて下さい。

### 좀더 가격을 내려 주세요.
チョㇺドゥ カ ギョグル ネリョ ジュセヨ

11 この期日までには厳しいので期限を延ばして下さい。

### 이 기일까지는 힘드니까 기한을 늘려 주세요.
イ キ イルッカ ジヌン ヒㇺドゥニッカ キ ハヌル ヌルリョ ジュセヨ

## 作業の依頼

CD-2 [track49]

1 これを大至急20部コピーして下さい。

### 이것을 서둘러서 이십 부 복사해 주세요.
イ ゴスル ソドゥルロソ イ シㇷ゚ ブ ボックサヘ ジュセヨ

2 明日、釜山に出張なのでキップとホテルの予約をお願いします。

### 내일 부산에 출장 가니까 차표와 호텔 예약을
ネイル ブ サネ チュルチャン ガニッカ チャピョワ ホテル イェ ヤグル

### 부탁해요.
ブ タケ ヨ

3 先ほどお願いしたプリントアウトはまだですか？

### 아까 전에 부탁한 프린트 아웃은 아직 안 됐
アッカ ジョネ ブタカン プリントゥ ア ウスン ア ジッ アン デッ

### 어요？
ソ ヨ

4 クライアントにお送りする資料を揃えて下さい。

### 클라이언트한테 보낼 자료를 갖춰 주세요.
クル ライ オントゥハンテ ボ ネル チャリョルル カッチョ ジュセヨ

5 事務用品の補充をお願いします。

## 사무용품 보충을 부탁합니다.
サ ム ヨンブンム ポ チュン ウル プ タカンム ニ ダ

6 この書類を金星社まで届けて下さい。

## 이 서류를 금성사까지 갖다 주세요.
イ ソ リュ ルル クンムソン サッカ ジ カッタ ジュ セ ヨ

## パソコン

CD-2
[track50]

## 操作

1 これをデータ化して下さい。

## 이걸 데이터화시켜 주세요.
イ ゴルル デ イ ト ファ シ キョ ジュ セ ヨ

2 データを更新しました。

## 데이터를 갱신했어요.
デ イ ト ルル ケン シ ネッソ ヨ

3 表計算ソフトでこれを作って下さい。

## 표계산 프로그램으로 이걸 만들어 주세요.
ピョ ゲ サン プ ロ グ レム ロ イ ゴルル マン ドゥロ ジュ セ ヨ

4 データの並べ替えをするにはどうすればいいですか?

## 데이터를 재배열하려면 어떻게 하면 돼나요?
デ イ ト ルル チェ ベ ヨル ハ リョミョン オットッケ ハ ミョン デ ナ ヨ

5 このファイルは削除してもいいですよね?

## 이 파일은 삭제해도 되죠?
イ パ イルン サッチェ ヘ ド テ ジョ

6 このまま上書き保存しても大丈夫ですか?

## 이대로 재저장해도 괜찮아요?
イ デ ロ チェ ジョ ジャン ヘ ド ケン チャ ナ ヨ

**7** ハードディスクの容量は？

하드디스크 용량은요?
ハ ドゥディス ク ヨンリャンウンニョ

**8** ウィルスチェックソフトはまめに更新しないと。

바이러스체크 프로그램은 챙겨서 갱신해야지.
バ イ ロ スチェク プ ロ グ レムン チェンギョ ソ ケンシンヘ ヤ ジ

**9** ハングル入力のショートカットキーはどれですか？

한글 입력 쇼트컷 키는 어느 거예요?
ハングル インミョク ショトゥコッ キ ヌン オ ヌ ゴ エ ヨ

**10** ハングルのソフトをインストールして下さい。

한글 프로그램을 깔아 주세요.
ハングル プ ロ グ レムル カラ ジュセ ヨ

**11** ちゃんとバックアップ取っておいて下さいね。

꼭 백업해 두세요.
ッコック ッペゴッペ ドゥセ ヨ

## トラブル

**1** データが飛んでしまいました。

데이터가 날아가고 말았어요.
デ イ ト ガ ナラ ガ ゴ マラッソ ヨ

**2** どうしよう！フリーズしちゃった。

어쩌지! 다운되고 말았어요.
オッチョ ジ タ ウンデ ゴ マラッソ ヨ

**3** 何度やってもエラーと出るんです。

아무리 해도 오류가 나요.
ア ム リ ヘ ド オリュガ ナ ヨ

4 強制的に再起動させました。

## 강제적으로 재부트시켰어요.
<sub>カンジェ ヅョグ ロ ジェ ブ トゥ シ キョッソ ヨ</sub>

5 ハードをフォーマットして再インストールして下さい。

## 하드를 포맷해서 다시 깔아 주세요.
<sub>ハ ドゥルル ポ メッテ ソ タシ カラ ジュセ ヨ</sub>

6 コンピューターの調子が悪いので見てくれませんか？

## 컴퓨터 상태가 안 좋으니까 좀 봐 주실래요？
<sub>コンピュトゥ サン テ ガ アン ジョウ ニッカ チョム ブァ ジュ シル レ ヨ</sub>

## 周辺機器

1 ディスクドライブが外付けだから不便ですね。

### 디스크 드라이브가 외부사양이라서 불편해요.
<sub>ディ ス ク ドゥ ラ イ ブ ガ オェ ブ サ ヤン イ ラ ソ プル ピョネ ヨ</sub>

2 DVDドライブを付けましたよ。

### 디브이디 드라이브를 장착시켰어요.
<sub>ディ ブ イ ディ ドゥ ラ イ ブルル チャンチャック シ キョッソ ヨ</sub>

3 ファイルをプリンタに出力しますね。

### 파일을 프린터로 출력할게요.
<sub>パ イルル プリント ロ チュリョッカル ケ ヨ</sub>

## メール関連

**CD-2** [track51]

1 メールアドレスが間違っているみたいですよ。

### 메일 주소가 잘못된 모양이에요.
<sub>メ イル ジュ ソ ガ ジャルモッテン モ ヤン イ エ ヨ</sub>

**2** メールの文章が文字化けしてます。

### 메일 문장의 글씨가 깨졌어요.
メイル ムンジャンエ クルシガ ケジョッソヨ

**3** ファイルを転送して下さい。

### 파일을 전송해 주세요.
パイルル ジョンソンヘ ジュセヨ

**4** 添付ファイルで送って下さい。

### 첨부 파일로 보내 주세요.
チョンブ パイルロ ボネ ジュセヨ

**5** ファイルが開かないんですが。

### 파일이 안 열려요.
パイリ アン ニョルリョヨ

**6** 返信します。

### 반송하겠습니다.
パンソンハゲッスムニダ

**7** ホームページを参照して下さい。

### 홈페이지를 참조해 주세요.
ホムペイジル チャムジョヘ ジュセヨ

**8** 私に送る時CCでヨンヒさんにも送ってね。

### 저한테 보낼 때 시시로 영희씨한테도 함께 보내
チョハンテ ボネルッテ ッシッシロ ヨンヒッシハンテド ハムケ ボネ

### 세요.
セヨ

**9** 開封確認もしておいたほうがいいかしら？

### 개봉확인도 해 두는 게 좋을까？
ケボンファギンド ヘ ドゥヌン ゲ ジョウルカ

294

## インターネット

**1** 韓国はインターネット普及率がすごいですね。

한국은 인터넷 보급률이 굉장해요.
ハン ググン イン ト ネッ ポ グムニュリ ケンジャンヘ ヨ

**2** 調べものがずいぶん楽になりました。

뭘 조사할 때 참 편해졌어요.
モルル チョ サ ハル ッテ チャム ピョネ ジョッソ ヨ

**3** 会社のホームページが更新されましたよ。

회사 홈페이지가 갱신되었어요.
フェ サ ホムペ イ ジ ガ ケンシン デ オッソ ヨ

**4** 申請書類なら、たいていダウンロードできますよ。

신청서류라면 거의 다 다운로드 받을 수 있어요.
シンチョン ソ リュ ラ ミョン コ イ ダ ダ ウン ロ ドゥ パドゥル ス イッソ ヨ

## 電話

### 電話を取り次ぐ

**1** はい、ウジュ電子です。

네, 우주전자입니다.
ネ ウ ジュジョンジャインムニ ダ

**2** どちら様でいらっしゃいますか？

어디십니까?
オ ディシンムニ ッカ

**3** 少々お待ち下さい。

잠시만 기다려 주세요.
チャムシ マン キ ダ リョ ジュ セ ヨ

**4** お電話代わりました。

### 전화 바꿨습니다.
チョナ バッコ スムニダ

## 不在

**1** ただいま鈴木課長は出張中です。明日には出社する予定ですが。

### 지금 스즈키 과장님은 출장 중입니다.
チグム スズキ クァジャンニムン チュルチャン ジュンインムニダ

### 내일은 출근하실 예정인데요.
ネイルン チュルグナシル イェジョンインデヨ

**2** 会議中ですので、折り返しお電話いたします。

### 회의 중인데요, 이쪽에서 전화 드리겠습니다.
フェイ ジュンインデヨ イチョゲソ チョナ ドゥリゲッスムニダ

**3** — 事務所におりますので。

### 사무실에 있겠습니다.
サムシレ イッケッスムニダ

**4** — 出先なので、こちらからまたかけ直します。

### 밖이라서요, 다시 걸겠습니다.
バキラソヨ ダシ ゴルゲッスムニダ

**5** — これから外出するので携帯のほうにかけて下さるようお願いします。

### 지금부터 외출하니까요, 휴대폰으로 전화하시
チグムブト ウェチュラニッカヨ ヒュデポヌロ チョナハシ

### 도록 전해 주세요.
ドロック チョネ ジュセヨ

6 お手数ですが、10分後にかけ直していただけますか？

죄송합니다만, 십분 후에 다시 걸어 주시겠습니까?
チェソンハムニ ダ マンヌ シップ ヌエ タ シ コロ ジュ シ ゲッスムニ ッカ

7 今日は社には戻りません。

오늘은 회사로 돌아오지 않습니다.
オ ヌルン フェ サ ロ トラ オ ジ アンスムニ ダ

8 李係長は今週いっぱい休暇です。

이 계장님은 이번 주까지 휴가입니다.
イ ゲ ジャン ニムン イ ボン チュッカ ジ ヒュ ガ イムニ ダ

9 お電話ありがとうございました。

전화해 주셔서 감사합니다.
チョナ ヘ ジュショウ ソ カムサ ハムニ ダ

会社

## 伝言

1 ただいま席を外しておりますが…

지금 자리에 없는데요…
チ グンム チャ リ エ オンムヌン デ ヨ

2 どのようなご用件でしょうか？

무슨 용건이십니까？
ム スン ヨン コンニ シムニ ッカ

3 伝言を承りますが。

전하실 말씀이 있으면 전해 드리겠습니다.
チョナ シル マル ッスミ イッス ミョン チョネ ドゥ リ ゲッスムニ ダ

### 4 — 結構です、またかけます。
### 괜찮습니다, 또 전화하겠습니다.
ゲンチャンスムニダ　ット　チョナ　ハゲッスムニダ

### 5 — 直接話したいので、後ほどまたかけます。
### 직접 얘기하고 싶으니까 나중에 다시 걸겠습니다.
ジックチョッ　イェギ　ハゴ　シプ　ニッカ　ナジュンエ　タシ　コルゲッスムニダ

### 6 — 電話があったことだけ伝えて下さい。
### 전화가 왔었다고만 전해 주세요.
チョナ　ガ　ワッソッタ　ゴマン　チョネ　ジュセヨ

### 7 — 大至急連絡してほしいとお伝え下さい。
### 급히 연락해 달라고 전해 주세요.
グッピ　ヨル　ラッケ　ダルラゴ　チョネ　ジュセヨ

### 8 — プロジェクトの件です。
### 프로젝트 건입니다.
プロゼックトゥ　ッコニンムニダ

### 9 承知しました。
### 알겠습니다.
アルゲッスムニダ

### 10 お名前とお電話番号を確認させていただきます。
### 성함과 전화번호를 확인하겠습니다.
ソンハムグァ　チョナ　ボノルル　ファギナ　ゲッスムニダ

### 11 すぐに電話させます。
### 곧바로 전화 드리도록 하겠습니다.
コッパロ　チョナ　ドゥリドロッ　ハゲッスムニダ

## 伝言を伝える

**1** 先ほどデウーのカク課長から電話がありました。

조금 전에 대우의 곽 과장님에게서 전화가 왔었습니다.

**2** 今日中にお電話いただきたいとのことです。

오늘 중에 전화해 주시라고요.

**3** 後ほどかけ直すそうです。

나중에 다시 전화하신답니다.

## 接待

CD-2
[track54]

**1** 明日、接待があるので料理屋を予約して下さい。

내일 접대가 있으니까 요릿집을 예약해 주세요.

**2** 日曜にクライアントとゴルフがあるので、一緒に行きましょう。

일요일 날 클라이언트와 골프가 있으니까 같이 가시죠.

## 人事異動など

**1** 今度、部長に昇進するそうですね。

이번에 부장으로 승진하신다고요.

**2** 今度、マネージャを任されました。

이번에 팀장을 맡게 되었습니다.

**3** 肩書きは同じでも本社に移動だから栄転ですよ。

직함은 같아도 본사로의 이동이니까 영전이죠.

**4** 李専務の人事異動はあからさまな左遷です。

이 전무의 인사이동은 노골적인 좌천입니다.

**5** 地方に転勤することになりました。　　海外に

지방으로 전근 가게 되었습니다.　　해외로

**6** 子供が今年受験なので単身赴任になると思います。

우리 애가 올해 입시라서 혼자 부임지에 가게

될 것 같아요.

**7** 本社復帰の辞令が出ました。

본사 복귀 발령이 났습니다.

**8** 天下り人事は日本だけかと思いました。

## 낙하산 인사는 일본뿐인 줄 알았어요.
ナカ サン　インサ ヌン　イルボン ブニン　ジュル　アラッソ　ヨ

**9** 今回の人事で辞表を出す人もいるそうです。

## 이번 인사로 사표를 내는 사람도 있다는군요.
イ ボン　インサ ロ　サピョルル　ネ ヌン　サラムド　イッタ ヌングンニョ

**10** 部長から肩を叩かれました。

## 부장님으로부터 사직권고를 받았습니다.
ブ ジャンニム ウ ロ ブ ト　サ ジック コン ゴ ルル　パダッ スンム ニ ダ

**11** 今年、定年退職です。

## 올해 정년퇴직입니다.
オレ　チョンニョン テ ジックインム ニ ダ

## 部屋探し情報（一般）

**1** — 部屋は決まりましたか？

방은 구했어요?
パンウン ク ヘッソ ヨ

**2** — どの辺でお探しですか？

어디쯤에서 찾으시나요?
オディチュンメソ チャジュシナヨ

**3** まだ具体的な地域は決めていません。

아직 구체적인 지역은 정하지 않았어요.
アジック クチェジョギン チヨグン チョンハジ アナッソ ヨ

**4** 静かで交通の便がいいところを探しています。

조용하고 교통이 편리한 곳을 찾고 있어요.
チョヨンハゴ キョトンイ ピョルリハン ゴッスル チャッコ イッソ ヨ

**5** 閑静な住宅街がいいんですが。

한적한 주택가가 좋은데요.
ハンジョカン ジュテッカガ チョウンデヨ

**6** 会社まで電車一本で来られるところを探しています。

회사까지 전철로 한번에 올 수 있는 곳을 찾고 있어요.
フェサッカジ ジョンチョルロ ハンボネ オルッス インヌン ゴスル チャッコ イッソ ヨ

---

韓国の賃貸マンションは、高額の敷金のみで貸し切る「専貰（チョンセ）」と月払いの「月貰（ウォルセ）」があり、「専貰」は立ち退きの際に敷金は全額返金されるので、まとまったお金が用意できればお得です。また部屋の広さの単位は「坪」ですが、共用部分・バルコニーの面積を除くことになるので実際の専有面積が表示と違うため「～坪型」という言い方をします。

7 緑が多い町を探しているところです。

나무가 많은 동네를 찾고 있는 중이에요.
ナム ガ マヌン トンネ ル チャッ コ インヌンジュン イ エ ヨ

8 インターネットで検索すると楽ですよ。

인터넷으로 검색하면 편해요.
イント ネッス ロ コンム セッカ ミョン ピョネ ヨ

9 知り合いに聞いてみますね。

아는 사람한테 물어 볼게요.
ア ヌン サ ランム ハン テ ムロ ポルッケ ヨ

## 不動産屋にて

1 部屋を探してるんですけど。

방 좀 구하려고 하는데요.
パン チョンム ク ハ リョ ゴ ハ ヌン デ ヨ

2 ― どれくらいの広さをお探しですか？   何坪のを

어느 정도 넓이를 찾으세요 ?   몇 평짜리를
オ ヌ ジョン ド ノルビ ルル チャズ セ ヨ

3 24坪型ぐらいがいいんですが。

이십사 평형 정도가 좋은데요.
イ シィプ サ ピョンヒョン チョン ド ガ チョウン デ ヨ

4 部屋が2つだとだいたい何坪型ですか？

방이 둘이면 대체로 몇 평정도예요 ?
パン イ ドゥリ ミョン テ チェ ロ ミョッピョンチョン ド エ ヨ

5 家族が多いので広い部屋を探しています。

가족이 많아서 넓은 방을 찾고 있어요.
カ ジョギ マナ ソ ノルブン パン ウル チャッ コ イッソ ヨ

住まい

303

**6** 一軒家も扱ってますか？

# 단독주택도 취급하나요?
タンドックチュテック ト　チ　グッパ　ナ　ヨ

**7** 家具付きのワンルームマンションを探しています。

# 가구가 딸린 원룸 맨션을 찾고 있어요.
カ グ ガ ッタルリンウォンルム メン ショヌル チャッ コ 　イッソ 　ヨ

広めの

# 널찍한

**8** この辺だと 23 坪型でだいたいいくらですか？

# 이 근처면 이십삼 평형이 대충 얼마 정도예요?
イ 　グンチョミョン イ シッブサム ピョンヒョン イ 　テ チュン オル マ チョン ド エ ヨ

**9** ― 駅に近いところだと 7000 万ウォンぐらいです。

# 역에서 가까운 데면 칠천만 원 정도예요.
ヨゲ 　ソ 　ガッカ ウン デミョン チルチョン マヌォン チョン ド エ ヨ

駅から離れてれば

# 역에서 멀면

**10** ― 月払いだと（敷金）500 万ウォンに（月）60 万ウォンです。

# 월세라면 (보증금)오백에 (한 달에) 육십만 원
ウォルセ ラミョン　　　　オ 　ベゲ 　　　　　　　　　　　ユックシップ マヌォン

# 입니다.
イム ニ ダ

**11** もう少し安いところはないですか？

# 좀더 싼 데는 없나요?
チョムド ッサン デ ヌン オムナ ヨ

**12** ― 2DKで18坪なら4000万で家具付きのがあります。

방 둘에 십팔 평이라면 사천만 원에 가구가 딸린 데가 있어요.

**13** ― 古い建物だと少し安くできますよ。

오래된 건물이라면 좀 싸게 해 드릴 수 있어요.

## 周辺環境を聞く

**1** このアパートの近くにバス停はありますか？

이 아파트 근처에 버스 정류장이 있나요？

ショッピングセンターが

쇼핑센터가

**2** 近所は静かですか？

동네는 조용해요？

**3** 学区はどうなりますか？

학군은 어떻게 되나요？

**4** 小学校は近いですか？

초등학교는 가까운가요？

5 駐車場はありますか？

주차장은 있어요？
ジュッチャジャンウン　イッソ　ヨ

6 子供の遊び場は安全ですか？

애들 놀이터는 안전한가요？
エ　ドゥル　ノリ　ットヌン　アンジョナン　ガ　ヨ

7 建物は道路に面していますか？

건물은 도로에 면해 있나요？
コン　ムルン　ト　ロ　エ　ミョネ　インナ　ヨ

8 周辺に緑は多いですか？

주변에는 나무가 많나요？
チュ　ビョネ　ヌン　ナ　ム　ガ　マンナ　ヨ


## 家（部屋）の状況を聞く

1 即入居できますか？

곧 입주할 수 있나요？
コッ　イッ゚チュ　ハル　ス　インナ　ヨ

いつ頃・1ヶ月後には

언제쯤/한 달 후에는

2 いつ頃、部屋が空きますか？

언제쯤 방이 비나요？
オンジェチュム　パンイ　ビ　ナ　ヨ

3 ― 空き部屋ですから、すぐ入れます。

빈방이라서 곧 들어가실 수 있습니다.
ピンバン　イ　ラ　ソ　コッ　トゥロ　ガ　シル　ス　イッスムニ　ダ

4 南向きですか？

남향이에요？
ナムヒャン　イ　エ　ヨ

5 光ケーブルは入ってますか？

광케이블이 들어와 있나요？
クァン ケ イ ブリ　トゥロ ワ イン ナ ヨ

6 洗濯機も付いてますか？

세탁기도 딸려 있나요？
セ タッ キ ド　タルリョ イン ナ ヨ

7 管理費はいくらですか？

관리비가 얼마예요？
クァル リ ビ ガ　オル マ エ ヨ

8 駐車場代込みですか？

주차장비는 포함되어 있나요？
チュ チャジャン ビ ヌン　ポ ハンム デ オ　イン ナ ヨ

9 クロスの張り替えはしてもらえるんですか？

벽지는 새로 발라 주나요？
ピョック チ ヌン　セ ロ　バル ラ　ジュ ナ ヨ

10 庭付きですか？

뜰이 있나요？
トゥリ　イン ナ ヨ

## 家（部屋）の見学

1 ― お望みの広さだと、出てるのはこれだけですが。

희망하시는 넓이로 나와 있는 건 이것밖에 없는
ヒ マン ハ シ ヌン　ノルビ ロ　ナ ワ　インヌン ゴン　イ ゴッ パッケ　オンムヌン

데요．
デ ヨ

2 ― こちらの部屋をご覧になりますか？　　　　　　　家

이 방을 보시겠어요 ?
イ バンウル ボ シ ゲッソ ヨ

집을

3 とりあえず見せて下さい。

일단 보여 주세요.
イル タン ボ ヨ ジュ セ ヨ

4 ― 大家さんに問い合わせてみましょう。

집 주인한테 문의해 보겠습니다.
チッブ チュインハン テ　　ムニ　ヘ　ボ ゲッスムニ ダ

居住中の人に

거주 중인 사람한테

## 居住中の人との会話

1 ちょっと部屋を見せて下さい。

방 좀 보겠습니다.
バン チョンム ボ ゲッスムニ ダ

2 ― ゆっくりご覧になって下さい。

천천히 보세요.
チョン チョニ　ボ セ ヨ

3 水道はよく出ますか？

수도물은 잘 나와요 ?
ス ドン ムルン チャル ナ ワ ヨ

4 トイレの水を流してみてもいいですか？

### 화장실 물 내려봐도 돼요？
ファジャンシル　ムル　ネリョバド　デヨ

5 道路側だけど、うるさくはないですか？

### 도로 측인데 시끄럽지는 않아요？
トロ　ツギンデ　シックロプチヌン　アナヨ

6 見させていただいてありがとうございました。

### 보여 주셔서 감사합니다 (방 잘 봤어요).
ポヨ　ジュショソ　カンムサハムニダ


## 家（部屋）を契約する

1 ― いかがでしたか？

### 어떻습니까？
オトッスムニカ

2 古い家なのでちょっと…

### 오래된 집이라서 좀…
オレデン　ジビラソ　チョム

3 見晴らしがあまり良くなかったので…

### 전망이 별로라서…
チョンマンイ　ピョルロラソ

4 思ったより狭いですね。

### 생각보다 좁네요.
センガクボダチョムネヨ

5 はい、気に入りました。

### 네, 마음에 들었어요.
ネ　マウメ　ドゥロッソヨ

**6** — こちらの契約書にサインして下さい。

여기 계약서에 사인을 해 주세요.
<sub>ヨギ ケヤックソエ サイヌル ヘ ジュセヨ</sub>

**7** — 手付け金として100万ウォンいただきます。

착수금으로 백만 원 받겠습니다.
<sub>チャックスグムロ ペンマ ヌォン パッケッスムニダ</sub>

**8** 不動産仲介料はいくらお支払いすればいいですか？

복비는 얼마나 드리면 될까요 ?
<sub>ポックピヌン オルマナ ドゥリミョン デルカヨ</sub>

**9** 家賃は毎月月末に支払えばいいんですね？

방세는 매달 월말에 지불하면 되는거죠 ?
<sub>パンセヌン メダル ウォルマレ ジブルハミョン デヌンゴジョ</sub>

**10** 部屋の解約の際は何ヶ月前に知らせればいいですか？

방을 해약할 때는 몇 개월 전에 알려 드리면 되나요 ?
<sub>パンウル ヘヤカルッ テヌン ミョッ ケウォル ジョネ アルリョ ドゥリミョン デナヨ</sub>

## 下宿

CD-**3** [track2]

## 部屋探し情報（下宿）

**1** 自炊か下宿か迷っています。

자취를 할 것인지 하숙을 할 것인지 망설이고 있어요.
<sub>チャチルル ハルッ コシンジ ハスグル ハル コシンジ マンソリゴ イッソヨ</sub>

**2** 学校の近くでいい下宿はありませんかね？

학교 근처에 좋은 하숙 없을까요 ?
<sub>ハッキョ グンチョエ ジョウン ハスック オップスルッカヨ</sub>

駅
역

3 ― 近くの不動産屋に行くと見つかると思いますよ。

## 근처 복덕방에 가면 구할 수 있을거예요.
グンチョ ポックトックパン エ カ ミョン ク ハル ス イッスル コ エ ヨ

4 ― 足で探すしかないですよ。

## 다리품 팔아야죠 (다리로 찾을 수밖에 없죠).
タ リ ブン ム パラ ヤ ジョ タ リ ロ チャジュル ス パッケ オップチョ

5 インターネットを見て電話したんですが。

## 인터넷을 보고 전화하는 건데요.
イン ト ネスル ポ ゴ チョナ ハ ヌン ゴン デ ヨ

6 空いている部屋はありますか？

## 빈방 있어요 ?
ピンバン イッソ ヨ

7 そこの位置はどの辺ですか？

## 거기 위치가 어디쯤인가요 ?
コ ギ ウィ チ ガ オ ディ チュミン ガ ヨ

## 部屋を見に行く

1 どんな部屋がありますか？

## 어떤 방이 있나요 ?
オットンバン イ イン ナ ヨ

2 この部屋はいくらですか？

## 이 방은 얼마예요 ?
イ バンウン オル マ エ ヨ

3 他の部屋も見せて下さい。

## 다른 방도 보여 주세요.
タ ルン バン ド ポ ヨ ジュ セ ヨ

311

**4** 家具付きはないですか？

가구가 딸린 방은 없나요？
カグ ガ ッタルリン パンウン オンムナ ヨ

**5** 賄い（食事）付きですか？

식사는 나오나요？
シッ サ ヌン ナ オ ナ ヨ

**6** 食事の時間は何時ですか？

식사시간은 몇 시예요？
シッ サ シ ガヌン ミョッ シ エ ヨ

**7** 洗濯は？

세탁은요？
セ タグンニョ

**8** カギは玄関のももらえますか？

열쇠는 현관 것도 받을수 있나요？
ヨルッ セ ヌンヒョングァンッコット パドゥル ス イン ナ ヨ

**9** 水道光熱費は含まれているんですね？

수도 광열비도 포함되어 있는거죠？
ス ド クァンヨル ビ ド ポ ハム デ オ インヌン ゴ ジョ

## 引っ越し

CD-3
[track3]

## 引っ越しセンター

**1** 引越センターは必ず認可のところを選ばないとね。

이삿짐센터는 반드시 인가받은 곳을 선택해야
イ サッチムセン ト ヌン パンドゥ シ イン ガ パドゥン ゴスル ソン テッケ ヤ

해요．
ヘ ヨ

312

**2** 口頭の契約は危ないので必ず契約書をもらって下さい。

## 구두 계약은 위험하니까 반드시 계약서를
<sub>ク ドゥ ゲ ヤグン ウィ ホマ ニッカ パンドゥシ ケヤックソルル</sub>

## 받아 두세요.
<sub>パンダ ドゥセヨ</sub>

---

**3** 来週日曜日に引っ越しをしたいのですが。

## 다음 주 일요일에 이사를 하고 싶은데요.
<sub>タウム チュ イリョ イレ イサルル ハゴ シプン デヨ</sub>

---

**4** 午前中にしてもらえるとうれしいんですが。

## 오전 중에 해 주시면 고맙겠는데요.
<sub>オジョジュン エ ヘ ジュ シ ミョン コ マッケンヌン デ ヨ</sub>

---

**5** 見積もりを出して下さい。

## 견적 내 주세요.
<sub>キョンジョン ネ ジュ セ ヨ</sub>

---

**6** お任せパックだといくらですか？

## 포장이사는 얼마예요？
<sub>ポジャンイ サヌン オルマ エ ヨ</sub>

---

**7** 段ボール箱は何枚いただけるんですか？

## 종이박스는 몇 개나 받을 수 있나요？
<sub>ジョンイ パックス ヌン ミョッ ケ ナ パドゥル ス インナ ヨ</sub>

---

**8** ピアノは特別料金になるんでしょうか？

## 피아노는 특별요금이 되나요？
<sub>ピ ア ノ ヌン トックピョル ヨグミ デ ナ ヨ</sub>

---

**9** 食器など台所用品はこちらで箱詰めします。

## 식기 같은 주방용품은 저희가 포장할게요.
<sub>シッキ ガトゥン チュバンヨン ブムン チョ ヒ ガ ポ ジャンハル ケ ヨ</sub>

住まい

**10** 大まかな荷造りはこちらでします。

짐 싸는 것은 대충 저희가 할게요.
ジンム ッサ ヌン ゴスン   テ チュン チョ ヒ ガ ハルッ ケ ヨ

**11** 梱包は何時から開始しますか？

포장은 몇 시부터 시작할 거예요?
ポ ジャンウン ミョッ シ ブ ト   シ ジャカルッ コ エ ヨ

**12** 荷造りから荷ほどきまですべてお任せします。

짐 싸기부터 짐 풀기까지 다 맡기겠습니다.
チンム ッサ ギ ブ ト   チン プル ギッカ ジ   タ   マッ キ ゲッスン ニ ダ

**13** 引っ越しに関する被害補償制度はありますか？

이사에 관한 피해보상제도가 있나요?
イ サ エ   クァナン   ピ ヘ ボ サン ゼ ド ガ   インナ ヨ

## 引っ越しの手続き

**1** ガスを開けて下さい。

가스를 열어주세요.
ガ ス ルル   ヨロ ジュ セ ヨ

**2** 水道メータを控えておかなくちゃ。

수도 계량기를 적어 두어야지.
ス ド   ケ リャン ギ ルル   チョゴ   ドゥ オ ヤ ジ

**3** (電話局へ) 電話の移転をお願いします。

전화 이전 부탁합니다.
チョナ   イ ジョン ブ タカム ニ ダ

**4** (電話局へ) 電話番号は変わりますか？

전화번호는 바뀌나요?
チョナ ボ ノ ヌン   バックィ ナ ヨ

5 (電話局へ) 電話番号変更の音声サービスは要りません。

전화번호 변경의 음성서비스는 필요없어요.
チョナ　ボノ　ピュンギョン エ　ウンムソン ソ ビ ス ヌン　ピリョ オプソ ヨ

6 (電話局へ) 新しい電話番号はいつから使えますか？

새 전화번호는 언제부터 사용할 수 있나요？
セ　チョナ　ボノ　ヌン　オンゼ ブ ト　サヨン ハル　ッス イン ナ　ヨ

7 郵便物の転送願いは出しました。

우편물의 전송신청은 했어요.
ウ ビョン　ムレ　チョンソンシンチョウン　ヘッソ　ヨ

## 引っ越し

1 今週末に引っ越すことになりました。

이번 주말에 이사하기로 되었습니다.
イ ボン チュ マレ　イ サ ハ ギ ロ　デ オッスム ニ ダ

2 車を借りて友達と運びます。

차를 빌려서 친구하고 운반할 거예요.
チャルル ビルリョ ソ　チン グ ハ ゴ　ウン バナルッ　コ エ ヨ

3 ― 何かお手伝いすることはありませんか？

뭐 도와 드릴 건 없나요？
モ　ト ワ　ドゥリルッ コン オンム ナ ヨ

4 引っ越しセンターにお願いしました。

이삿짐센터에 부탁했어요.
イ サッチムセン ト エ　ブ タケッソ　ヨ

5 引っ越してすぐ使う物はこの箱に入れましたよ。

이사해서 금방 쓸 물건은 이 상자에 넣었어요.
イ サ ヘ ソ　クンバン ッスル ムル ゴヌン　イ　サンジャ エ　ノ オッソ　ヨ

6 その箱には「取り扱い注意」って書いて下さい。

그 상자에는 〈취급주의〉라고 써 주세요.

7 荷造りはあらかた済みました。

짐은 거의 다 쌌어요.

8 ベッドはどの部屋に置きましょうか？

침대는 어느 방에 둘까요?

9 そのタンスはこちらに置いて下さい。

그 옷장은 여기에 놔 주세요.

机・テーブル
책상 / 테이블

10 食器と書いてある段ボールは台所に置いて下さい。

식기라고 쓰여 있는 종이박스는 부엌에 놔 주세요.

11 それは本が入っているから相当重いですよ。

그건 책이 들어 있어서 상당히 무거워요.

## 引っ越し業者に対するクレーム

1 今日が引っ越し日なのに業者が来ないんです。

오늘이 이사하는 날인데 사람이 안 와요.

2 皿が3枚割れています。

접시가 세 장 깨졌어요.

**3** ベッドの角にキズが付きましたよ。

침대 모퉁이에 흠이 생겼어요.
<sub>チンム デ　モ トゥン イ エ　　フミ　セン ギョッソ ヨ</sub>

**4** テレビに水がかかって付かないんです。

텔레비전에 물이 들어가서 안 켜져요.
<sub>テル レ ビ ジョネ　　ムリ　　ドゥロ ガ ソ　アン キョジョ ヨ</sub>

**5** 見積もり料金と違うんじゃないですか？

견적요금과 다르지 않아요？
<sub>キョンジョン ヨ グンムクァ　　タ ル ジ　　アナ　ヨ</sub>

**6** 被害内容の確認書を下さい。

피해내용 확인서를 주세요.
<sub>ピ　ヘ　ネ ヨン　ファギン ソ ルル　チュ セ ヨ</sub>

**7** 損害の弁償はどちらに請求すればいいですか？

손해 변상은 어디에 청구하면 되나요？
<sub>ソネ　ビョンサンウン　オ ディ エ　チョング　ハ ミョン デ　ナ　ヨ</sub>

住まい

## リフォームの了解を得る

注意：専貫の賃貸の場合は大家さんの了解を得て自己負担（あるいは一部負担）でリフォームができます。

**1** 床のクッションフロアーをフローリングにしてもいいですか？

바닥 장판을 플로어링으로 바꿔도 돼요？
<sub>パ ダッ ジャン パヌル　　プル ロ オ リン ウ ロ　　パ クォド　　デ ヨ</sub>

**2** キッチンの流し台を新しい物に替えたいんですけど。

부엌 싱크대를 새것으로 갈고 싶은데요.
<sub>プ オッ ッ シンク デルル　セ ゴス ロ　ガル ゴ　　シプン デ ヨ</sub>

317

3 クロスの張り替えをしたいんですけど。

새로 도배를 하고 싶은데요.
セロ　トベルル　ハゴ　シプンデヨ

4 カギを取り替えたいんですが。

열쇠를 바꾸고 싶은데요.
ヨルッセルル　バクゴ　シプンデヨ

5 部屋のドアを他のものに取り替えてもいいですか？

방문을 다른 걸로 바꿔도 돼요？
パンムヌルル　タルン　ゴルロ　バッウォド　デヨ

6 ― （大家）それは困ります。

그건 곤란합니다.
クゴン　コルラナムニダ

7 ― （大家）費用はそちらで出すなら、やっても構いません。

비용을 그쪽에서 부담한다면 해도 돼요.
ビヨンウル　クチョゲソ　ブダムハンダミョン　ヘド　デヨ

8 ― （大家）費用の半額は出しましょう。

비용의 반액은 내 드릴게요.
ビヨンエ　バネグン　ネ　ドゥリルッケヨ

## リフォーム・修繕

1 床のリフォームは何日ぐらいかかりますか？

바닥 리폼하는 데 며칠이나 걸려요？
パダック　リポムハヌン　デ　ミョチリナ　コルリョヨ

2 フローリングの色見本を見せて下さい。

플로어링 색 견본을 보여 주세요.
プロリン　セッキョン　ボヌル　ポヨ　ジュセヨ

メーカ別

메이커별

3 クロスは天井も張り替えてもらえるんですか？

### 도배는 천장도 해 주는 거예요?
トベ ヌンチョンジャンド ヘ ジュヌン ゴエヨ

4 天井のペインティングもお願いします。

### 천장 페인트칠도 부탁해요.
チョンジャン ペ インティトゥ チル ド ブ タケ ヨ

5 それぞれの見積もりを出して下さい。

### 각각의 견적을 내 주세요.
カック カゲ キョン ジョグル ネ ジュセヨ

## 引っ越しのお知らせ

CD-3 [track4]

1 今度新しく引っ越したので遊びに来て下さい。

### 이번에 새로 이사했으니까 놀러 오세요.
イ ボネ セロ イサ ヘス ニッカ ノルロ オセヨ

2 今週日曜日に引っ越しパーティーをしようと思うんですが。

### 이번 주 일요일에 집들이를 하려고 하는데요.
イ ボンチュウ イリョ イレ チップ トゥリ ルル ハ リョ ゴ ハ ヌン デ ヨ

3 新居で一緒に食事でもしましょう。

### 새 집에서 같이 식사라도 해요.
セ ジベ ソ ガチ シック サ ラ ド ヘ ヨ

4 今度1121号室に引っ越してきた鈴木といいます。よろしくお願いします。

### 이번에 천백이십일 호실에 이사 온 스즈키라고
イ ボネ チョンベック イ シッブ イロ シレ イサ オン スズキラゴ

### 합니다. 잘 부탁드려요.
ハンムニ ダ チャル ブ タックドゥリョ ヨ

## 朝起きて出かけるまで

### 目覚め

**1** おじいさん、おはようございます。
(よくお休みになられましたか？)

**할아버지, 안녕히 주무셨어요?**
ハラ ボジ　アンニョンイ ジュム ショッソ ヨ

**2** おはよう。(よく眠れた？)

**잘 잤어? /** (子供に) **잘 잤니?**
チャル ジャッソ　　　　　　チャル ジャン ニ

**3** どうしたんですか、今日は早起きですね。

**웬일이에요, 오늘은 일찍 일어났네요.**
ウェンニリイ エ ヨ　オ ヌルン　イルチック イロ ナンネ ヨ

**4** 早く起きなさい。

**빨리 일어나요. /**
ッパルリ　イロ ナ ヨ

(子供に) **빨리 일어 나라.**
ッパルリ　イロ ナラ

**5** もう7時ですよ。

**벌써 일곱시예요. /**
ポルッソ イルゴプッシ エ ヨ

(子供に) **벌써 일곱시야.**
ポルッソ イルゴプ シ ヤ

**6** もう少し寝させて。

**조금만 더 잘게.**
チョグム マン ド ジャルッケ

---

家族の中での会話は多くが「반말(カジュアルな表現)」です。「반말」といっと若者専用と思われがちですが、実際は話者の年齢というより、相手との心理的距離感や年齢差のあるなしに関わるものです。60〜70才代でも、(学生時代からなど)親しい友人との会話は「반말」を使うことが多いです。

**7** 遅刻しますよ。

지각해요. / (子供に) 지각한다.

**8** 何か恐い夢でも見たの？

뭐 무서운 꿈이라도 꿨어?

**9** うつぶせで寝たせいか、首が痛い。

엎드려 자서 그런지 목이 아파.

**10** しまった！寝坊した。

큰일났다! 늦잠잤어.

**11** 目覚まし時計の音が聞こえなかった。

자명종 시계 소리가 안 들렸어.

**12** どうして起こしてくれなかったの！？

왜 안 깨웠어!?

**13** 昨日、何時に寝たの？

어제 몇 시에 잤니?

**14** パパを起こして。

아빠 깨워라.

**15** あー、眠い。

아―, 졸려.

家の中で

321

## 朝の準備

1 顔を洗ったら目が覚めるよ。

### 세수하면 잠이 깰 거야.
セ ス ハ ミョン チャミ ッケルッ コ ヤ

2 この石けんで洗うと顔がつっぱるんだよね。

### 이 비누로 세수하면 얼굴이 땅긴단 말이야.
イ ピ ヌ ロ セ ス ハ ミョン オル グリ ッタンギンダン マリ ヤ

3 シャワー浴びよう。

### 샤워해야지.
シャウォヘ ヤ ジ

4 タオルがないよ。

### 타월이 없어.
タ オリ オッ゚ソ

石けんが・歯磨き粉が・シャンプーが・リンスが

### 비누가 /치약이 /샴푸가 /린스가

5 服を着替えてね。

### 옷 갈아입어라.
オッ カラ イボ ラ

6 朝食の用意できましたよ。

### 아침식사 준비 됐어요.
ア チㇺシㇰ サ ジュン ビ テッソ ヨ

7 いただきます。

### 잘 먹겠습니다.
チャル モッケッスㇺ ニ ダ

8 コーヒーを入れてくれる？

**커피 좀 끓여 줄래요?**
コ ピ チョム クリョ ジュルレ ヨ

9 新聞読みながら食べないでよ。

**신문 보면서 먹지 말아요.**
シンムン ボミョンソ モッチ マラ ヨ

10 ごちそうさまでした。

**잘 먹었습니다.**
チャル モゴッ スンム ニ ダ

## 出かける

1 忘れ物ないね？

**잊어버린 거 없지?**
イジョ ボリン ゴ オッブ チ

2 あ、財布忘れた。

**아, 지갑을 잊어버렸다.**
ア チ ガブル イジョ ボリョッタ

3 今日は何時頃帰りますか？

**오늘은 몇 시쯤에 들어와요?**
オ ヌルン ミョッ シ チュメ ドゥロ ワ ヨ

4 遅くなるかもしれません。

**늦어질지도 모르겠어요.**
ヌジョ ジルチ ド モ ル ゲッソ ヨ

5 たぶん早く帰れると思いますよ。

**아마 빨리 들어올거예요.**
ア マ パルリ ドゥロ オルッコ エ ヨ

**6** 遅くなるようだったら電話してね。

### 늦을 것 같으면 전화하세요.
ヌジュル ッコ ガトゥ ミョン チョナ ハ セ ヨ

**7** 戸締まりした？

### 문단속했나？
ムンダンソックヘン ナ

**8** 電気全部消したっけ？

### 불 다 껐나？
プル タ コン ナ

**9** 行ってきます。

### 다녀오겠습니다. / 다녀올게요.
タ ニョ オ ゲッスンム ニ ダ　　　タ ニョ オルッケ ヨ

**10** 行って来る。

### 다녀올게. / 갔다올게.
タ ニョ オルッケ　　　カッタ オルッケ

**11** 行ってらっしゃい（目上に対して）。

### 다녀오세요.
タ ニョ オ セ ヨ

**12** 行ってらっしゃい（目下に対して）。

### 다녀와. / 갔다와.
タ ニョ ワ　　　カッタ ワ

## 帰って寝るまで

[CD-3 track6]

## 帰宅

**1** ただいま（主に目上に対して）。

### 다녀왔습니다.
タ ニョワッスンム ニ ダ

**2** お帰りなさい（目上に対して）。

## 다녀오셨어요?
タ ニョ オ ショッソ ヨ

**3** お帰り（目下に対して）。

## 다녀왔니? / 갔다왔니?
タ ニョワン ニ　　カッタ ワン ニ

**4** あー、お腹すいた。

## 아, 배고파.
ア　　ベ ゴ ッパ

**5** 今日のおかずは何ですか?

## 오늘 반찬은 뭐예요?
オ ヌル パン チャヌン モ エ ヨ

**6** お帰りなさい。早かったですね。

## 다녀오셨어요? 일찍 들어 오셨네요.
タ ニョ オ ショッソ ヨ　　イルチック トゥロ オ ションネ ヨ

遅かったですね

## 늦었네요

**7** 今日はサッカー中継があるからね。

## 오늘은 축구중계가 있잖아.
オ ヌルン チュック ジュンゲ ガ イッ チャナ

**8** 連続ドラマを見なきゃ。

## 연속드라마를 봐야지.
ヨンソックドゥラマ ルル パ ヤ ジ

**9** ちょっと疲れてね。

## 좀 피곤해서.
チョム ピ ゴネ ソ

家の中で

325

**10** ちょっと友達に会ってきたんで。

친구를 좀 만나고 와서.
チングルル チョム マンナゴ ワソ

**11** 会議が長引いたんだよ。

회의가 길어졌거든.
フェイガ キロ ジョッコドゥン

## 寝るまで

**1** 風呂のお湯を張ってくれる？

목욕탕 물 받아 줄래요？
モギョッタン ムル バダ ジュルレヨ

**2** 髪もちゃんと洗うのよ。

머리도 깨끗이 감아야 돼.
モリド ッケクシ カマヤデ

**3** 暑いからエアコンをつけますね。

더우니까 에어컨 켤게요.
トゥウニッカ エオコン キョルッケヨ

**4** 帰って来たら、ちゃんと手を洗ってね。

돌아오면 깨끗이 손 씻어.
トラオミョン ッケクチ ソン ッシソ

**5** 脱いだ物は洗濯機に入れてね。

벗은 옷은 세탁기에 넣어야지.
ポスン オスン セタッキエ ノオヤジ

**6** 今日は早めに寝てね。

오늘은 일찍 자.
オヌルン イルチックチャ

**7** 明日は休みだから思いっきり朝寝坊しよう。

## 내일은 휴일이니까 실컷 늦잠 자야지.
ネイルン ヒュイリ ニカ シルッコッ ヌッチャム ジャヤジ

**8** やることがあるのに眠くてたまらない。

## 할 일이 있는데 졸려 죽겠다.
ハル イリ インヌンデ チョルリョ チュッケッタ

**9** 明日の準備は？

## 내일 준비는?
ネイル ジュンビヌン

**10** 目覚ましをちゃんとセットしてね。

## 자명종 꼭 켜 놔.
チャミョンジョンッコッ キョ ノァ

**11** ガスの元栓締めてくる。

## 가스밸브 잠그고 올게.
カスベルブ チャムグゴ オルッケ

**12** 私、寝相が悪いのよね。

## 내가 잠버릇이 고약하거든.
ネガ チャムボルシ コヤカゴドゥン

**13** まぶしくて眠れない。電気消して。

## 눈이 부셔서 잠을 못 자겠어. 불 좀 꺼.
ヌニ ブショソ ジャムル モッ チャ ゲッソ プル チョム ッコ

**14** お休みなさい（目上に対して）。

## 안녕히 주무세요.
アンニョンイ チュム セヨ

**15** お休み（目下に対して）。

## 잘 자. / 잘자라.
チャル ジャ チャルジャラ

家の中で

# 家事

## 後片づけ・掃除

**1** 食事の後片づけやってくれる？

설거지 좀 해 줄래?
ソルゴジ チョム ヘ ジュルレ

くれませんか？
주실래요?

**2** 台所仕事は手が荒れます。

부엌일을 하면 손이 터요.
プ オンニルル ハミョン ソニ トヨ

**3** さて、掃除しなきゃ。

자, 청소를 해야지.
チャ チョンソルル ヘ ヤジ

**4** 掃除機をかけてくれる？

청소기로 청소해 줄래?
チョンソ ギ ロ チョンソ ヘ チュルレ

**5** 私がぞうきんがけするから。

내가 걸레질할 테니까.
ネ ガ コル レ ジルハル ッテニッカ

**6** 玄関砂だらけね、箒で掃いといて。

현관이 모래투성이네, 빗자루로 쓸어 줘.
ヒョン グァニ モ レ トゥソン イ ネ ピッチャ ル ロ ッスロ ジョ

**7** 窓ふきは週末にしよう。

유리창닦기는 주말에 해야지.
ユ リ チャンッタッキヌン チュ マレ ヘ ヤジ

**8** 今日は大掃除をやるぞ。

오늘은 대청소를 해야지.
オ ヌルン テ チョンソルル ヘ ヤジ

328

9 換気扇掃除って、油がベトベトで本当に嫌！

### 환풍기청소는 기름이 끈적거려서 정말 싫어!
ファンプン ギ チョン ソ ヌン キ ルミ ックンジョック コ リョ ソ チョンマル シロ

## 裁縫

1 ボタンが取れたんだけど、付けて。

### 단추가 떨어졌는데 달아 줘.
タンチュ ガ トロ ジョンヌン デ ダラ ジョ

付けて下さい

**달아주세요**

2 ここ、ちょっと破けちゃったけど縫えるかな？

### 여기 좀 찢어졌는데 꿰맬 수 있나?
ヨ ギ チョム チジョ ジョンヌン デ クェメル ッス イン ナ

3 ここ、ちょっとミシンで縫って。

### 여기 재봉틀로 좀 박아 줘.
ヨ ギ チェボントゥル ロ チョム バガ ジョ

4 糸が絡まっちゃった。

### 실이 꼬였어.
シリ ッコ ヨッソ

5 針に糸を通しておいてね。

### 바늘에 실 좀 꿰어 놔.
パ ヌレ シル チョム クェ オ ナ

## 洗濯

1 洗濯物がたまっちゃった。

### 빨래가 밀렸어.
パル レ ガ ミル リョッソ

**2** いい天気だから洗濯物がよく乾きそう。

## 날씨가 좋아서 빨래가 잘 마르겠다.
<sub>ナル シ ガ ジョア ソ パル レ ガ ジャル マ ル ゲッタ</sub>

**3** これは日陰に干してね。

## 이건 그늘에 널어요.
<sub>イ ゴン グ ヌ レ ノ ロ ヨ</sub>

**4** 部屋の中に干すと嫌な匂いがするのよね。

## 방 안에 널면 꿉꿉한 냄새가 난단 말이야.
<sub>パン ア ネ ノルミョン ク クパン ネムセ ガ ナンダン マ リ ヤ</sub>

**5** 洗濯物を取り込んでね。

## 빨래 걷어 주세요.
<sub>パル レ ゴ ド ジュ セ ヨ</sub>

**6** 洗濯物をたたんでね。

## 빨래를 개 주세요.
<sub>パル レ ルル ケ ジュ セ ヨ</sub>

**7** お母さん、運動靴洗った？

## 엄마, 운동화 빨았어？
<sub>オンマ ウンドンファ パラッソ</sub>

**8** 体洗うついでに洗ったらいいじゃない。

## 몸 씻는 김에 빨면 되잖아.
<sub>モムッシンヌン ギ メ パルミョン テ ジャナ</sub>

---

# アイロンがけ

**1** アイロンがけするもの、出してね。

## 다림질할 거 꺼내 놔.
<sub>タ リムジル ハル コ コ ネ ノァ</sub>

**2** シワがなかなか取れない。

주름이 잘 안 펴져.
チュ ルミ チャル アン ピョジョ

**3** これはあて布をしないとテカるかしら？

이건 천을 대고 안 다리면 번쩍거릴까?
イ ゴン チョヌル デ ゴ アン ダ リミョン ポンチョッ コ リルッカ

**4** これはアイロンかけないで、そのまま着てもいいでしょう？

이건 다림질 안 하고 그냥 입어도 되잖아요?
イ ゴン タ リムジル ア ナ ゴ ク ニャン イボ ド テ ジャナ ヨ

## 食事

**1** 今夜は何食べたい？

오늘 저녁은 뭐 먹고 싶어?
オ ヌル チョニョグン モ モッコ シッポ

**2** 何を作ろうかな？

뭘 만들까?
モル マンドゥルッカ

**3** 今日は作るのが面倒だから出前を取りましょう。

오늘은 만드는 거 귀찮으니까 시켜서 먹어요.
オ ヌルン マンドゥヌン ゴ ギイ チャヌ ニ カ シ キョ ソ モゴ ヨ

**4** 食事にするからテーブル片づけて。

식사할 테니까 테이블 치워.
シッ サ ハル テ ニ カ テ イ ブル チ ウォ

**5** 箸とスプーンを置いて。

수저 놔.
ス ジョ ノァ

6 ご飯をよそいますね。

## 밥 풀게요.
パッ プル ケ ヨ

7 食べ終わった食器は各自下げること。

## 다 먹은 그릇은 각자가 치울것.
タ モグン クルスン カッチャガ チウルコッ

## その他の雑事

1 ベランダに布団、干して下さいね。

## 베란다에 이불 널어 주세요.
ベランダ エ イブル ノロ ジュセヨ

2 トイレットペーパーの買い置きがなかったかしら？

## 화장지 사 둔 게 없었나？
ファジャンジ サ ドゥン ゴ オッソンナ

3 花に水をやらなきゃ。

## 꽃에 물 줘야지.
コセ ムル チョヤジ

4 猫にエサをあげた？

## 고양이 밥 줬니？
コヤンイ パッ チョンニ

5 犬を散歩に連れて行ってくれる？

## 강아지 산책 데리고 가 줄래？
カンアジ サンチェック テリゴ カ ジュルレ

6 そろそろ衣替えしなきゃ。

## 슬슬 옷갈이 해야지.
スルスル オッカリ ヘヤジ

7 アルバムの整理、手伝って。

### 앨범 정리 도와 줘.
エルボンム チョンリ トワ ジョ

## 電話をかける

1 もしもし、イ・ミスクさんのお宅でしょうか？

### 여보세요, 이미숙 씨 댁이에요？
ヨボセヨ イ ミスックッ シ テギ エ ヨ

2 夜分遅く申し訳ありません。

### 밤늦게 죄송합니다.
バンム ヌッケ チェソンハンム ニ ダ

3 朝早く申し訳ありません。

### 아침 일찍 죄송합니다.
ア チンム イル チック チェソンハンム ニ ダ

4 私、藤井と申しますが、ミスクさんいらっしゃいますか？

### 저 후지이라고 하는데요, 미숙 씨 계십니까？
チョ フ ジ イ ラ ゴ ハ ヌン デ ヨ ミ スックッ シ ケ シンム ニ カ

5 ミスクさんに代わっていただけますか？

### 미숙 씨 바꿔 주시겠습니까？
ミ スックッ シ バ クォ ジュ シ ゲッスンム ニ カ

## 電話に出る

1 もしもし、はいそうですが。

### 여보세요, 네 그런데요.
ヨ ボ セ ヨ ネ ク ロン デ ヨ

**2** どちら様ですか？

**어디세요 ?**
オ ディ セ ヨ

**3** はい、代わりますね。

**네, 바꿔 드리겠습니다.**
ネ　　バクォ　ドゥリゲッスムニダ

**4** ちょっと待って下さいね。

**잠시만 기다리세요.**
チャムシマン　キダリセヨ

**5** どういうご用件でしょうか？

**무슨 용건이신데요 ?**
ムスン　ヨンコニ　シンデヨ

**6** どちら様とお伝えすればいいですか？

**어디시라고 전해 드릴까요 ?**
オディシラゴ　チョネ　ドゥリルカヨ


## 不在を伝える

**1** 今、留守（家にいない）ですが。

**지금 집에 없는데요.**
チグム　チベ　オムヌンデヨ

**2** 今、父は留守ですが（目上の不在）。

**지금 아버지는 안 계신데요.**
チグム　アボジヌン　アン　ゲシンデヨ

**3** 外出中ですが。

**외출 중인데요.**
ウェチュル　ジュンイン　デ　ヨ

4 まだ帰ってないんですが。

### 아직 안 들어왔는데요.
アジック アン ドゥロ ワンヌンデヨ

5 今、風呂ですが、10分後には出ると思いますよ。

### 지금 목욕 중인데요. 십분 후엔 나올 거예요.
チグンム モギョック チュンインデヨ シップ ブ ヌエン ナオル コ エ ヨ

6 帰って来たら電話するよう伝えます。

### 들어오면 전화하라고 전할게요.
トゥロ オミョン チョナ ハ ラ ゴ チョナル ケ ヨ

## 不在の場合（電話をかけた方）

1 のちほどかけ直します。

### 나중에 다시 걸겠습니다.
ナジュンエ タ シ コル ゲッスムニダ

明日の朝に・10分後に

### 내일 아침에 / 십분 후에

2 何時頃に帰られますか？　　　　　　　　　　　　　　いつ頃

### 몇 시경에 들어오시나요 ?　　　　　　　　　　　언제쯤
ミョッ シギョンエ トゥロ オ シ ナ ヨ

3 藤井から電話があったと伝えて下さい。

### 후지이한테서 전화 왔었다고 전해 주세요.
フ ジ イ ハンテ ソ チョナ ワッソッタ ゴ チョネ ジュセヨ

4 遅くても構わないのでお電話いただきたいんです。

### 늦어도 괜찮으니까 전화해 주셨으면 하는데요.
ヌジョ ド ゲン チャヌ ニ カ チョナ ヘ チュショッスミョン ハ ヌン デ ヨ

5 たいした用ではありませんから、いいです。

별다른 볼일은 아니니까, 괜찮습니다.

6 いや、こちらからかけ直します。

아닙니다, 제가 다시 걸겠습니다.

## 電話を切る

1 さようなら。

안녕히 계세요.

2 それでは、さようなら（親しい間柄）。

그럼 들어가세요.

3 電話、切るね。

전화 끊을게(들어가).

## 間違い電話

1 うちにはそんな人はいないんですが。

여기 그런 사람 없는데요.

2 電話をかけ間違えましたよ。

전화 잘못 거셨어요.

### 3 何番におかけですか？

**몇 번에 거셨어요？**
ミョ　ボネ　コ ショッソ ヨ

### 4 そちら、〈2661の3515〉じゃないですか？

**거기〈이육육일에 삼오일오〉아니에요？**
コ ギ　イ ユク ユギルレ　サモ イロ　ア ニ エ ヨ

### 5 すみません、かけ間違えたようです。

**죄송합니다. 잘못 건 모양입니다.**
チェソンハムニ ダ　チャルモッ コン　モ ヤンインム ニ ダ

### 6 番号は合ってるのに、おかしいな？

**번호는 맞는데, 이상하다？**
ポノ ヌン マンヌン デ　イ サン ハ ダ

家の中で

## 育児

**赤ちゃん**

1. おむつを取り替えようね。
   **기저귀 갈자.**
   キジョギ カルジャ

2. さあ、お着替えしようね。
   **자, 옷 갈아입자.**
   ジャ オッ カラ イㇷ゚チャ

3. ガラガラをあげようか？
   **딸랑이 줄까?**
   ッタルラン イ チュルカ

4. お腹がすいたのかな？
   **배가 고픈가?**
   ペガ ゴプンガ

5. ミルクを飲もうね。
   **우유 먹자.**
   ウユ モッチャ

   おっぱい
   젖찌

6. ゲップしようね。
   **트림하자.**
   トゥリㇺ ハジャ

7. まんま食べようね。
   **맘마 먹자.**
   マンマ モッチャ

8. いい子ね～。
   **착하지 ~.**
   チャカジ

**9** お風呂しようね。

**목욕하자.**
モギョカ ジャ

**10** 髪を洗わなくちゃ。

**머리 감아야지.**
モ リ　カマ　ヤ ジ

**11** よだれかけがもうビショビショだね。

**턱받이가 벌써 흠뻑 젖었네.**
トック パジ ガ　ポルッソ　フンッポック チョジョン ネ

**12** 寝返りできるかな？

**뒤집기 할 수 있나？**
ドゥィジップ キ　ハル　ス　インナ

**13** ハイハイ上手だね。

**엉금엉금 잘하네.**
オングムオングム　チャラ ネ

**14** お手々パチパチ。

**짝짜꿍.**
チャックチャ クン

**15** もう首がすわってるんですか？

**벌써 목을 가눠요？**
ポル ソ　モグル　カ ヌォ ヨ

**16** 最近何か言おうとしてるの。喃語かしら？

**요즘 뭔가 말을 하려고 해요. 옹알이인가？**
ヨ ズンム モン ガ　マルル　ハ リョ ゴ　ヘ ヨ　　オン アリ イン ガ

**17** つかまり立ちができるようになりましたよ。

**잡고 설 수 있게 되었어요.**
チャップ コ　ソル　ス　イッケ　デ オッソ ヨ

家の中で

**18** だっこしてあげようか？     おんぶ

**안아** 줄까？     **업어**
アナ　ジュル カ

**19** だっこし過ぎると抱き癖がつきますよ。

너무 많이 안아 주면 버릇 들어요.
ノ ム　マ ニ　アナ　ジュミョン　ポルッ　トゥロ ヨ

## 幼児

**1** 指しゃぶりの癖があるの。

손가락을 빠는 버릇이 있어요.
ソン カ ラッ ク　パ ヌン　ポ ルシ　イッソ ヨ

**2** はい、あんよ！

자, 걸음마！
チャ　コルンム マ

**3** チー（おしっこ）しましょうか？     うんち

**쉬** 할까？     **응아**
シ　ハルッ カ

**4** よくできたね。

잘 했어.
チャ　レッソ

**5** これはメ！よ。

이건 안 돼！
イ ゴン　アン　デ

**6** モグモグしてね。

냠냠해.
ニャンニャンム ヘ

7 ちゃんとカミカミしてね。

**꼭꼭 씹어.**
コッコッ ッシボ

8 お絵描きしようか？

**그림 그릴까？**
クリンム ク リルッカ

9 ボタンがけできるかな？

**단추 채울 수 있나？**
タンチュ チェ ウル ス インナ

10 おねんねしようね。

**자장자장 하자.**
チャジャンチャジャン ハ ジャ

11 もうおむつは取れました。

**이제 기저귀는 뗐어요.**
イ ジェ キ ジョ ギ ヌン テッソ ヨ

12 歯磨きしないと虫歯になっちゃうよ。

**이 안 닦으면 이빨 썩는다.**
イ アン ッタク ミョン イ ッパルッソンヌン ダ

13 好き嫌いしないで何でも食べるのよ。

**가리지 말고 뭐든 먹어야 돼.**
カ リ ジ マル ゴ モ ドゥン モ ゴ ヤ デ

## 幼稚園児

1 けんかしないで。

**싸우지 마라.**
ッサウ ジ マ ラ

**2** 仲良く遊ばなくちゃ。

### 사이좋게 놀아야지.
サ イ ジョッ ケ　　ノ ラ　ヤ ジ

**3** あいさつするのよ。

### 인사해야지.
イン サ ヘ ヤ ジ

**4** "ありがとう"は？

### "고맙습니다"는？
コ マッ プ スム ニ ダ　　ヌン

**5** 悪いことをしたら、ちゃんと謝るのよ。

### 잘못했을 땐 사과를 해야지.
チャル モ テッ スル　　テン　　サ グァ ルル　ヘ ヤ ジ

**6** 嘘はいけないよ。

### 거짓말하면 안 돼.
コ ジン マル ハ ミョン　アン　デ

**7** 呼ばれたら返事をするのよ。

### 부르면 대답을 해야지.
プ ル ミョン　テ ダ プル　ヘ ヤ ジ

**8** 本当によくできた！

### 참 잘 했어！
チャム　チャ　レッ ソ

**9** さすがお姉ちゃんね！

### 역시 언니(누나)구나！(언니는 달라！)
ヨッ ク シ　オン ニ　　　　グ ナ　　　オン ニ ヌン ダル ラ

お兄ちゃん

### 오빠(형)

# 家の中でのトラブル

## 探し物

**1** バッテリーの買い置きがまだ残ってたかな。

건전지 사 둔 게 아직 남아 있었나.
コンジョン ジ サ ドゥン ゲ ア ジック ナマ イッソン ナ

**2** 保証書はどこにしまってあるんだっけ。

보증서는 어디에 넣어 뒀지.
ポ ジュン ソ ヌン オ ディ エ ノ オ ドッ チ

**3** 私の眼鏡見てない？

내 안경 못 봤어？
ネ アンギョン モッ バッソ

**4** ここに置いたカギ知らない？

여기에 둔 열쇠 몰라？
ヨ ギ エ ドゥン ヨル セ モル ラ

**5** リモコンどこ？

리모컨 어딨어？
リ モ コン オ ディッソ

## トラブル

**1** なんか焦げ臭いよ。

무슨 탄내가 나.
ム スン タン ネ ガ ナ

ガス臭い

가스 냄새가

**2** 鍋が真っ黒焦げになっちゃった。

냄비가 새카맣게 탔어.
ネン ビ ガ セッ カ マッ ケ タッソ

**3** あれ？停電かしら？

어? 정전인가?
オッ　チョンジョニン ガ

**4** ブレーカーが落ちたみたいよ。

전류차단기가 내려진 모양이야.
チョンリュウチャダン ギ ガ　ネ リョジン　モ ヤン イ ヤ

**5** 電球が切れたんじゃないですか？

전구가 끊어진 거 아니에요?
チョン グ ガ　クノ ジン　ゴ　ア ニ エ ヨ

**6** この蛍光灯、寿命じゃないですか？

이 형광등 수명이 다 된 거 아니에요?
イ ヒョンガンドゥン スミョンイ　タ デン ゴ　ア ニ エ ヨ

**7** テレビが映らないですよ。

텔레비전이 안 나와요.
テ レ ビ ジョニ　アン ナ ワ ヨ

**8** ビデオの予約ができない。

비디오 예약이 안 돼요.
ビ ディ オ　イェ ヤギ　アン デ ヨ

**9** 扇風機が動かないですよ。

선풍기가 안 움직여요.
ソンプン ギ ガ　ア ヌンム ジギョ ヨ

**10** 電源は入ってる？

전원 켰어?
チョヌォン キョッソ

**11** コードが抜けてるんじゃないの？　　　　　　　　　漏電している

전기코드가 빠진 거 아냐?　　　　　　　　　　　　누전된 거
チョン ギ コ ドゥ ガ　パ ジン　ゴ　ア ニャ

344

**12** 犬にコードをかじられた。

강아지가 전기코드를 물어뜯었어.

**13** 時計が動かないですよ。

시계가 안 움직여요.

**14** バッテリー切れかもしれないですよ。

건전지가 다 됐는지도 모르죠.

**15** 水が出ないですよ。

물이 안 나와요.

**16** トイレの水が流れないよ。

화장실 물이 안 내려가요.

**17** 詰まっちゃたのかな？

막혔나？

**18** 雨漏りがしてるみたいですよ。

비가 새나 봐요.

**19** 換気扇から変な音がします。

환기팬에서 이상한 소리가 나요.

## 家の中での事故

**1** 火災報知器が鳴ったんじゃない？

화재경보기가 울린 거 아냐?
<sub>ファジェキョンボギガ ウルリン ゴ アニャ</sub>

ガス警報器

가스경보기

**2** ガスが漏れてるんじゃない？

가스가 새는 거 아냐?
<sub>カスガ セヌン ゴ アニャ</sub>

**3** 早く元栓閉めて！

빨리 밸브 잠가!
<sub>パルリ ベルブ ジャㇺガ</sub>

**4** 火事じゃない？

불난 거 아냐?
<sub>ブルナン ゴ アニャ</sub>

**5** 階段から落ちて意識がありません。

계단에서 떨어져서 의식이 없어요.
<sub>ケダネソ ットロジョソ ウィシギ オㇷ゚ソヨ</sub>

**6** どこか折れたようで動かせないんです。

어디 부러진 모양인지 못 움직여요.
<sub>オディ ブロジン モヤンインジ モドゥンㇺ ジギョヨ</sub>

**7** 妻が心臓発作を起こしたんです。

제 처가 심장발작을 일으켰어요.
<sub>チェ チョガ シㇺジャンバルチャグル イル キョッソヨ</sub>

**8** 産まれそうです。

애 낳을 것 같아요.
<sub>エ ナウル ッコ カタヨ</sub>

**9** 子供がエレベータに閉じ込められました。

## 어린애가 엘리베이터에 갇혔어요.
オ リネ ガ エルリベイトエ カチョッソ ヨ

**10** うちの猫がいなくなったんです。

## 우리집 고양이가 사라졌어요.
ウ リジップ コヤンイ ガ サラ ジョッソ ヨ

**11** うちの車にイタズラされたんです。

## 누가 우리 차에 장난을 쳤어요.
ヌ ガ ウリ チャエ チャンナン ウル チョッソ ヨ

# 対策

**1** アフターサービスの人を呼ばなくちゃいけませんね。

## 애프터서비스 사람을 불러야겠어요.
エプトソビス サラムル プルロヤ ゲッソ ヨ

**2** 電球を取り替えなきゃ。　　　　　蛍光灯を・電池を

## 전구를 갈아야지.　　　형광등을 / 건전지를
チョングルル カラ ヤ ジ

**3** まだ保証期間中だよね？

## 아직 보증기간 중이지 ?
ア ジック ボジュンキガン ジュンイ ジ

**4** 管理人に連絡したほうがいいですよね？

## 관리인한테 연락하는 편이 좋겠죠 ?
クァンリ イナン テ ヨル ラッカ ヌン ピョニ チョケッチョ

**5** ガス会社に機器の点検をしてもらわなくっちゃ。

## 가스회사에 기기점검 해 달라고 해야겠어.
カ ス フェサ エ キ ギチョンゴム ヘ ダル ラ ゴ ヘ ヤ ゲッソ

家の中で

6 業者を呼ばなくちゃ。

사람을 불러야겠어.
サ ラムル プル ロ ヤ ゲッソ

7 避難したほうがいいんじゃない？

피해야 되지 않나?
ピ ヘ ヤ デ ジ アン ナ

8 消防署に電話して。　　　　　　　　　　　　　警察

소방서에 전화해.　　　　　　　　　　　　　　경찰
ソ バン ソ エ チョナ ヘ

## 泥棒

CD-3
[track11]

1 家に泥棒が入りました。

집에 도둑이 들었어요.
チベ ト ドゥギ ドゥロッソ ヨ

2 窓ガラスが割られてたんです。

유리 창문이 깨져 있었어요.
ユ リ チャン ム ニ ッケジョ イッソッソ ヨ

3 出かけるとき閉めたはずなのに。

외출할 때 분명히 잠갔는데.
ウェ チュラル テ プン ミョンイ チャンガンヌン デ

4 カギが壊されていました。

열쇠가 망가져 있었어요.
ヨル セ ガ マン ガ ジョ イッソッソ ヨ

[5] パソコンとカメラも盗まれました。

## 컴퓨터하고 카메라도 도둑맞았어요.
コンピュト ハゴ カメラド ドドゥン マジャッソ ヨ

通帳と印鑑

## 통장하고 인감

[6] ケガがなくて幸いですよ。

## 다친 데가 없어서 다행이에요.
タチン デガ オッソソ タヘンイエヨ

家の中で

## 郵便局

### 国内郵便

**1** 190ウォン切手を下さい。

백구십 원짜리 우표 주세요.
<sub>ペック シ ポンチャリ ウ ピョ チュ セ ヨ</sub>

**2** 切手を3000ウォン分下さい。

우표를 삼천 원어치 주세요.
<sub>ウ ピョ ルル サムチョ ノノ チ チュ セ ヨ</sub>

**3** 官製はがき、10枚。

관제엽서 열 장이요.
<sub>クァン ゼ ヨップ ソ ヨル チャン イ ヨ</sub>

往復はがき・ミニレター・航空書簡

왕복엽서 /봉함엽서 /항공서간

**4** これを速達でお願いします。

이거 속달로 부탁합니다.
<sub>イ ゴ ソックタル ロ ブ タ カム ニ ダ</sub>

書留郵便・内容証明郵便

등기우편으로 /내용증명우편으로

**5** 国内郵便ですけど、いくらですか?

국내우편인데요, 얼마예요?
<sub>グン ネ ウ ピョニン デ ヨ オル マ エ ヨ</sub>

**6** ― 重さ超過ですから220ウォンです。

무게가 초과되었으니까 이백이십 원이
<sub>ム ゲ ガ チョグァ デ オッス ニ カ イ ベック イ シ ポニ</sub>

---

街の中の「話す」必要のある場面を集めました。우체국 郵便局、은행 銀行、도서관 図書館、비디오방 ビデオ屋、노래방 カラオケ、렌트카 レンタカー、주유소(엘피지충전소)ガソリンスタンド、안경집 眼鏡屋、이발소 床屋、사진관 写真館、세탁소 クリーニング屋 などです。미장원 美容院、

에요.
エ ヨ

**7** ー この封筒は規格外ですから450ウォンです。

이 봉투는 규격 외라서 사백오십 원이에요.
イ ポントゥヌン キュギョッウェラ ソ サ ベッ ク オ シブ  ォニ エ ヨ

**8** 国内小包ですが、速いのでお願いします。

국내 소포인데, 빠른 걸로 부탁해요.
クン ネ  ソ ポ イン デ   パルン ゴル ロ  ブ タ ケ ヨ

**9** ー この大きさだと受付できないんですが。

이 크기로는 접수가 안 되는데요.
イ ク ギ ロ ヌン チョプ ス ガ アン デ ヌン デ ヨ

**10** 現金書留を送りたいんですが。

현금등기를 보내고 싶은데요.
ヒョングムトゥン キ ルル ポ ネ ゴ  シブン デ ヨ

**11** これ、代引きでお願いします。

이걸, 대금교환 우편으로 부탁합니다.
イ ゴル   テ グム キョ ファン ウ ピョヌ ロ  ブ タ カム ニ ダ

書留・代金着払い
등기/요금 수취인 부담

**12** この郵便の配達証明をいただきたいんですが。

이 우편의 배달증명을 받고 싶은데요.
イ  ウ ピュネ  ペ ダル ジュンミョン ウル パッ コ  シブン デ ヨ

**13** 手数料はいくらですか？

수수료가 얼마예요？
ス ス リョ ガ  オル マ エ ヨ

14 郵便為替を1万ウォン分お願いします。

### 우편환 만 원어치 부탁합니다.
ウ ビョンファン マ ヌォン オ チ  ブ タカム ニ ダ

15 書籍郵便にして下さい。

### 서적우편으로 해 주세요.
ソ ジョッ ウ ビョヌ ロ  ヘ  ジュ セ ヨ

16 ― 中に手紙とか入ってないですね？

### 안에 편지 같은 거 안 들었죠?
アネ ビョン ジ ガトゥン ゴ アン ドゥロッチョ

17 ― 封筒の耳を切って、中が見えるようにして下さい。

### 봉투 모퉁이를 잘라서 안의 내용물이 보이게 해
ボントゥ モトゥンイルル チャルラソ アネ ネヨン ムルル ボ イ ゲ ヘ

### 주세요.
ジュ セ ヨ

## 国際郵便

1 国際郵便はこちらでいいですか？

### 국제우편은 여기가 맞아요?
クッチェ ウ ビョヌン ヨ ギ ガ  マジャ ヨ

2 航空便と船便の差額はいくらぐらいですか？

### 항공편과 배편 차액이 얼마 정도예요?
ハンゴンビョングァ ベ ビョン チャ エギ オル マ チョン ド エ ヨ

普通航空便と EMS

### 보통항공편하고 국제특급우편

**3** 船便だと日本まで何日ぐらいかかりますか？

## 배편이면 일본까지 며칠이나 걸려요 ?
ペ ピョニ ミョン イルボン カ ジ ミョ チリ ナ コルリョ ヨ

---

**4** EMSで出したいんですけど。

## 국제특급우편으로 보내고 싶은데요.
クッ クチェトゥックプ ウ ピョヌ ロ ポ ネ ゴ シプン デ ヨ

---

**5** ― この欄に内容物を現地の言葉で書いて下さい。

## 이 난에 내용물을 현지 말로 적어 주세요.
イ ナネ ネ ヨン ムルル ヒョン ジ マル ロ チョゴ ジュセ ヨ

---

**6** ― 保険をかけますか？

## 보험에 드실 거예요 ?
ポ ホメ トゥ シル コ エ ヨ

---

**7** ― 返送の場合は送り主宛でよろしいですか？

## 반송받을 경우에는 보내는 사람한테 송부하면
パンソン パドゥル キョン ウ エ ヌン ポ ネ ヌン サ ラムハン テ ソン ブ ハ ミョン

## 되나요 ?
テ ナ ヨ

---

**8** ― 日付とサインを記入して下さい。

## 날짜와 사인을 해 주세요.
ナル チャ ワ サ イヌル ヘ ジュ セ ヨ

---

**9** この包装で大丈夫ですか？

## 이 포장으로 괜찮아요 ?
イ ポ ジャン ウ ロ クェン チャナ ヨ

---

**10** ― 専用の箱に入れて下さい。

## 전용상자에 넣어 주세요.
チョニョンサンジャ エ ノオ ジュ セ ヨ

11 — きっちり封をして下さい。

완전히 봉해 주세요.
ワン ジョニ ボンヘ ジュセヨ

## 様々なサービス

1 祝電をお願いします。　　　　　　　　　　　　　　　弔電

축전부탁해요.　　　　　　　　　　　　　　　　　근조카드
チュッチョン ブ タケ ヨ

2 住所変更をしたいんですが。

주소변경을 하고 싶은데요.
チュ ソ ビョンギョン ウル  ハ ゴ  シップン デ ヨ

3 — 向こうに用紙があるので記入してお持ち下さい。

저쪽에 용지가 있으니까 기입해서 가지고 오세요.
チョ チョゲ ヨン ジ ガ イッス ニ カ キ イペ ソ カ ジ ゴ オ セ ヨ

4 — 転送サービスは3ヶ月間です。

전송서비스는 삼 개월간입니다.
チョンソン ソ ビ ス ヌン サム ゲ ウォル ガニンム ニ ダ

5 2週間前に日本に送った小包が届いてないそうですが。

2주 전에 일본에 보낸 소포가 아직 안 도착했다
イジュ ジョネ イル ボネ ボネン ソ ポ ガ ア ジック アン ド チャケッタ

는데요.
ヌン デ ヨ

6 — すぐ調べます。控えはお持ちでしょうか？

곧바로 조사하겠습니다. 영수증은 가지고 계신
コッ パ ロ チョ サ ハ ゲッスンム ニ ダ ヨン ス ジュンウン カ ジ ゴ ケシン

가요?
ガ ヨ

## 郵便物の再配達に関する電話のやりとり

[1] 不在通知が入ってましたので、再配達をお願いします。

부재통지가 들어 있었어요. 재배달 부탁합니다.
プ ジェトン ジ ガ ドゥロ イッソッソ ヨ チェ ベ ダル プ タカンム ニ ダ

[2] 昼間は家にいないので、郵便局まで取りに行きます。

낮에는 집에 없으니까, 우체국까지 찾으러 가겠습니다.
ナゼ ヌン チベ オップス ニ カ ウ チェ グ カジ チャズ ロ ガ ゲッ スンム ニ ダ

[3] 郵便物の交付は何時までですか?

우편물 교부는 몇 시까지예요?
ウ ピュン ムル キョ ブ ヌン ミョッ シ カ ジ エ ヨ

[4] 小包の集荷サービスをお願いしたいんですが。

소포 집배서비스를 부탁하고 싶은데요.
ソ ポ ジッ ペ ソ ビ ス ルル プ タッカ ゴ シプン デ ヨ

[5] — こちら郵便局ですが、日本から小包が届いております。

여기 우체국인데요. 일본에서 소포가 왔어요.
ヨ ギ ウ チェ グギン デ ヨ イル ボ ネ ソ ソ ポ ガ ワッソ ヨ

[6] — 午前中に配達に伺います。

오전 중에 배달 가겠습니다.
オ ジョン ジュン エ ペ ダル ガ ゲッスンム ニ ダ

[7] 午前中は家にいないんですが。

오전 중에는 집에 없는데요.
オ ジョン ジュン エ ヌン チベ オンムヌン デ ヨ

8 管理室に預けていただけますか？

## 관리실에 맡겨 주시겠어요?
クァル リ  シレ   マッキョ  ジュ シ ゲッソ  ヨ

9 ― 管理室のほうに予め連絡願います。

## 관리실에 미리 말씀해 놓으세요.
クァル リ  シレ   ミ リ  マル ッスメ    ノウ  セ ヨ

## 銀行

CD-3
[track13]

### 新規開設

1 口座を開設したいんですが。

## 계좌를 만들고 싶은데요 (거래를 트고 싶은 데요).
ケ ジュァ ルル  マンドゥル ゴ   シプン  デ ヨ   コ レ ルル  トゥ ゴ   シプン   デ ヨ

2 ― 普通預金でよろしいですか？

## 보통예금이시죠?
ボ トンイェ グミ  シ ジョ

3 ― 何か身分を証明できるようなものはお持ちでしょうか？

## 뭐가 신분을 증명할 만한 것을 가지고 오셨습니까?
モン ガ  シン ブヌル  ズンミョン ハル  マナン    ゴスル   カ ジ ゴ   オ ショッスムニ カ

4 ― 印鑑をお持ちでしょうか？

## 인감은 가지고 계십니까?
イン ガムン   カ ジ ゴ   ケ シムニ カ

5 ― キャッシュカードは郵送となります。

## 현금카드는 우송이 됩니다.
ヒョングムカ ドゥヌン   ウ ソン イ  デムニ ダ

356

6 ─ 暗証番号をこちらにご記入下さい。

### 비밀번호를 여기에 기입해 주십시오.
ピ ミル ボノ ルル  ヨ ギ エ  キ イペ  ジュシプ シ オ

7 定期積み立てをしたいんですけど。

### 정기적금을 들고 싶은데요.
チョン ギ チョッ クムル  ドゥル ゴ  シプン デ ヨ

8 ─ 月いくらにしますか？

### 한 달에 얼마로 하시겠습니까？
ハン ダレ  オル マ ロ  ハ シ ゲッスムニ カ

9 ─ 満期はどうしますか？

### 만기는 어떻게 하시겠습니까？
マン ギ ヌン  オ トッ ケ  ハ シ ゲッスム ニ カ

10 金利は何％ですか？

### 금리는 몇 퍼센트예요？
クンム ニ ヌン ミョッ ポ セントゥ エ ヨ

## その他のサービス

1 1000ウォン札に両替して下さい。

### 천 원짜리 지폐로 바꿔 주세요.
チョ ノンチャ リ  チ ペ ロ  パ クォ ジュ セ ヨ

500ウォン玉

### 오백 원짜리 동전으로

2 10万ウォンの小切手にして下さい。

### 십만 원 수표로 해 주세요.
シンムマ ヌォン  ス ピョ ロ  ヘ  ジュ セ ヨ

**3** この通帳、ATM で使えないんですけど。

이 통장이 현금자동인출기에서 사용이 안되는데
요.

**4** 通帳の繰り越しをお願いします。

통장 이월해 주세요.

**5** カードをなくしたので止めて下さい。

카드를 잃어버렸어요. 사용 중지시켜 주세요.

**6** ガスの口座引き落としをしたいんですけど。

가스 요금을 계좌에서 빠져나가게 하고 싶은데
요.

電気・水道・電話
전기 /수도 /전화

**7** 振り込みをしたいんですけど。

불입하고 싶은데요.

**8** ― 電信扱いと文書扱いと、どちらになさいますか？

전신취급하고 문서취급, 어느 쪽으로 하시겠습
니까?

**9** ― ATM だと手数料がお安くなります。

에이티엠이라면 수수료가 싸집니다.

10 外国に送金したいんですけど。

외국에 송금을 하려고 하는데요.
ウェ グゲ ソングム ハ リョゴ ハ ヌン デ ヨ

## 図書館

### 図書館情報

1 この近くに図書館はありますか?

이 근처에 도서관이 있나요?
イ グンチョ エ ト ソ グァニ イン ナ ヨ

2 ― 区立図書館があります。

구립도서관이 있어요.
ク リプ ト ソ グァニ イッソ ヨ

3 国会図書館では本の貸し出しができますか?

국회도서관에서는 책 대출이 되나요?
グッケ ド ソ グァネ ソ ヌン チェク デ チュリ デ ナ ヨ

閲覧のみです。

열람밖에 안 됩니다.

4 国会図書館の利用には何が必要ですか?

국회도서관을 이용하려면 뭐가 필요한가요?
グッケ ド ソ グァヌル イ ヨン ハ リョミョン モ ガ ピリョ ハン ガ ヨ

身分証が必要です。

신분증이 필요합니다.

5 本の持ち込みはできますか?

책을 가지고 들어갈 수 있나요?
チェグル カ ジ ゴ ドゥロ ガル ス イン ナ ヨ

6 ノートパソコンは使えますか？

## 노트북은 사용할 수 있나요 ?
ノ トゥ ブグン　サヨンハル　ス　インナヨ

専用のテーブルで使えます。

## 전용 테이블에서 사용할 수 있습니다.

7 図書館の見学をしたいのですが。

## 도서관을 견학하고 싶은데요.
ト ソ グァヌル　キョナカ ゴ　シプン デ ヨ

8 図書館の利用時間は？

## 도서관 이용시간은요 ?
ト ソ グァン イ ヨン シ　ガヌンニョ

9 ― 資料室は9時から19時までです。

## 자료실은 아홉시부터 열아홉시까지입니다.
チャリョ シルン　ア ホプ シ ブ ト　ヨラ ホプ シッカジ インム ニ ダ

一般閲覧室

## 일반열람실은

10 移動図書館やミニ図書館などでも本が借りられますよ。

## 이동도서관이나 미니도서관 같은 데서도 책을
イ ドン ド ソ　グァニ ナ　ミ ニ ド ソ グァン ガトゥン　デ ソ ド　チェグル

## 빌릴 수 있어요.
ビル リル　ス　イッソ ヨ

11 ブック・カフェでは本を買うこともできます。

## 북 카페에서는 책을 살 수도 있어요.
ブック　カ ペ エ ソ ヌン　チェグル　サル　ス ド　イッソ ヨ

## 本を借りる

**1** 本を借りたいんですが。  ビデオを・CDを
### 책을 빌리고 싶은데요.  비디오를 / 시디를
チェグル ビルリ ゴ シブン デ ヨ

**2** ― 貸し出し会員証を作りますか？
### 대출 회원증을 만드시겠어요 ?
テ チュル フェウォンチュン ウル マンドゥ シ ゲッソ ヨ

**3** ― 本の検索は端末機をご利用下さい。
### 책 검색은 단말기를 이용해 주세요.
チェッコムセグン タン マル ギ ルル イ ヨン ヘ ジュ セ ヨ

**4** ― 自宅のパソコンでも検索できます。
### 자택의 컴퓨터로도 검색하실 수 있습니다.
チャ テゲ コンムピュ ト ロ ド コンム セカ シル ス イッスンム ニ ダ

本の貸し出しができます。
### 책 대출이 가능합니다.

**5** 貸し出し会員証はすぐできますか？
### 대출 회원증은 금방 되나요 ?
テ チュル フェウォンチュンウン クンムバン デ ナ ヨ

**6** 一度に何冊まで借りられますか？  何日間
### 한번에 몇 권까지 빌릴 수 있나요 ?  며칠간
ハン ボ ネ ミョックォン カ ジ ビルリル ス イン ナ ヨ

**7** ― 3冊まで借りられます (貸し出しができます)。
### 세 권까지 빌릴 수 있습니다.
セ グォン カ ジ ビルリル ス イッスンム ニ ダ

**8** ― 一度に 2 週間貸し出しができます。　　　　　　　　10 日間

한번에 이 주일간 대출이 됩니다.　　　　　십일간
ハン　ボネ　イル　ジュイルガン　テ　チュリ　デムニ　ダ

**9** ― 1 回に限り、1 週間の延長ができます。

한번에 한해서 일 주일간의 연장이 가능합니다.
ハン　ボネ　ハネ　ソ　イ　チュイル　ガネ　ヨンジャン イ　カ ヌンハム ニ　ダ

**10** ― 延長の場合はご連絡下さい。

연장하실 경우에는 연락해 주시기 바랍니다.
ヨンジャン ハ　シルキョン ウ　エ ヌン　　ヨルラケ　ジュ シ　ギ　バ ラム ニ　ダ

**11** ― 館内で閲覧される場合はこちらにご記入ください。

관내에서 열람하실 경우에는 여기에 기입해 주
クァンネ　エ　ソ　ヨルラム ハ　シル キョン ウ　エ ヌン　ヨ ギ エ　キ　イペ　ジュ

십시오.
シプ シ オ

**12** ― この本は貸し出しできません。

이 책은 대출이 안 됩니다.
イ　チェグン　テ　チュリ　アン デム ニ　ダ

**13** 本の貸し出し予約をしたいんですが。　　　　　　コピーを

책 대출 예약을 하고 싶은데요.　　　　　복사를
チェック テ チュル イェ ヤグル　ハ ゴ　シップン デ ヨ

**14** ― 予約の本が返却され次第ご連絡します。

예약하신 책이 반환되는대로 연락드리겠습니다.
イェ ヤカ シン　チェギ　バンナン デ ヌン デ ロ　ヨルラック ドゥ リ　ゲッスム ニ　ダ

**15** ― 取りにいらっしゃいますか、郵送にしますか？

가지러 오시겠어요, 우송해 드릴까요 ?
カ ジ ロ　オ シ ゲッソ ヨ　　　ウ ソン ヘ　ドゥ リル カ ヨ

16 ― 著作権の許容範囲内でしたらコピーできます。

## 저작권의 허용범위라면 복사할 수 있습니다.
チョジャッ クォネ ホヨン ボミ ラミョンポッ サ ハル ス イッスムニ ダ

17 ― コピーカードか硬貨でご利用できます。

## 복사카드나 주화로 이용하실 수 있습니다.
ポッ サ カ ドゥ ナ チュファ ロ イヨン ハ シル ス イッスムニ ダ

# レンタルビデオショップ

CD-3 [track15]

1 ― 会員の方ですか？

## 회원이십니까?
フェ ウォニ シムニ カ

2 会員になるにはどうすればいいですか？

## 회원이 되려면 어떻게 하나요?
フェ ウォニ デ リョミョン オ ト ケ ハ ナ ヨ

3 ― 会員は1万ウォンのお預かり金で、1万2000ウォン分借りられます。

## 회원은 만 원을 맡기시고, 만이천 원어치를 빌리실 수 있습니다.
フェ ウォヌン マ ヌォヌル マッ キ シ ゴ マニ チョヌォン オ チ ルル ピル リ シル ス イッスムニ ダ

4 ― 貸し出しは1篇、1500ウォンです。

## 대출은 한 편에 천오백 원입니다.
テ チュルン ハン ピョネ チョノ ベグ ォニンムニ ダ

5 新作コーナーはどちらですか？

## 신작코너는 어디예요?
シンジャッ コ ノ ヌン オ ディ エ ヨ

363

6 これを借ります。

**이걸 빌리겠어요.**
イ ゴル ピル リ ゲッソ ヨ

7 ― 新作は1泊2日、旧作は2泊3日になります。

**신작은 일박이일이고 전의 것은 이박삼일이에요.**
シンジャグン イル パック イ イリ ゴ チョネ コスン イ パック サミィリ エ ヨ

8 ― 延滞料は1日500ウォンです。

**연체료는 하루 오백 원입니다.**
ヨン チェリョヌン ハル オ ベグ ォニム ニ ダ

## カラオケ

[CD-3 track16]

1 カラオケに行きましょう。

**노래방 가요.**
ノ レ バン ガ ヨ

2 歌うのは好きですか?

**노래하는 거 좋아하세요?**
ノ レ ハ ヌン ゴ チョア ハ セ ヨ

3 日本の歌もありますか?

**일본 노래도 있나요?**
イル ボン ノ レ ド イン ナ ヨ

4 日本の歌で歌える歌はありますか?

**일본 노래 중에 할 줄 아는 노래가 있나요?**
イル ボン ノ レ ジュン エ ハル チュル ア ヌン ノ レ ガ イン ナ ヨ

**5** 十八番は何ですか？

## 십팔번은 뭐예요？
シッパル ボヌン　モエヨ

**6** 一緒に歌って下さい。　　　　　　　　　　　　　　　　　　　　　一曲

## 같이 불러 주세요.　　　　　　　　　　　　　한 곡
ガチ　プルロ　ジュセヨ

**7** デュエットしましょう。

## 듀엣해요.
デュエッテヨ

**8** 最近の曲はよく知らないんです。　　　　　　　　　　　韓国の歌は

## 최근 곡은 잘 몰라요.　　　　　　　한국 노래는
チェグン　コグン　チャル　モルラヨ

**9** ポップソングが得意です。　　　　演歌・「神話」の歌が

## 팝송을 잘 해요.　　　　뽕짝을 /〈신화〉노래를
パッソンウル　チャル　ヘヨ

**10** のど自慢に出たこともあるんですよ。

## 노래자랑에 나간 적도 있어요.
ノレジャランエ　ナガンジョット　イッソヨ

**11** 歌を選んで下さい。

## 노래를 고르세요.
ノレルル　コルセヨ

**12** 私はあまり歌が上手くないですよ。

## 저는 노래를 잘 못 해요.
チョヌン　ノレルル　チャル　モテヨ

**13** ものすごい音痴ですよ。

## 엄청난 음치예요.
オムチョンナン　ウムチエヨ

### 14 何を歌っても演歌になるんです。
뭘 불러도 뽕짝이 돼요.
モル プルロド ポンチャギ デヨ

### 15 その曲、私が入れました。
그 곡, 제가 넣었어요.
ク ゴック チェガ ノ オッソヨ

### 16 キーを下げて下さい。　　　　　　　　　　上げて
키를 낮춰 주세요.　　　　　　　　　　　　올려
キルル ナッチョ ジュセヨ

### 17 ハスキーな声がステキですね。
허스키한 목소리가 멋있네요.
ホスキハン モックソリガ モシンネヨ

### 18 歌が上手いですね。
노래를 잘 하시네요.
ノレルル チャル ハシネヨ

### 19 歌手顔負けだよ。
가수 뺨쳐요.
カス ピャムチョヨ

### 20 カラオケはストレス解消にいいですね。
노래방은 스트레스 해소에 좋아요.
ノレバンウン ストゥレス ヘソエ チョアヨ

## レンタカー　　　　　　　　　　　　　　CD-3 [track17]

### 1 車を借りたいんですが。
차를 빌리려고 하는데요.
チャルル ピルリリョゴ ハヌンデヨ

**2** 国際運転免許でも大丈夫ですか？

### 국제운전면허라도 괜찮아요 ?
クッチェウンジョン ミョノ ラ ド ケン チャナ ヨ

**3** 運転手付きだといくらですか？

### 운전기사가 포함되면 얼마예요 ?
ウンジョン ギ サ ガ ポ ハンム デ ミョン オル マ エ ヨ

**4** 1週間だと1日いくらになりますか？

### 일 주일이면 하루 얼마가 되나요 ?
イル チュ イリ ミョン ハ ルエ オル マ ガ デ ナ ヨ

**5** ― どのような車種になさいますか？

### 어떤 차종으로 하시겠습니까 ?
オットンチャジョン ウ ロ ハ シ ゲッスム ニ カ

**6** 小型の国産車でお願いします。

### 소형 국산차로 해 주세요.
ソ ヒョングッサンチャ ロ ヘ ジュ セ ヨ

**7** 6人乗りの車はどんなのがありますか？

### 육인승 차는 어떤 게 있나요 ?
ユギン スン チャヌン オットン ゲ イン ナ ヨ

**8** 四輪駆動が必要です。

### 사륜구동이 필요해요.
サ リュン グ ドン イ ピリョ ヘ ヨ

**9** ― 何日間になさいますか？

### 며칠간으로 하시겠습니까 ?
ミョ チル ガヌ ロ ハ シ ゲッスム ニ カ

**10** ― 平日は30％引きになります。

### 평일은 삼십 퍼센트 할인이 됩니다.
ピョン イルン サムシ ポ セントゥ ハリニ デムニ ダ

11 ― 今はシーズン料金になるので10％増しになります。

**지금은 성수기 요금이라서 십 퍼센트할증이 됩니다.**
チグムン ソンスギ ヨグミラソ シップ ポセントゥハルチュンイ デムニダ

12 車を引き取りに来ていただけますか（来ていただけるんですか）？

**차를 회수하러 와 주나요？**
チャルル フェスハロ ワ ジュナヨ

13 ― 回収車や配車ご希望の場合は手数料がかかります。

**회차나 배차희망 시에는 수수료가 듭니다.**
フェチャナ ベチャヒマン シエヌン ススリョガドゥムニダ

14 料金は先払いですか？

**요금은 선불이에요？**
ヨグムン ソンブリ エヨ

15 ― はい、またお返しいただいた時点で最終精算となります。

**네, 또 반환하신 시점에서 최종 정산이 됩니다.**
ネ ット バノァンハシン シチョメソ チェジョンジョン サニ デムニダ

## 車の修理

CD-3 [track18]

1 自動車の修理はどこに行けばいいですか？

**자동차 수리는 어디로 가면 되나요？**
チャドンチャ スリヌン オディロ ガミョン デナヨ

2 修理費用の見積もりを出して下さい。

**수리비용 견적을 내 주세요.**
スリビヨンキョン ジョグル ネ ジュセヨ

**3** この部品を取り替えたいんですけど。

이 부품을 갈고 싶은데요.

**4** 部品の単価はいくらですか？

부품 단가가 얼마예요?

**5** タイヤの空気圧を見て下さい。　　　　　　　　　　　　ホイールも

타이어 공기압을 봐 주세요.　　　　　　호일도

**6** タイヤに釘が刺さったんです。

타이어에 못이 박혔어요.

**7** ドアの下のへこみ、目立たないように直せますか？

문 밑에 꺼진 부분, 티 안 나게 고칠 수 있나요?

**8** バンパーにかすり傷があるんですけど。

범퍼에 그슬린 흠이 있는데요.

**9** ここのキズのところ、すぐ修理できますか？

여기 흠이 있는데 금방 수리할 수 있을까요?

**10** エンジンオイルを補充して下さい。

엔진 오일 보충해 주세요.

バッテリー液・ラジエータ冷却液

배터리액 /라디에이터 냉각액

11 車の点検、お願いします。

## 차 점검 부탁해요.
チャジョムゴム プ タケ ヨ

12 ワイパーブレードを交換して下さい。

## 와이퍼 블레이드를 교환해 주세요.
ワイポ ブルレイドゥルル キョファネ ジュセヨ

## ガソリンスタンド・LPG充填所・洗車場

CD-3
[track19]

1 この辺にLPG充填所はありますか？

## 이 근처에 엘피지 충전소가 있나요？
イ グンチョエ エルピジ チュンジョンソガ インナヨ

ガソリンスタンド

## 정유소가

2 満タンにして下さい。

## 가득 넣어 주세요.
カドゥンノ オ ジュセヨ

3万ウォン分

## 삼만 원어치

3 4万5000ウォンになります。

## 사만오천 원 되겠습니다.
サマンオチョノニ デゲッスンムニダ

4 ポイントは貯めて下さい。

## 포인트는 적립해 주세요.
ポイントゥヌン チョンニペ ジュセヨ

5 ポイントのキャッシュ・バックサービスを受けたいんですが。

## 포인트 캐시백 서비스를 받고 싶은데요.
ポイントゥ ケシベック ソビスルル パッコ シップン デ ヨ

**6** ポイントでお支払いしますね。　　　　　　　　カード

**포인트로** 지불할게요　　　　　　　　　　　　**카드로**
ポイントゥロ　チブルハルケヨ

---

**7** ゴミを捨てて下さいませんか？

쓰레기를 버려 주실래요？
スレギルル　ポリョ　ジュシルレヨ

---

**8** 灰皿を空けて下さいませんか？

재떨이를 좀 비워 주실래요？
チェトリルル　チョンム　ピウォ　ジュシルレヨ

---

**9** トイレはどこですか？

화장실이 어디예요？
ファジャンシリ　オディエヨ

---

**10** 小銭に両替できますか？

잔돈 좀 바꿔 주시겠어요？
チャンドン　チョンム　バコ　ジュシゲッソヨ

---

**11** タイヤの空気注入をお願いできますか？

타이어 공기주입을 부탁할 수 있을까요？
タイオ　コンギジュイブル　ブタッカル　ス　イッスルカヨ

---

**12** 洗車場はどこですか？

세차장은 어디예요？
セチャジャンウン　オディエヨ

---

**13** 洗車料金はいくらですか？

세차요금은 얼마예요？
セチャヨグムン　オルマエヨ

## 眼鏡（コンタクトレンズ）屋

### 眼鏡

**1** 眼鏡を新調したいんですけど。

안경을 새로 하고 싶은데요.
アンギョン ウル セロ ハゴ シップン デ ヨ

老眼鏡
돋보기 안경

**2** 度付きサングラスにしたいんですけど。

도수 있는 선글라스를 하고 싶은데요.
ド ス インヌン ソングルラス ロ ハゴ シップン デ ヨ

**3** 今の眼鏡と同じ度数にして下さい。

지금 안경과 같은 도수로 해 주세요.
チ グンム アンギョングァ ガトゥン ド ス ロ ヘ ジュセ ヨ

**4** 去年作ったのに、度が合わないような気がするんです。

작년에 만들었는데, 도수가 안 맞는 것 같아요.
チャン ニョネ マンドゥロン ヌン デ ド ス ガ アン マンヌン ゴッ ガタ ヨ

**5** ― 近視ですね。

근시이시군요.
クン シ イ シ グンニョ

乱視・遠視・老眼
난시 / 원시 / 노안

**6** ― 矯正視力は 1.0 くらいでいいですか？

교정시력은 일점 영 정도면 되겠습니까？
キョジョン シ リョグン イルチョム ヨンチョン ド ミョン デ ゲッスム ニ ッカ

**7** もう少し度を強くして下さい。

좀더 도수를 세게 해 주세요.
チョンム ド ド ス ルル セゲ ヘ ジュセ ヨ

弱くして
약하게

**8** ― どんなフレームになさいますか？

어떤 테로 하시겠어요？
オットンテ ロ ハ シ ゲッソ ヨ

**9** 軽いフレームにしたいんです。

가벼운 테로 하고 싶은데요.
<sub>カ ビョウン テ ロ ハ ゴ シップン デ ヨ</sub>

**10** フレームは前のを使いたいんですけど。

테는 전의 것을 사용하고 싶은데요.
<sub>テ ヌン チョネ コスル サヨンハゴ シップン デ ヨ</sub>

**11** 優しそうに見えるフレームを選んで下さい。

부드러워 보이는 테를 골라 주세요.
<sub>ブ ドゥ ロ ウォ ボ イ ヌン テ ルル コル ラ ジュ セ ヨ</sub>

**12** 薄型のレンズにして下さい。

얇은 렌즈로 해 주세요.
<sub>ヤルブン レン ズ ロ ヘ ジュ セ ヨ</sub>

色つき・圧縮

색이 들어 있는 / 압축

# コンタクトレンズ

**1** コンタクトレンズにしたいんですが。　　　カラーコンタクト

콘텍트렌즈를 하고 싶은데요.　　　컬러 콘택트
<sub>コンテック ト レン ズルル ハ ゴ シップン デ ヨ</sub>

**2** ― コンタクレンズは初めてお使いですか？

콘택트렌즈를 처음 사용하십니까?
<sub>コンテックトゥレン ズ ルル チョウンム サ ヨン ハ シンム ニ カ</sub>

**3** ― ソフトとハードどちらになさいますか？

소프트와 하드 어느 쪽으로 하시겠습니까?
<sub>ソ プ トゥ ワ ハ ドゥ オ ヌ チョグ ロ ハ シ ゲッスンム ニ カ</sub>

使い捨てと連続装用
## 일회용과 연속착용

**4** ずっとハードを使ってました。 ソフト

계속 하드렌즈를 사용하고 있었어요. 소프트
<sub>ケソク ハドゥレンズル サヨンハゴ イッソッソヨ</sub>

**5** ― 違和感がありますか？

이질감이 있어요？
<sub>イジルガミ イッソヨ</sub>

**6** ― 度が合わないようでしたら、1週間以内なら交換できます。

도수가 안 맞으실 경우, 일주일 이내라면 교환이
<sub>ドスガ アン マズ シルキョンウ イルチュイル イネ ラミョンキョ ファニ</sub>

됩니다.
<sub>デムニダ</sub>

**7** 破損や紛失の際の保険はありますか？

파손이나 손실이 있을 때의 보험은 있나요？
<sub>パソニナ ソンシリ イッスル テエ ポホムン インナヨ</sub>

## 美容院・理髪店

CD-**3**
[track21]

### 予約

**1** どこの美容院に行ってるんですか？

어느 미장원에 다니세요？
<sub>オヌ ミジャンウォネ タニセヨ</sub>

**2** パーマとカットを予約したいんですけど。

파마하고 커트를 예약하고 싶은데요.
<sub>パマハゴ コットゥルル イェヤカゴ シップンデヨ</sub>

3 明日の10時にお願いします。

## 내일 열시에 부탁해요.
ネイル ヨルシエ プタケ ヨ

4 ─ ご指名はございますか？

## 부를 미용사가 있습니까?
プルル ミヨンサガ イッスムニカ

5 ミス・キムにお願いできますか？

## 미스 김 부탁할 수 있을까요?
ミス キンム プ タカル ス イッスル カ ヨ

# カット

1 ─ 今日はどのようになさいますか？

## 오늘은 어떻게 하시겠습니까?
オ ヌルン オトッケ ハシ ゲッスムニカ

2 シャンプーは要りません。

## 샴푸는 필요없어요.
シャンプヌン ピリョ オプソ ヨ

手早く（軽く）お願いします。

## 간단하게 해 주세요.

3 カットとブローをお願いします。

## 커트와 블로우 해 주세요.
コットゥワ プルロウ ヘ ジュセヨ

4 （写真を見せて）こんな感じで切って下さい。

## 이런 식 으로 잘라 주세요.
イロン シ グ ロチャルラ ジュセヨ

**5** 今ちょっと中途半端な長さなので、迷ってます。

지금 어중간한 길이라서 망설이고 있어요.
<br>チグム オジュンガナン キリラソ マンソリゴ イッソヨ

**6** 髪を伸ばしてる途中なんですよ。

머리를 기르고 있는 중이에요.
<br>モリルル キルゴ インヌンジュンイエヨ

**7** ― 長さはそのままにして軽くしましょうか？

길이는 그대로 두고 가볍게 해 드릴까요？
<br>キリヌン クデロ ドゥゴ カビョッケ ヘ ドゥリルカヨ

**8** 最近はどんな髪型が流行ってますか？

최근에는 어떤 머리형태가 유행이에요？
<br>チェグネヌン オットン モリヒョンテガ ユヘンイエヨ

**9** ヘアスタイルの本をちょっと見せて下さいますか？

헤어 스타일 책을 좀 보여 주시겠어요？
<br>ヘオ スタイル チェグル チョム ポヨ ジュシゲッソヨ

**10** この髪型でちょっと短めにして下さい。

이 머리형태로 좀 짧게 해 주세요.
<br>イ モリヒョンテロ チョム チャルケ ヘ ジュセヨ

**11** 思いっきり短く切って下さい。

아주 짧게 잘라 주세요.
<br>アジュ チャルケ チャルラ ジュセヨ

枝毛の部分だけ・バランスを見て適当に

머리끝 상한 부분만 / 밸런스를 보고 적당히

**12** 毛先を揃えるくらいでいいです。

머리끝을 다듬는 정도면 돼요.
<br>モリクスル タドゥムヌンチョンド ミョン デヨ

**13** 全体的に軽くして下さい。

전체적으로 가볍게 해 주세요.
チョンチェ ジョグ ロ カビョッケ ヘ ジュセヨ

すいて
솟구어

**14** 後ろとサイドは段カットにして下さい。

뒤하고 옆은 층지게 잘라 주세요.
デイ ハ ゴ ヨプン チュンジ ゲ チャルラ ジュセヨ

**15** あまり短くしないで下さい。

너무 짧게 하지 마세요.
ノ ム チャルケ ハジ マセヨ

**16** 肩までの長さにして下さい。

어깨 정도의 길이로 해 주세요.
オ ケ チョンド エ キリ ロ ヘ ジュセヨ

**17** あごの線でそろえて下さい。

턱선에 맞추어서 잘라 주세요.
トック ソネ マッチュオソ チャルラ ジュセヨ

**18** ― 前髪はどうなさいますか？

앞머리는 어떻게 하시겠습니까？
アンモ リヌン オトッケ ハ シ ゲッスムニ カ

サイド
옆머리

街で

**19** ― おでこを出したほうがきれいですよ。

이마를 내놓으시는 게 예뻐요.
イ マヌン ネ ノ ウ シヌン ゲ イェポヨ

**20** 前髪は眉に少しかかるくらいにして下さい。

앞머리는 눈썹이 살짝 덮일 정도로 해 주세요.
アンモ リヌン ヌンッソビ サルチャック ドピルチョンド ロ ヘ ジュセヨ

短めに・長めに

좀 짧게 / 좀 길게

**21** 前髪をもう少し短くして下さい。

앞머리를 조금만 더 짧게 해 주세요.
アン モ リ ルル チョグンマン ドゥ チャルケ ヘ ジュ セ ヨ

後ろ髪・サイド

뒷머리 / 옆머리

**22** — サイドの髪は耳にかけますか？

옆머리는 귀 뒤로 넘기실 거예요？
ヨン モ リ ヌン キ ディ ロ ノムギ シル コ エ ヨ

**23** — シャギーを入れますか？

섀기 넣을까요？
シェ ギ ノ ウル カ ヨ

**24** — 分け目はどうなさいますか？

가르마는 어떻게 하시겠습니까？
カル マ ヌン オ トッケ ハ シ ゲッスム ニ カ

**25** 真ん中で分けます。　　　　　　　　右側で・左側で

가운데 가르마로 타요.　　　　오른쪽 옆 / 왼쪽 옆
カ ウン デ カル マ ロ タ ヨ

# 仕上げ

**1** はねる感じでブローして下さい。

뻗치는 것처럼 블로우 해 주세요.
ポッ チ ヌン ゴッチョロム ブ ロ ウ ヘ ジュ セ ヨ

内巻きに・外巻きに・軽く

안으로 말아서 / 밖으로 말아서 / 가볍게

**2** ─ ジェルを付けますか？　　　　　　　　　ムース・ワックス

젤 바를까요?　　　　　　　　　　　　　무스 / 왁스
ゼル　バルルカヨ

**3** 何もつけないで下さい。

아무것도 바르지 마세요.
ア ム ゴット　バル ジ　マ セ ヨ

**4** 前髪をフワッとさせて下さい。

앞머리를 살려 주세요.
アン モ リ ルル　サル リョ　ジュ セ ヨ

全体的に・頭のてっぺんを・サイドを

전체적으로 / 머리 윗부분을 / 옆머리를

**5** サイドは押さえて下さい。　　　　　　　全体的に・ここは

옆머리는 죽여 주세요.　　　　　　　　전체적으로 / 여기는
ヨン モ リ ヌン　ジュギョ ジュ セ ヨ

**6** ぺたっとくっ付けて下さい。

딱 붙여 주세요.
タック　プチョ　ジュ セ ヨ

**7** アップにして下さい。

머리를 올려 주세요.
モ リ ルル　オル リョ　ジュ セ ヨ

街で

## パーマ

**1** パーマをかけたいんですけど。

파마를 하고 싶은데요.
パ マ ルル　ハ ゴ　シプン デ ヨ

ストレートパーマ
## 스트레이트 파마 / 모발교정

**2** 髪の根本に張りを出したいの。

### 머리 뿌리 부분에 힘을 주고 싶어요.
モリ ップリ ブブネ ヒムル ジュゴ シッポ ヨ

**3** 自然なウェーブをつけて下さい。

### 자연스럽게 웨이브 지게 해 주세요.
チャヨン スロップケ ウェイブ ジゲ ヘ ジュセヨ

**4** サラサラヘアにして下さい。

### 찰랑찰랑한 머리로 해 주세요.
チャルランチャルランハン モリロ ヘ ジュセヨ

**5** ジュリア・ロバーツみたいにしてみたいんだけど。

### 줄리아 로버츠처럼 해 보고 싶은데요.
ジュリア ロバッチョロム ヘ ボゴ シップンデヨ

この写真

### 이 사진

**6** 髪が太くて、なかなかパーマがかからないの。

### 머리가 굵어서 파마가 잘 안 나와요.
モリガ グルゴソ パマガ チャル アン ナワヨ

**7** 髪を痛めないパーマ液はありますか？

### 머리를 안 상하게 하는 파마액 있어요？
モリルル アン サンハゲ ハヌン パマエック イッソヨ

**8** きつくないパーマ液でお願いね。

### 독하지 않은 파마액으로 해 주세요.
トカジ アヌン パマエグロ ヘ ジュセヨ

## 髪を染める

**1** 髪を染めたいんだけど。

### 머리를 물들이고 싶은데요.
<sub>モ リ ルル　ムル ドゥリ ゴ　シップン デ ヨ</sub>

**2** 染色じゃなくてヘアカラーにして下さい。

### 염색이 아니라 헤어컬러로 해 주세요.
<sub>ヨンム セギ　ア ニ ラ　ヘ オ コル ロ ロ　ヘ　ジュ セ ヨ</sub>

**3** ちょっと明るくブリーチして下さい。

### 좀 밝게 브리치해 주세요.
<sub>チョンムバル ケ　ブ リ チ ヘ　ジュ セ ヨ</sub>

**4** 白髪染めをお願いしようと思って。

### 새치염색을 부탁하려고요.
<sub>セ チ ヨンム セグル　ブ タカ リョ ゴ ヨ</sub>

**5** 生え際だけ染めてもらえますか？

### 머리 새로 난 곳만 해 주시겠어요？
<sub>モ リ　セ ロ　ナン ゴンマン　ヘ　ジュ シ ゲッソ ヨ</sub>

**6** 目立たない色にして下さい。

### 티 안 나는 색으로 해 주세요.
<sub>ティ アン ナ ヌン　セグ ロ　ヘ ジュ セ ヨ</sub>

明るめの・茶・こんな・自然な

### 약간 밝은 /밤 /이런 /자연스러운

## 理髪店

**1** 散髪とひげ剃りをお願いします。

이발과 면도 부탁해요.
イ バルグァ ミョンド プタケヨ

**2** 散髪だけでいいです。

이발만 해 주세요.
イバルマン ヘ ジュセヨ

**3** ひげ剃りは要りません。

면도는 필요없어요.
ミョンドヌン ピリョ オップソヨ

**4** ひげを伸ばしてるんですよ。

수염을 기르고 있는 중이에요.
スヨムル キルゴ インヌンジュンイエヨ

**5** ここから1センチほど切って下さい。

지금 이 상태에서 일 센티 정도 잘라 주세요.
チグムイ サンテエソ イル センティチョンド チャルラ ジュセヨ

全体的に

전체적으로

**6** すっきりした感じに切って下さい。

말끔해 보이게 잘라 주세요.
マルクメ ボイゲ チャルラ ジュセヨ

**7** スポーツ刈りにして下さい。

스포츠머리 (짧은머리)로 잘라 주세요.
スポツモリ            ロ チャルラ ジュセヨ

**8** 襟足はバリカンで刈って下さい。

뒷덜미는 이발기로 깎아 주세요.
ディットル ミ ヌン イ バル ギ ロ カッカ ジュ セ ヨ

**9** 後ろの産毛は剃って下さい。

뒤의 솜털은 밀어 주세요.
ディ エ ソンム トルン ミロ ジュ セ ヨ

**10** 横は耳が半分隠れるくらいにして下さい。

옆은 귀가 반쯤 덮일 정도로 해 주세요.
ヨプン ギ ガ バンチュム ドピル チョン ド ロ ヘ ジュ セ ヨ

完全に・ちょっとだけ
**완전히 / 약간만**

**11** 横は耳を出して下さい。

옆은 귀를 내놓아 주세요.
ヨプン キ ル ネ ノ ア ジュ セ ヨ

**12** 揉みあげは残して下さい。

구레나룻은 남겨 주세요.
ク レ ナ ルスン ナムギョ ジュ セ ヨ

**13** 後ろはあまり短くしないで下さい。

뒤는 너무 짧게 자르지 마세요.
ディヌン ノ ム チャルケ チャル ジ マ セ ヨ

## 写真店

CD-3 [track22]

## 現像をお願いする

**1** 現像をお願いします。

**현상** 부탁합니다.
ヒョンサン プ タカム ニ ダ

焼き増し
**추가 인화**

**2** そこにチェックしてある通り、焼き増しして下さい。

# 거기 체크한 대로 빼 주세요.
コギ チェクハン デロ ッペ ジュセヨ

**3** この大きさに引き伸ばして下さい。

# 이 크기로 확대해 주세요.
イ クギロ ファッテヘ ジュセヨ

**4** デジカメも扱ってますか?

# 디지털 카메라도 취급하나요?
ディジタル カメラド チュィグッパ ナ ヨ

**5** 携帯カメラのもプリントできますか?

# 휴대폰 카메라도 프린트할 수 있나요?
ヒュデポン カメラド プリントゥハル ス インナヨ

**6** ― はい、メディアをお持ちいただければすぐできます。

# 네, 미디어를 가지고 오시면 곧바로 할 수 있어요.
ネ ミデオルル カジゴ オシミョンコッパロ ハル ス イッソヨ

**7** 一枚ずつお願いします。

# 한 장씩 빼 주세요.
ハンジャンシック ッペ ジュセヨ

2枚ずつ・映った人数分

# 두 장씩 / 찍힌 인원수만큼

**8** いつ頃仕上がりますか?　　　　　　　　　　　　　　何時

# 언제쯤 돼요?　　　　　　　　　　　　　　　　　　몇 시
オンジェチュム デヨ

**9** ― 1時間後には仕上がります。

**한시간 후면** 나옵니다.

夕方頃・明日

저녁쯤이면 / 내일이면

**10** 急いでるんですが、もう少し早くできませんか?

급한데요. 좀더 빨리 안 돼요?

**11** ― (あいにく)今混んでるんです。

(공교롭게도) 지금 밀렸어요.

**12** ― 何時頃まで必要ですか?

몇 시쯤까지 필요한데요?

**13** ― サービスサイズでよろしいですか?

서비스 사이즈로 하면 될까요?

## その他

**1** パスポート用の証明写真を撮りたいんですが。　　履歴書

**여권용** 증명사진을 찍고 싶은데요.　　**이력서용**

**2** ― 何枚必要ですか?

몇 장 필요하십니까?

3 記念撮影は予約が必要ですか？

## 기념촬영은 예약이 필요한가요?
キ ニョンチャリョンウン イェ ヤギ ピリョ ハン ガ ヨ

4 ― スタジオなら当日でも大丈夫です。

## 스튜디오라면 당일이라도 괜찮습니다.
ス ティディ オ ラ ミョンダン イリ ラ ド ゲンチャンスンニ ダ

5 24枚撮りのフィルムを下さい。

## 스물네 방짜리 필름 주세요.
ス ムル ネ パンチャ リ ピルルム チュ セ ヨ

6 モノクロ用のフィルムはありますか？

## 흑백용 필름 있어요?
フックペンニョン ピルルム イッソ ヨ

7 インスタントカメラはありますか？

## 일회용카메라 있어요?
イル フェ ヨン カ メ ラ イッソ ヨ

8 このタイプのカメラ電池はありますか？

## 이 타입의 카메라 전지 있어요?
イ タ イベ カ メ ラ ジョン ジ イッソ ヨ

# クリーニング店

CD-3
[track23]

## クリーニング

1 ドライクリーニングをお願いします。

## 드라이클리닝 부탁해요.
ドゥ ラ イ クル リ ニン プ タケ ヨ

2 洗うだけでいいですよ。

## 세탁만 해 주세요.
セ タンマン ヘ ジュ セ ヨ

386

### 3 アイロンは要りません。

# 다림질은 필요없어요.
タ リンム ジルン　　ピリョ オップソ ヨ

### 4 ここにソースのシミがあるけど落ちますかね？

# 여기 소스 얼룩이 있는데 지워질까요?
ヨ ギ　ソ ス　オル ルギ　インヌン デ　チ ウォ ジル カ ヨ

しょう油・油・口紅

# 간장 /기름 /루주

### 5 襟まわりの汚れが気になるんだけど。

# 목 주변의 때가 신경이 쓰이는데.
モック チュ ビョネ　テ ガ　シンギョンイ　ッス イ ヌン デ

### 6 ― これは落ちないかもしれません。

# 이건 안 지워질지도 모르겠어요.
イ ゴン　アン　ジ ウォ ジル チ ド　モ ル ゲッソ ヨ

### 7 ― シミが少し薄くはなると思います。

# 얼룩이 좀 옅어지기는 할 것 같아요.
オル ルギ　チョム　ヨト ジ ギ ヌン　ハル コッ　カタ ヨ

### 8 防水加工はできますか？

# 방수가공 됩니까?
パン ス カ ゴンイ デンム ニ ッカ

### 9 これはシルクなので気をつけて下さい。

# 이건 실크니까 신경 써서 해 주세요.
イ ゴン　シル ク ニ カ　シンギョンッソ ソ　ヘ　ジュ セ ヨ

カシミア・モヘア

# 캐시미어 / 모헤아

街で

10 色落ちしやすい素材なのでよろしく。

### 색이 잘 빠지는 소재니까 잘 부탁해요.
<sub>セギ ジャル パジヌン ソ ゼ ニ カ チャル プ タケ ヨ</sub>

11 アイロンはあまり強くかけないでね。

### 다림질은 너무 뻣뻣하게 하지 마세요.
<sub>タリㇺジルン ノム ポッポッタゲ ハジ マセヨ</sub>

12 スチーム仕上げにして下さい。

### 스팀 마무리 해 주세요.
<sub>スティㇺマ ム リ ヘ ジュセヨ</sub>

13 夕方までにできますか？

### 저녁까지 돼요 ?
<sub>チョニョッカジ デヨ</sub>

## 修繕

1 ズボンの丈を詰めてもらえますか？

### 바짓단을 줄여 주시겠어요 ?
<sub>パジッタヌル チュリョ ジュシ ゲッソ ヨ</sub>

そで丈を・スカート丈を

### 소매 길이를 / 치마길이를

2 ピンで止めてある長さにして下さい。

### 핀 꽂아 둔 길이로 해 주세요.
<sub>ピン ッコジャ ドゥン キリ ロ ヘ ジュセヨ</sub>

3 ウェストのサイズ直しをお願いします。

### 허리 사이즈를 고쳐 주세요.
<sub>ホリ サイ ズルル ゴチョ ジュセヨ</sub>

**4** このかぎ裂きのところを掛け接ぎで直せますか？

이 찢어진 곳, 짜깁기로 고칠수 있어요?
<sub>イ チジョジン ゴッ チャギッブ キ ロ コ チル ス イッソ ヨ</sub>

---

## クレーム

**1** ここにシミができてるんだけど。

여기 얼룩이 졌는데요.
<sub>ヨ ギ オル ルギ ジョンヌン デ ヨ</sub>

**2** ここに穴が開いちゃってるのよ。

여기 구멍이 뚫렸어요.
<sub>ヨ ギ ク モン イ トゥルリョッソ ヨ</sub>

**3** ボタンが一つなくなってますよ。

단추가 하나 없어졌어요.
<sub>ダンチュ ガ ハ ナ オッブソ ジョッソ ヨ</sub>

**4** 私のがないって、どういうことですか？

제 게 없다는 게 무슨 소리예요?
<sub>チェッ ケオッブッタ ヌン ゲ ム スン ソ リ エ ヨ</sub>

**5** サイズが縮んでるんですよ。

사이즈가 줄어들었어요.
<sub>サ イ ズ ガ チュロ ドゥロッソ ヨ</sub>

**6** 弁償して下さい。

변상해 주세요.
<sub>ピョンサン ヘ ジュ セ ヨ</sub>

## 健康管理

### 健康の話題

**1** 何か運動しなくちゃ。

뭔가 운동을 해야지.
モン ガ ウンドン ウル ヘ ヤ ジ

**2** もう年だからハードな運動はできません。

이제 나이가 들어서 힘든 운동은 못해요.
イ ジェ ナ イ ガ ドゥロ ソ ヒムドゥン ウンドン ウン モテ ヨ

**3** 中年太りなのか、お腹が出始めました。

중년비만인지, 배가 나오기 시작했어요.
チュンニョン ビ マニン ジ ペ ガ ナ オ ギ シ ジャケヘッソ ヨ

**4** ジョギングを始めました。

조깅을 시작 했어요.
ジョギン ウル シ ジャク ヘッソ ヨ

**5** 毎日1万歩、歩くことにしています。

매일 만 보씩 걷기로 하고 있어요.
メ イル マン ボ シッ コッ キ ロ ハ ゴ イッソ ヨ

**6** 縄跳びをするとひざが痛むんです。

줄넘기를 하면 무릎이 아파요.
ジュルノン キ ルル ハ ミョン ム ルビ ア パ ヨ

**7** いつも三日坊主なんですよね。

항상 작심삼일이거든요.
ハンサン チャクシムサ ミ リ ゴ ドゥンニョ

### ⑯ 美容と健康

韓国人は健康への関心がとても高く、「体にいい」と聞くとすぐに飛びつきます。近年のブームは「美しく健康な体作り」。水泳場（プール）やスポーツセンター（スポーツセンター）、ヘルスクラブ（ヘルスクラブ）、それらを一つにしたフィットネスクラブに様々な年齢層の人が通っています。

8 体脂肪計付きの体重計を買いました。

체지방계가 달린 체중계를 샀어요.

9 体重計に乗るのが恐いです。

체중계 위에 올라가는 게 겁나요.

10 健康診断でひっかかったんですよ。

건강진단에서 걸렸어요.

11 足裏マッサージで一日の疲れを取ります。

발바닥 마사지로 하루의 피로를 풀어요.

12 指圧を教わろうかと思ってます。

지압을 배울까 해요.

## 食生活・嗜好品など

1 食生活には気を遣っています。

식생활에는 신경을 쓰고 있어요.

2 朝ご飯はしっかり食べるほうです。

아침밥은 제대로 먹는 편이에요.

3 バランスのとれた食事を心がけています。

균형 있는 식사를 하도록 유의하고 있어요.

4 食物繊維をたっぷり摂るといいですよ。

식물성 섬유를 듬뿍 취하면 좋아요.

5 インスタント食品は体に良くないですよ。

인스턴트 식품은 몸에 안 좋아요.

6 コーヒーの飲み過ぎは胃に悪いですよ。

커피 너무 많이 마시는 건 위에 해로워요.

7 健康のためにもタバコはやめるべきです。

건강을 위해서라도 담배는 끊어야 해요.

8 お酒も控えないとね。

술도 자중해야죠.

## フィットネスクラブ・スポーツクラブ

[track25]

## フィットネスクラブを決める

1 24時間やっているフィットネスクラブを探してます。

이십사 시간 하는 피트니스 클럽을 찾고 있어요.

2 チェーン店だと他の地域の施設も利用できるんです。

체인점이면 다른 지역 시설도 이용할 수 있어요.

3 家か会社から近いと利用しやすいですね。

집이나 회사에 가까우면 이용하기 좋죠.

4 毎月の会費やロッカーの使用料もバカにならないですよ。

매달 회비나 로커사용료도 장난이 아니에요.
<sub>メダル フェビナ ロコ サヨンニョド チャン ナニ アニエヨ</sub>

5 長続きしないから、なかなかやせられない。

오래 안 가니까 좀처럼 살이 빠지지 않아.
<sub>オレ アン ガニカ チョムチョロム サリ ッパジジ アナ</sub>

6 食餌療法は、すぐくじけてしまうんですよ。

식이요법은 금방 좌절하고 말아요.
<sub>シギ ヨ ポブン クムバン チュァジョルハゴ マラヨ</sub>

7 "継続は力なり"という言葉を実感するよ。

"계속은 힘"이라는 말을 실감할거야.
<sub>ケ ソグン ヒム イ ラ ヌン マルル シルガムハルコヤ</sub>

## クラブで

1 — 初めての方は簡単な健康診断があります。

처음이신 분은 간단한 건강진단이 있습니다.
<sub>チョ ウミ シン ブヌン カンタナン コンガンジン ダニ イッスムニダ</sub>

2 ヨガのグループレッスンは何時から何時までですか？

요가의 그룹레슨은 몇 시부터 몇 시까지예요?
<sub>ヨガエ グルプレッスヌン ミョッ シ ブ ト ミョッ シカジエヨ</sub>

太極拳

태극권

### 3 プールの一番すいてる曜日と時間帯はいつですか？

**수영장이** 제일 한산한 요일과 시간대는 언제예요？
スヨンジャンイ チェイル ハン サナン ヨ イルグァ シ ガン テ ヌン オンジェ エ ヨ

ジム
체육관이

### 4 マシーンはトレーナーに指導を受けてからご使用下さい。

운동기기는 트레이너에게 지도를 받고 사용하시
ウンドンキ ギヌン トゥレ イ ノ エゲ チドルル パッコ サヨンハ シ

기바랍니다.
ギ バ ランム ニ ダ

### 5 今度は格闘技系のトレーニングをやってみたいです。

이번엔 **격투기 계열** 트레이닝을 해 보고 싶어요.
イ ボネン キョトゥギ ゲヨル トゥレ イ ニンウル ヘ ボゴ シッポ ヨ

ダンス系
댄스 계열

### 6 腹筋を鍛えるマシーンはどれですか？

복근을 단련하는 운동기기는 어느 거예요？
ボッ クヌル タル リョナ ヌン ウンドンキ ギヌン オ ヌ ゴ エ ヨ

### 7 エアロビクスはレオタードでなくてもいいですか？

에어로빅은 레오타드 없이도 괜찮아요？
エ オ ロ ビグン レ オ タドゥ オッㇷ゚シド ゲンチャナ ヨ

### 8 ゴーグルを忘れてきたんだけど貸していただけますか？

고글을 잊어버리고 왔는데 빌려주시겠어요.
ゴ グルルル イジョ ボリゴ ワンヌンデ ピルリョジュ シ ゲッソ ヨ

## トレーニング

1 運動の前には必ずストレッチをして下さい。

### 운동 전에는 반드시 스트레칭을 해 주세요.
ウンドン ジョネ ヌン バンドゥシ ストゥレチンウル ヘ ジュセヨ

関節をほぐして
### 관절을 풀어

2 背筋を伸ばして下さい。

### 등을 똑바로 펴세요.
ドゥンウル トックバロ ピョセヨ

3 脚を肩幅ぐらいに開いて立って下さい。

### 다리를 어깨폭으로 벌리고 서세요.
タリルル オッケ ポグロ ポルリゴ ソセヨ

4 胸を張って、正面を向いて下さい。

### 가슴을 펴고 정면을 향해 주세요.
カ スムル ピョ ゴ チョンミョヌル ヒャンヘ ジュセヨ

5 体をゆっくり左右にひねって下さい。

### 몸을 천천히 좌우로 틀어 주세요.
モムン チョンチョニ チュァウロ トゥロ ジュセヨ

6 ひじは曲げないでまっすぐ伸ばして下さい。

### 팔꿈치는 굽히지 말고 똑바로 펴 주세요.
パルクンムチ ヌン クピジ マルゴ トックバロ ピョ ジュセヨ

## クラブ内での話題

**1** 今日はスイミングレッスンがあります。

오늘은 수영레슨이 있어요.

**2** 毎日500メートル泳ぐのを日課にしています。

매일 오백 미터 헤엄치는 걸 일과로 삼고 있어요.

**3** シェイプアップには有酸素運動がいいですね。

쉐이프 업에는 유산소 운동이 좋지요.

**4** 週3回以上は来ないと元が取れないですよ。

일주일에 세 번 이상 안 오면 본전을 못 찾아요.

**5** ボクシングはストレス解消にいいよ。

복싱은 스트레스 해소에 좋아요.

**6** 家で腹筋をやるよりマシーンを使うほうがずっと効果的です。

집에서 윗몸일으키기하는 것보다 운동기기를 사용하는 게 훨씬 효과적이에요.

**7** 筋肉をつけるというより、ぜい肉を落とすのが目標です。

근육을 만든다기보다 군살을 빼는 게 목표예요.

**8** この垂れたお尻が憎たらしいんですよ。

이 처진 엉덩이가 원수예요.
<sub>イ チョジン オンドンイ ガ ウォンス エ ヨ</sub>

**9** 体脂肪は少し減ったかな？

체지방이 조금 줄었나？
<sub>チェジバンイ チョグㇺ チュロン ナ</sub>

**10** ぽっこりお腹が少しへこんできました。

볼록한 배가 좀 꺼지기 시작했어요.
<sub>ポㇽロッカン ペ ガ チョㇺ コ ジ ギ シ ジャケッソ ヨ</sub>

**11** ふにゃふにゃ二の腕がちょっと引き締まったかな？

부들부들한 팔뚝이 좀 단단해 졌나？
<sub>ブ ドゥㇽ ブ ドゥランハン パㇽ トゥギ チョㇺ タン ダネ ジョンナ</sub>

**12** あのトレーナーは指導が上手いって噂ですよ。

저 트레이너는 지도를 잘 한다는 소문이에요.
<sub>チョ ト レ イ ノ ヌン チ ド ルㇽ チャラン ダ ヌン ヌン ソムニ エ ヨ</sub>

**13** 腰痛持ちの人にはアクアビクスがいいらしいですよ。

요통이 있는 사람은 아쿠아비쿠스가 좋대요.
<sub>ヨ トンイ インヌン サ ラムン ア ク ア ビ ク ス ガ チョッテ ヨ</sub>

**14** スポーツで汗を流すと気持ちいいですね。

운동으로 땀을 흘리면 기분이 좋아요.
<sub>ウンドン ウ ロ タンムㇽ フㇽ リ ミョン キ ブニ チョ ア ヨ</sub>

美容と健康

# 風呂・サウナ

## 風呂（銭湯）

1. 韓国の銭湯は朝早くからやっているんですね。

   한국 목욕탕은 아침 일찍부터 하네요.
   ハングック モギョックタンウン アチンム イルチックプト ハネヨ

2. 夜は何時まで営業していますか？

   밤에는 몇 시까지 영업해요？
   パメ ヌン ミョッシ カジ ヨンオッペ ヨ

3. 1回用のシャンプーとリンス、下さい。

   일회용 샴푸하고 린스주세요.
   イル フェヨン シャンプ ハゴ リンス チュセ ヨ

4. 垢すりタオル、ありますか？

   때밀이 타월 있어요？
   ッテ ミリ タウォル イッソ ヨ

5. このお湯は熱すぎますよ。

   이 물은 너무 뜨거워요.
   イ ムルン ノム トゥゴウォ ヨ

6. 薬草風呂は匂いがきついので遠慮します。

   약초탕은 냄새가 독해서 사양하겠어요.
   ヤックチョタンウン ネムセ ガ ドケ ソ サヤン ハ ゲッソ ヨ

7. サウナに入りませんか？

   사우나에 안 들어갈래요？
   サウナ エ アン ドゥロ ガル レ ヨ

8. 垢すりをお願いします。

   때밀이 부탁해요.
   ッテ ミリ プ タケ ヨ

**9** あまり強くこすらないで下さいね。

너무 세게 밀지 마세요.
<small>ノム セゲ ミルジ マセヨ</small>

**10** パックもお願いしますね。

팩도 부탁해요.
<small>ペットゥ プ タケ ヨ</small>

**11** 肌がツルツルになりましたよ。

피부가 반질반질해졌어요.
<small>ピ ブ ガ パンジルバン ジレ ジョッソ ヨ</small>

**12** 一日の疲れが取れる感じです。

하루의 피로가 풀리는 것 같아요.
<small>ハル エ ピ ロ ガ プル リ ヌン ゴッ カタ ヨ</small>

## サウナ（チムジルバン）

**1** 入浴料はいくらですか？

입욕료는 얼마예요?
<small>イビョンニョヌン オル マ エ ヨ</small>

**2** 料金は先払いですか、後払いですか？

요금은 선불이에요, 후불이에요?
<small>ヨ グムン ソン ブリ エ ヨ フ ブリ エ ヨ</small>

**3** ― こちらのチムジル服にお着替え下さい。

이 찜질복으로 갈아입으세요.
<small>イ チムジル ボグ ロ カラ イブ セ ヨ</small>

**4** ― お風呂もご利用になられますか？

목욕탕도 이용하실 거예요?
<small>モギョックタン ド イ ヨン ハ シル コ エ ヨ</small>

5 専用駐車場は何時間まで無料ですか？

### 전용주차장은 몇 시간까지 무료예요?
<sub>チョニョンジュチャジャンウン ミョッ シ ガン カ ジ ム リョ エ ヨ</sub>

6 黄土サウナは体の毒素を取り除いてくれるそうですよ。

### 황토사우나는 몸의 독소를 제거해 준대요.
<sub>ファント サ ウ ナ ヌン モ メ ドック ソ ル ル ゼ ゴ ヘ ジュン デ ヨ</sub>

7 足のむくみが取れたみたいです。

### 다리의 부기가 빠진 것 같아요.
<sub>タ リ エ ブ キ ガ パ ジン ゴッ ガ タ ヨ</sub>

8 汗をかきすぎて喉が渇きました。

### 너무 땀을 많이 흘려서 목이 말라요.
<sub>ノ ム タ ム ル マ ニ フル リョ ソ モ ギ マル ラ ヨ</sub>

9 ビールなんか飲むと元の木阿弥ですよ。

### 맥주 같은 거 마시면 도로아미타불이에요.
<sub>メック チュ ガ トゥン ゴ マ シ ミョン ト ロ ア ミ タ ブ リ エ ヨ</sub>

## 健康食品・栄養補助食品（サプリメント）

[CD-3 track27]

1 そばは体にいいですよ。

### 메밀국수는 몸에 좋아요.
<sub>メ ミル クックス ヌン モ メ チョ ア ヨ</sub>

2 健康のためにサプリメントを飲んでいます。

### 건강을 위해서 서프리멘트를 먹고 있어요.
<sub>コン ガ ウル ウィ ヘ ソ ソ プ リ メン トゥル モッ コ イッ ソ ヨ</sub>

3 喫煙者はビタミンCがたくさん必要なんですよ。

### 흡연자는 비타민 C가 많이 필요하다고요.
<sub>フ ピョン ジャ ヌン ビ タ ミンッシ ガ マ ニ ピ リョ ハ ダ ゴ ヨ</sub>

4　コエンザイム Q10 が今話題です。

## 코엔자임 큐텐이 지금 화제예요.
コ エンジャイム キュ テニ　チ グンム ファジェ エ ヨ

5　健康食品は即効性はないんですよね。

## 건강식품은 즉효성은 없지요.
コン ガン シック プムン ジュッキョソンウン オッ プ チ ヨ

6　メシマコブは抗ガン効果があるそうです。

## 상황버섯은 항암작용이 있대요.
サンファン ポ ソスン　ハンアンムジャギョン イ　イッ テ ヨ

7　更年期障害にはザクロがいいんですって。

## 갱년기 장애에는 석류가 좋대요.
ケンニョン ギ ジャン エ　エ ヌン ソンニュ ガ チョッ テ ヨ

8　最近、背が伸びるサプリメントが流行ってます。

## 최근에 키가 크는 서프리멘트가 유행이에요.
チェ グネ　キ ガ　ク ヌン　ソ プ リ メントゥ ガ　ユ ヘン イ エ ヨ

9　成長期に飲ませると効き目があるらしいです。

## 성장기에 먹이면 효과가 있대요.
ソンジャン ギ エ　モギ ミョン ヒョクァ ガ　イッ テ ヨ

10　足りない栄養分を補うには手軽ですね。

## 모자라는 영양분을 보충하는 데는 간편하죠.
モ ジャ ラ ヌン ヨンヤン ブヌル　ポ チュン ハ ヌン　デ ヌン　カン ピョナ ジョ

11　民間療法は眉つばものも多いから気をつけないとね。

## 민간요법은 미심쩍은 게 많으니까 조심해야죠.
ミン ガンニョ ボブン　ミ シンムチョグン　ゲ　マヌ　ニ カ　チョシンム ヘ ヤ ジョ

美容と健康

## 漢方

**1** 漢方でやせられるって本当ですか？

한방으로 살을 뺄 수 있다는 게 정말이에요?

**2** 漢方薬は体質によって合わない人もいますよ。

한방약은 체질에 안 맞는 사람도 있어요.

**3** いい漢方医を紹介して下さい。

좋은 한방의를 소개해 주세요.

**4** 韓国の漢方薬は日本のより濃いですね。

한국의 한방약은 일본 것보다 진하네요.

**5** 昔は虚弱体質を改善するためによく飲まれていました。

옛날엔 허약체질을 개선하려고 많이들 마셨어요.

**6** 漢方薬は自分で煎じるんですか？

한방약은 자기가 직접 달이나요?

**7** 最近は漢方薬屋さんで煎じてくれます。

최근에는 한약방에서 달여 줘요.

**8** レトルトパックなので携帯にも便利ですよ。

레토르트팩이라서 휴대하기도 간편해요.

9 漢方薬の妙な甘みが嫌いです。

## 한방약의 묘한 단맛이 싫어요.
<sub>ハンバン ヤゲ ミョハン タン マシ シロ ヨ</sub>

10 この匂いがいかにも効きそうですね。

## 이 냄새가 정말 효염이 있을 것 같네요.
<sub>イ ネムセ ガ チョンマル ヒョ ヨミ イッスル コッ カンネ ヨ</sub>

## 病院の受付で

⑰ 病気になったら

**1** — 今日はどうされましたか？

오늘은 어떻게 오셨습니까?
オ ヌルン オ トッケ オ ショッスンニ カ

**2** 診察を受けたいんですが。

진찰을 받고 싶은데요.
チン チャルル パッ コ シップン デ ヨ

**3** 健康検診です。

건강검진이요.
コン ガンコンム ジニ ヨ

**4** 予防注射です。

예방주사요.
イェバンジュ サ ヨ

**5** 検査結果を聞きに来ました。

검사결과 보러 왔어요.
コンム サ キョルグァ ポ ロ ワッソ ヨ

**6** — 当院は初めてですか？

저희 병원은 처음 오셨어요?
チョイ ビョンウォヌン チョウンム オ ショッソ ヨ

**7** — 保険証を出して下さい。

보험증을 보여 주세요.
ポ ホンムチュン ウル ポ ヨ ジュ セ ヨ

**8** — 何科にかかられますか？

무슨 과 보시게요?
ム スン クァ ポ シ ゲ ヨ

「長く待って診察3分」は韓国の病院も同じ。ある統計によると、韓国人一人あたりの抗生剤服用量は世界一だそうですが、これは医者にかかる頻度が高いというより、売薬の多用によるもの。つまり自己診断で薬をのむということですから、医者嫌い病院嫌いの副作用という訳です。

9 内科です。　　　　　　　　　　　　　　　　小児科

**내과요.**
ネ クァ ヨ

**소아과**

---

10 ― 特診をご希望ですか？

**특진을 희망하십니까？**
トゥック チヌル　ヒ マン ハ シンム ニ カ

---

11 ― 予約はされてますか？

**예약은 하셨나요？**
イェ ヤグン　ハ ションナ ヨ

---

12 はい、１０時に予約しています。

**네, 열시에 예약했어요.**
ネ　ヨル シ エ　イェ ヤケッソ ヨ

---

13 ― 問診票に記入して下さい。

**문진표에 기입해 주세요.**
ムンジンピョ エ　キ イペ　ジュ セ ヨ

---

14 ― 熱を測って下さい。

**열을 재 주세요.**
ヨルル　チェ　ジュ セ ヨ

---

15 ― 診察室の前でお待ち下さい。

**진찰실 앞에서 기다려 주세요.**
チンチャルシル　アペ ソ　キ ダリョ ジュ セ ヨ

---

## 内科・小児科（医者）

CD-3 [track30]

---

1 どういうふうに痛いですか？

**어떻게 아프세요？**
オ トッ ケ　ア プ セ ヨ

**2** いつからですか？

# 언제부터예요？
オンゼブトエヨ

**3** 熱はありますか？　　　　　　　　　　　　　　　　　　　食欲

# 열은 있나요？
ヨルン　インナヨ

# 식욕은

**4** くしゃみや咳が出ますか？

# 재채기나 기침이 나나요？
ジェチェギナ　キチミ　ナナヨ

**5** 鼻水が出ますか？

# 콧물이 나와요？
コンムリ　ナワヨ

**6** アレルギーがありますか？

# 알레르기가 있어요？
アルレルギガ　イッソヨ

**7** 「あー」して下さい。

# 〈아 -〉해 보세요.
ア　ヘボセヨ

**8** シャツを上げて下さい。

# 셔츠를 들어올리세요.
ショツルル　ドゥロオルリセヨ

**9** 後ろを向いて下さい。

# 뒤로 돌아 주세요.
ディロ　ドラ　ジュセヨ

**10** 耳を見せて下さい。

# 귀를 보여 주세요.
クィルル　ポヨ　ジュセヨ

11 風邪ですね。

**감기군요.**
カㇺギ グンニョ

12 中耳炎も少しあります。

**중이염도 좀 있어요.**
チュン イ ヨㇺ ド チョㇺ イッソ ヨ

13 扁桃腺が腫れていますね。

**편도선이 부었군요.**
ピョン ド ソニ ブ オックンニョ

## 内科・小児科（患者） CD-3 [track31]

1 どうも風邪気味のようです。

**아무래도 감기기운이 있는 것 같아요.**
ア ム レ ド カㇺギ キ ウニ インヌン ゴッ カタ ヨ

2 熱があって、咳も出ます。

**열이 있고, 기침도 나요.**
ヨリ イッコ キ チㇺ ド ナ ヨ

3 喉が痛いです。

**목이 아파요.**
モギ ア パ ヨ

4 頭がズキズキします。

**머리가 지끈지끈해요.**
モ リ ガ ジ クン ジ クネ ヨ

5 2日前から熱が続いて下がりません。

**이틀 전부터 열이 안 내려요.**
イトゥル ジョン ブ ト ヨリ アン ネ リョ ヨ

昨日・昨夜

**어제 / 어젯밤**

病気になったら

**6** 食欲がないです。

### 식욕이 없어요.

**7** 胃がムカムカします。

### 위가 울렁거려요.

**8** 吐き気がします。

### 구역질이 나요.

**9** お腹に刺すような痛みがあります。

### 배에 찌르는 듯한 통증이 있어요.

**10** 喉がいがらっぽいです。

### 목이 칼칼해요.

**11** 喉がチクチクします。

### 목이 따끔따끔해요.

**12** 咳がひどくて夜、寝られないほどです。

### 기침이 심해서 밤에 잠을 못 잘 정도예요.

**13** 咳をすると耳の奥が痛いです。

### 기침을 하면 귀 안쪽이 아파요.

**14** 悪寒がします。

### 오한이 나요.

15 下痢と便秘を繰り返しています。

### 설사하고 변비가 번갈아 있어요.
ソル サ ハ ゴ　ピョン ビ ガ　ボン ガラ　イッソ ヨ

16 口の中がただれています（ボロボロです）。

### 입 안이 헐었어요.
イ　バニ　ホロッソ ヨ

17 舌炎で食べ物が食べられません。

### 혓바늘이 돋아서 음식을 못 먹어요.
ヒョッ バ ヌリ　トダ ソ　ウンム シグル　モン　モゴ ヨ

18 血圧が高めです。

### 혈압이 높은 편이에요.
ヒョラビ　ノプン　ピョニ エ ヨ

## 外科・整形外科

CD-3
[track32]

## 症状と原因

1 首が痛くて回せないんです。

### 목이 아파서 안 돌아가요.
モギ　ア パ ソ　アン　ドラ ガ ヨ

2 重い物を持ち上げようとしたら、ギクッときました。

### 무거운 물건을 들어올리려고 하다가 삐끗했어요.
ム ゴ ウン　ムル ゴヌル　ドゥロ オル リ リョ ゴ　ハ ダ ガ　ピ クテッ ソ ヨ

3 ― 曲げると痛いですか？

### 굽히면 아파요？
グピ ミョン　ア パ ヨ

4 ― どうしてこんなケガをしたんですか？

### 어떻게 하다가 이렇게 다쳤어요？
オ トッケ　ハ ダ ガ　イ ロッケ　ダ チョッソ ヨ

病気になったら

409

5 熱湯でヤケドをしました。

### 뜨거운 물에 데었어요.
トゥ ゴ ウン　ム レ　デ オッソ ヨ

6 スキーをしてて、転んだんです。

### 스키 타다가 넘어졌어요.
ス キ　タ ダ ガ　ノモ ジョッソ ヨ

7 階段から落ちたんです。

### 계단에서 떨어졌어요.
ケ ダ ネ ソ　トロ ジョッソ ヨ

8 ドアに指を挟まれました。

### 문에 손가락이 끼였어요.
ム ネ　ソン カ ラギ　キ オッソ ヨ

9 犬にかまれました。

### 개한테 물렸어요.
ケ ハン テ　ムル リョッソ ヨ

10 料理してて、誤って指を切ってしまいました。

### 요리하다가 잘못해서 손가락을 베었어요.
ヨ リ ハ ダ ガ　チャル モ テ ソ　ソン カ ラグル　ベ オッソ ヨ

11 ガラスが割れて、手を切ってしまいました。

### 유리가 깨져서 손을 베었어요.
ユ リ ガ　ッケ ジョ ソ　ソ ヌル　ベ オッソ ヨ

12 足首をくじいたようです。

### 발목을 삔 모양이에요.
バル モ グル　ッピン モ ヤン イ エ ヨ

13 <u>指に</u>とげが刺さったようです。

### <u>손가락에</u> 가시가 찔린 모양이에요.
ソン カ ラ ゲ　カ シ ガ　チル リン モ ヤン イ エ ヨ

足の裏に・腕に
## 발바닥에 / 팔에

**14** ガラスの破片を踏みました。　　　　　　　　　押しピンを
### 유리 파편을 밟았어요.　　　　　　　　　　　　압정을
ユリ　パピュヌル　パルパッソ　ヨ

**15** 腕を持ち上げられないんです。
### 팔을 못 들어올리겠어요.
パルル　モッ　ドゥロ　オルリ　ゲッソ　ヨ

**16** 傷口が化膿したようです。
### 상처가 곪은 것 같아요.
サンチョ ガ　ゴルムン　ゴッ　ガタ　ヨ

## 診断

**1** 傷が深いので縫います。
### 상처가 깊으니까 꿰매겠습니다.
サンチョ ガ　ギプ　ニ カ　クェ メ　ゲッスンムニ ダ

**2** 破傷風の恐れがあります。
### 파상풍의 우려가 있어요.
パ サンブン エ　ウ リョ ガ　イッソ　ヨ

**3** 靭帯が伸びただけです。
### 인대가 늘어난 것 뿐이에요.
インデ ガ　ヌロ ナン ゴッ　プニ　エ ヨ

**4** 骨がずれてます。
### 뼈가 어긋났어요.
ピョ ガ　オ グン ナッソ　ヨ

5 骨にひびが入っています。

**뼈에 금이 갔어요.**
ピョ エ　グミ　ガッソ ヨ

6 骨折かもしれません。

**골절일지도 몰라요.**
ゴルチョルイル チ ド　モル ラ ヨ

7 ギプスをしなければなりません。　　　　手術を・入院を

**깁스를 해야 됩니다.**　　　　**수술을 /입원을**
ギップ ス ル　ヘ ヤ デンム ニ ダ

## 産婦人科

CD-3
[track33]

## 診察

1 妊娠のようです。

**임신인 것 같아요.**
インム シニン　ゴッ　ガタ　ヨ

2 生理が4週間遅れています。

**생리가 사주째 늦고 있어요.**
センリ ガ　サ ジュッチェ ヌッ コ　イッソ　ヨ

3 避妊はしていません。

**피임은 하지 않았어요.**
ピ イムン　ハ ジ　アナッソ　ヨ

4 ― 最後の生理はいつでしたか？

**마지막 생리가 언제였어요？**
マ ジ マッ　セニ　ガ　オン ゼ ヨッソ ヨ

5 ― 診察台に上がって下さい。

**진찰대 위에 올라가 주세요.**
チンチャル テ　ウィ エ　オル ラ ガ　ジュ セ ヨ

6 ― 妊娠ですね。 ではないです

임신이네요. 은 아니에요
インム シニ ネ ヨ

7 ― 出産予定日は１月１５日です。

출산예정일은 일월 십오일입니다.
チュルサン イェジョン イルン　　イロル　　シボ　イルインムニダ

8 ― 採血をします。袖をまくって下さい。

채혈을 하겠습니다. 팔을 (소매를) 걷어 주세요.
チェ ヒョルル　ハ ゲッスムニ ダ　　パルル　　　　　　　　ゴド　ジュセヨ

9 おりものに血が混じることがあります。

냉대하에 피가 섞일 때가 있어요.
ネンデハエ　ピガ　ソッキル ッテガ　イッソ　ヨ

10 不正出血があります。

부정출혈이 있어요.
ブジョン チュリョリ　イッソ ヨ

11 昨年、切迫流産したことがあります。

작년에 절박유산한 적이 있어요.
チャンニョネ　チョルパック ユ サナン　　ジョギ　イッソ ヨ

12 つわりがひどくて、何も食べられません。

입덧이 심해서 아무것도 먹질 못해요.
イッタ トシ　シメソ　アムゴット　モックチル　モテ ヨ

13 お腹に張るような痛みがあります。

배에 땅기는 듯한 통증이 있어요.
ペ エッタンギ ヌン　トゥタン　トンチュン イ　イッソ ヨ

14 ― 安静にしていて下さい。

안정을 취하세요.
アンジョン ウル　チゥィ ハ　セ ヨ

## 分娩

**1** 無痛分娩にして下さい。

무통분만으로 해 주세요.
ム トンブン マヌ ロ ヘ ジュセヨ

**2** ― 骨盤不整合なので帝王切開します。

골반부정합이라서 제왕절개를 하겠습니다.
コルバン ブ ジョン ハビ ラ ソ チェワンチョル ゲ ルル ハ ゲッスムニ ダ

**3** ― 分娩室に行きます、歩けますか？

분만실로 가요. 걸을 수 있겠어요？
プンマン シル ロ ガ ヨ コルル ス イッケッソ ヨ

**4** １０分間隔で陣痛が来ています。

십분 간격으로 진통이 오고 있어요.
シップン ガン ギョグ ロ ジン トンイ オ ゴ イッソ ヨ

**5** 破水したようですが。

양수가 터진 것 같은데요.
ヤン ス ガ ト ジン ゴッ カトゥン デ ヨ

**6** ― 浣腸しますね。

관장하겠습니다.
クァンジャン ハ ゲッスムニ ダ

**7** ― 会陰切開をします。

회음절개를 하겠습니다.
フェウムチョル ゲ ルル ハ ゲッスムニ ダ

**8** ― 呼吸し過ぎたらいけません。

과호흡하면 안 돼요.
クァ ホ フッパ ミョン アン デ ヨ

9 ― まだ力んではいけません。

### 아직 힘주면 안 돼요.
ア ジック ヒンムジュミョン アン デ ヨ

10 ― 頭が出ましたよ。もう少し力んで。

### 머리가 나왔어요. 좀더 힘주세요.
モ リ ガ ナ ワッソ ヨ チョンム ド ヒンムジュ セ ヨ

11 ― おめでとうございます。男の子です。

### 축하합니다. 사내아이예요 (왕자님이예요).
チュカ ハンム ニ ダ サ ネ ア イ エ ヨ

女の子
### 공주님이예요

*남자아이, 여자아이 (男の子、女の子) という表現もありますが、자식이 보배 (子宝) ということで、왕자님 / 공주님 (王子様・お姫様) という表現もよく使われます。特に「お姫様」は男尊傾向の裏返しの表現でもあるのです。

## 検査

1 心電図を撮ります。

### 심전도를 찍겠습니다.
シンムジョン ド ルル チッケッスンム ニ ダ

2 超音波検査をします。

### 초음파검사를 하겠습니다.
チョウンム パ コンム サ ルル ハ ゲッスンム ニ ダ

血液
혈액

**3** 尿検査をします。ここに尿を採ってきて下さい。

요검사를 하겠습니다. 여기에 소변을 받아 오세요.

**4** 組織検査をします。

조직검사를 하겠습니다.

血液・精密

혈액/정밀

**5** この粉末とバリウムを飲んで下さい。

이 분말과 바륨을 마시세요.

**6** ゲップは我慢しなきゃダメですよ。

트림은 참으셔야 해요.

**7** 息を大きく吸って下さい。

숨을 크게 들이키세요.

**8** はい、息を止めて下さい。

네, 숨을 멈추세요.

**9** 明日の朝、胃カメラをのみます。

내일 아침에 위카메라 넣습니다.

**10** 夜8時以降は何も食べないで下さい。

밤 여덟시 이후엔 아무것도 먹지 마세요.

**11** レントゲンを撮ります。

엑스레이를 찍겠습니다.

12 服を脱いでガウンに着替えて下さい。

## 옷을 벗고 가운으로 갈아입으세요.
オスル　ボッコ　ガ　ウヌ　ロ　ガラ　イブ　セ　ヨ

13 ここに胸と肩をくっ付けて下さい。

## 여기에 가슴과 어깨를 붙이세요.
ヨ　ギ　エ　カ　スムグァ　オッケ　ルル　ブチ　セ　ヨ

14 脚をここにのせて下さい。　　　　　　　　　　　腕を・手を

## 다리를 여기에 얹어 주세요.　　　팔을 /손을
タ　リ　ルル　ヨ　ギ　エ　オンジョ　ジュ　セ　ヨ

15 血圧を測ります。

## 혈압을 재겠습니다.
ヒョラブル　ジェゲッスム ニ ダ

### 皮膚科

CD-3
[track35]

1 体のあちこちが赤っぽく腫れています。

## 몸 여기저기가 불그스름하게 부었어요.
モム　ヨ　ギ　ジョ　ギ　ガ　ブル　グ　スル　ハ　ゲ　ブ　オッソ　ヨ

2 体中がかゆいです。

## 몸 전체가 가려워요.
モム ジョンチェ　ガ　ガ　リョウォ　ヨ

3 虫さされのようですが、腫れが引かないんです。

## 벌레 물린것 같은데, 부기가 안 빠져요.
ポル　レ　ムル　リンゴッ　ガトゥン　デ　　ブッ　キ　ガ　アン　パ　ジョ　ヨ

4 お腹まわりに湿疹ができました。

## 배 주변에 습진이 생겼어요.
ペ　ジュ　ビョネ　スプ　チニ　センギョッソ　ヨ

5 ワキガがひどいんです。

암내가 심해요.

6 山に行って、漆か何かにかぶれたようです。

산에 가서 옻 같은 게 올랐나 봐요.

7 日焼けしたところが水ぶくれになってしまいました。

햇볕에 탄 데가 물집이 생겼어요.

8 水虫がなかなか治らないんです。

무좀이 잘 안 나아요.

9 ― 飲み薬を併用したほうがいいと思いますよ。

복용약도 겸용하시는 게 좋을 것 같네요.

10 この魚の目を取りたいんですが。　　　イボを

이 티눈을 제거 하고 싶은데요.　　　사마귀를

11 頭に腫れものができたんですが。

머리에 부스럼이 생겼는데요.

12 ステロイド剤はなるべく使いたくないんです。

스테로이드제는 될 수 있으면 사용하고 싶지 않아요.

## 眼科

**1** 目がチクチクします。

### 눈이 따끔따끔해요.

**2** 目やにがすごいです。

### 눈곱이 굉장해요.

**3** ボールが目に当たったんです。

### 공이 눈에 맞았어요.

**4** 目がかゆくて充血してます。

### 눈이 가렵고 충혈됐어요.

**5** ものもらいができました。

### 다래끼가 생겼어요.

**6** — 切開して出しましょう。

### 절개해서 긁어 내죠.

**7** — 局部麻酔をかけます。

### 국부마취를 하겠습니다.

8 ― 角膜に傷があります。

**각막에 상처가 있어요.**

9 ― 結膜炎を起こしかけてますね。

**결막염이 되려고 하네요.**

10 物が二重に見えます。

**물건이 이중으로 보여요.**

11 小さい字がかすんで見えます。

**작은 글씨가 흐릿하게 보여요.**

12 遠くは見えるのに、近くの物が見えないんです。

**멀리는 보이는데 가까운 게 안 보여요.**

13 視界の両端が遮られたような感じです。

**시야의 양끝이 차단된 느낌이에요.**

14 ― 眼圧の精密検査が必要です。

**안압 정밀검사가 필요합니다.**

## 歯科

1 奥歯が痛いです。

**어금니가 아파요.**

**2** 虫歯だと思いますが。

## 충치인 것 같은데요.
チュン チ イン ゴッ ガトゥン デ ヨ

**3** ― 削って詰めましょう。

## 깎아서 봉하죠.
ッカカ ソ ボン ハ ジョ

**4** ― これは抜いたほうがいいですね。

## 이건 빼는 게 좋겠어요.
イ ゴン ッペヌン ゲ ジョッ ケッソ ヨ

**5** 詰めものが取れました。

## 이빨 봉한 게 떨어졌어요.
イッ パル ボン ハン ゲ  トロ ジョッソ ヨ

**6** 転んで前歯を折ってしまいました。

## 넘어져서 앞니가 부러지고 말았어요.
ノモ ジョッ ソ アンム ニ ガ ブ ロ ジ ゴ マラッソ ヨ

**7** 冷たいものを食べると歯にしみます。

## 차가운 걸 먹으면 이가 시려요.
チャガ ウン ゴル モグ ミョン イ ガ シ リョ ヨ

**8** 歯茎から血がよく出るんです。

## 잇몸에서 피가 잘 나요.
イン モメ ソ ピ ガ ジャル ナ ヨ

**9** ― 炎症を起こしていますね。

## 염증을 일으켰네요.
ヨンムチュン ウル イル キョン ネ ヨ

**10** 歯石を取りたいのですが。

## 치석을 제거하고 싶은데요.
チ ソグル チェ ゴ ハ ゴ シプン デ ヨ

**11** 歯を白くしたいんですが。

치아 미백을 하고 싶은데요.
<sub>チア ミ ベグル ハゴ シブンデヨ</sub>

**12** 歯がグラグラします。

이가 흔들흔들거려요.
<sub>イガ フンドゥルフンドゥル ゴリョヨ</sub>

**13** — 歯の生え替わりです。

이갈이에요.
<sub>イガリエヨ</sub>

**14** 乳歯の横から永久歯が生えてきてます。

유치 옆으로 영구치가 나오고 있어요.
<sub>ユチ ヨブロ ヨングチガ ナオゴ イッソヨ</sub>

**15** 歯列の矯正をしたいんですが。

치열 교정을 하고 싶은데요.
<sub>チヨル ギョジョンウル ハゴ シブンデヨ</sub>

**16** 入れ歯を作りたいんですが。

틀니를 만들고 싶은데요.
<sub>トゥルニルル マンドゥルゴ シブンデヨ</sub>

**17** 親知らずを抜こうと思うんですが。

사랑니를 뽑으려고 하는데요.
<sub>サランニルル ポブリョゴ ハヌンデヨ</sub>

**18** — 一度に2本づつ抜きましょう。

한번에 두 개씩 뽑읍시다.
<sub>ハンボネ トゥ ゲッシック ポブプシダ</sub>

## 耳鼻咽喉科

1 耳鳴りがします。

 이명이 있어요.

2 耳の中からガサガサと音がするんです。

 귀 속에서 버스럭거리는 소리가 들려요.

3 こちらの耳が痛くてたまりません。

 이쪽 귀가 너무 아파요.

4 小さい音がよく聞こえないんです。

 작은 소리가 잘 안 들려요.

5 補聴器が必要でしょうか？

 보청기를 써야 할까요？

6 風邪を引くとよく中耳炎になるんです。

 감기 들면 중이염이 되기 쉬워요.

7 鼻がムズムズします。

 코가 근질근질해요.

8 鼻が詰まって頭がボーっとするんです。

 코가 막혀서 머리가 멍해져요.

**9** 蓄膿症でしょうか？

**축농증인가요?**
チュンノンチュンイン ガ ヨ

**10** いびきがすごいそうなんです。

**코골이가 굉장하대요.**
コ ゴリ ガ クェンジャン ハ デ ヨ

**11** よく鼻血が出ます。

**곧잘 코피가 나요.**
コッチャル コ ピ ガ ナ ヨ

**12** 扁桃腺が腫れているようです。

**편도선이 부은 것 같아요.**
ピョンドソニ ブウン ゴッ ガタ ヨ

**13** — よくうがいをして下さい。

**양치를 자주 하세요.**
ヤンチルル チャジュ ハ セ ヨ

**14** 魚の骨が喉にひっかかって取れないんです。

**생선뼈가 목에 걸려서 안 빠져요.**
センソンピョガ モゲ コルリョソ アン パジョヨ

## 泌尿器科・性病科

CD-**3**
[track39]

**1** 排尿の時に激痛があります。

**배뇨할 때 심한 통증이 있어요.**
ペニョハル ッテ シマン トンチュンイ イッソ ヨ

**2** 尿が少し赤っぽいです。

**소변이 좀 불그스름해요.**
ソ ビョニ チョム プル グ ス ルム ヘ ヨ

3 残尿感があります。

### 잔뇨감이 있어요.
チャンニョ　ガミ　　　イッソ　ヨ

4 尿の回数が多すぎるようなんです。

### 소변 횟수가 너무 많은 것 같아요.
ソ ビョン　フェッ ス　ガ　　ノ ム　　マヌン　ゴッ　　カタ　ヨ

5 以前、蛋白尿が出たことがあります。

### 이전에, 단백뇨가 나온 적이 있어요.
イ　ジョネ　　　ダンペンニョ ガ　　ナ オン　ジョギ　　イッソ　ヨ

6 ― 透析が必要ですね。

### 투석이 필요해요.
トゥ ソギ　　　ピリョ　ヘ　ヨ

7 顔や手がよくむくみます。

### 얼굴이나 손이 잘 부어요.
オル グ リ ナ　　ソニ　チャル ブ オ ヨ

8 最後の性交は1ヶ月前です。

### 마지막 성교는 일 개월 전이에요.
マ ジ マック ソンギョヌン　イル　ゲ ウォル　ジョニ　エ　ヨ

9 洗ってもかゆみが取れないです。

### 씻어도 가려움증이 가시지 않아요.
ッシソ　ド　　ガ リョウンムチュン イ　　カ　シ ジ　　アナ　ヨ

## 神経科・精神科

CD-3
[track40]

1 夜、眠れないんです。

### 밤에 잠을 못자요.
バメ　　チャムル　モッチャ ヨ

**2** 時々、後頭部に激痛が走ります。

# 가끔, 뒤통수에 심한 통증이 와요.
ガ クンム　ディットン ス エ　シマン　トンチュン イ　ワ ヨ

**3** たまに幻覚が見えたり、幻聴が聞こえたりします。

# 간혹 환각이 보인다거나, 환청이 들린다거나 해
カノック　ファン ガ ギ　ボ イン ダ ゴ ナ　ファンチョン イ　ドゥルリン ダ ゴ ナ　ヘ

# 요.
ヨ

**4** 寝ている時、うわごとを言うそうです。

# 잘 때, 헛소리를 한대요.
チャル ッテ　ホッ ソ リ ルル　ハン デ ヨ

**5** 物忘れがあまりにひどいので…

# 건망증이 너무 심해서…
コン マンチュン イ　ノ ム　シメ ソ

**6** ストレスがたまると下痢が止まらなくなるんです。

# 스트레스가 쌓이면 설사가 안 멎어요.
ストゥ レ ス ガ　ッサ イ ミョン　ソル サ ガ　アン　モジョ ヨ

**7** 息子のどもりがひどいんです。

# 우리 아들이 말더듬이 심해요.
ウ リ　ア ドゥ リ　マル ド ドゥ ミ　シメ ヨ

**8** ― セラピストに相談したほうがいいでしょう。

# 세러피스트한테 상담하는 게 좋겠어요.
セ ロ ピ ストゥハン テ　サンダンム ハ ヌン　ゲ　チョ ケッ ソ ヨ

## 急患

**1** 子供が急に熱を出したんです。

아이가 갑자기 열이 났어요.

**2** 夕方から熱が出て、激しく吐いたんです。

저녁때부터 열이 나고 심하게 토했어요.

**3** ― 脱水症状を起こしているので、点滴しますね。

탈수증상을 일으키고 있으니까 링거주사를 놓을 게요.

**4** 引きつけを起こしています。

경기를 일으켰어요.

**5** ― 引きつけは初めてですか？

경기는 처음이에요?

**6** 元気がないな、と思ったらぐったりしているんです。

힘이 없다 싶었는데 축 처지기 시작했어요.

**7** ― 何か飲み込んだりはしてないですか？

뭔가 집어 삼키지는 않았나요?

**8** 全身に赤い発疹のようなものが出てきたんです。

전신에 빨간 발진 같은 게 나왔어요.

**9** ― 夕食には何を食べたんですか？

저녁에 뭘 먹었나요?

**10** ― 家族で食物アレルギーの人はいますか？

가족 중에 음식알레르기인 사람이 있나요?

**11** 小児喘息ですけど、夕方から息が苦しそうなんです。

소아천식인데요, 저녁때부터 숨쉬기가 힘들어 보여요.

**12** 咳がどんどんひどくなって息ができないんです。

기침이 점점 심해져서 숨을 못 쉬겠어요.

**13** 子供同士で遊んでいて腕が抜けました。

애들끼리 놀다가 팔이 빠졌어요.

**14** つまずいて転んだんですが、痛いらしく泣きやまないんです。

뭔가에 채여서 넘어졌는데, 아픈 모양인지 울음을 안 그쳐요.

**15** 昼間は何ともなかったのに、急に倒れたんです。

낮에는 아무렇지도 않았는데 갑자기 쓰러졌어요.

16 鼻血が止まりません。
### 코피가 안 멎어요.
コ ピ ガ アン モジョ ヨ

17 下っ腹のあたりが痛くて我慢できないんです。
### 하복부 근처가 너무 아파서 못 참겠어요.
ハ ボック プ グンチョ ガ ノ ム ア パ ソ モッ チャン ケッソ ヨ

18 風呂場ですべって頭を打ちました。
### 목욕탕에서 미끄러져서 머리를 받았어요.
モギョック タン エ ソ ミ ク ロ ジョソ モ リ ルル パダッソ ヨ

## 薬屋・薬局

CD-3 [track42]

1 頭痛薬を下さい。
### 두통약 주세요.
ドゥトンニャック チュ セ ヨ

目薬・胃薬
### 눈약 / 위장약

2 ― 1箱ですか？ 1回分ですか？
### 한 상자요? 일회치요?
ハン サンジャ ヨ イルフェ チ ヨ

3 ― 今、飲みますか？
### 지금 마실 거예요?
チ グン マ シル コ エ ヨ

4 ちょっとヤケドしたんですが。
### 좀 데었는데요.
チョン デ オンヌン デ ヨ

5 切り傷に塗る薬を下さい。
### 벤 데 바르는 약 주세요.
ベン デ バ ル ヌン ヤック チュ セ ヨ

病気になったら

**6** 足首をくじいたのですが。

## 발목을 뻈는데요.
バル　モグル　ピョンヌン デ ヨ

**7** 筋肉痛です。

## 근육통이에요.
グニュックトン イ　エ　ヨ

**8** ギックリ腰です。

## 허리를 삐끗했어요.
ホ リ ルル　ピ クッ テッソ　ヨ

**9** 子供用の風邪薬を下さい。

## 어린이용 감기약 주세요.
オ　リ ニ　ヨン カム ギ ヤック チュ セ ヨ

**10** ― お子さんは何歳ですか？

## 아이가 몇 살이에요？
ア　イ　ガ　ミョッ　サ リ　エ ヨ

**11** ― シロップと錠剤のどちらになさいますか？

## 시럽과 정제 어느 쪽으로 하시겠어요？
シ ロッ プ クァ チョン ゼ　オ ヌ　チョグ ロ　ハ シ ゲッソ ヨ

**12** 処方箋、扱ってますか？

## 처방전 취급해요？
チョ バン ジョン チュィ　グ ペ　ヨ

**13** 薬は後で取りに来てもいいですか？

## 약은 나중에 가지러 와도 돼요？
ヤグン　ナ ジュン エ　カ ジ ロ　ワ ド　デ ヨ

**14** ― これを食後に飲んで下さい。

## 이걸 식후에 드세요.
イ ゴル　シ ク　エ　ドゥ セ ヨ

**15** 昨夜飲み過ぎて、ムカムカするんですが。

어젯밤에 과음을 해서 속이 울렁거리는데요.

**16** 二日酔いで頭がガンガンするんですが。

숙취로 머리가 울리는데요.

**17** 乗り物の酔い止めを下さい。

멀미약 주세요.

**18** ― 飲み薬とパッチタイプがありますが。

먹는 약하고 붙이는 타입이 있는데요.

**19** 効き目の長いのを下さい。

오래 듣는 걸 주세요.

**20** ― パッチタイプなら1日持ちます。

패치타입이라면 하루는 가요.

**21** コンタクトレンズ用品はありますか?

콘택트렌즈 용품 있어요?

**22** この鼻炎薬は飲むと眠くなりますか?

이 비염약은 먹으면 졸려요?

**23** ― ちょっと眠くなります。

좀 졸려요.

**24** 眠くならないのを下さい。

졸리지 않는 걸로 주세요.
チョリジ アンヌン ゴルロ チュセヨ

## お見舞いに行く
CD-3 [track43]

**1** お見舞いに行くんだけど一緒に行きませんか？

문병 가는데 같이 안 가시겠어요?
ムンビョン ガヌンデ ガチ アン ガ シ ゲッソ ヨ

**2** 骨折だから、香りのある花でも大丈夫ですよね？

골절이니까 향기가 있는 꽃이라도 괜찮겠죠?
コル チョリ ニッカ ヒャンギ ガ インヌン コシ ラド ケンチャンケッチョ

**3** 病室は何号室か知ってますか？

병실은 몇 호실인지 아세요?
ピョン シルン ミョ ト シリン ジ ア セ ヨ

**4** 面会時間は3時からだそうですよ。

면회시간은 세시부터래요.
ミョネ シ ガヌン セ シ ブ ト レ ヨ

**5** キョンヒさんが面会に行くと喜びますよ。

경희 씨가 면회 가면 좋아할 거예요.
キョン ヒ ッシガ ミョネ ガミョン チョア ハル ッコ エ ヨ

**6** 顔色がいいですね。

안색이 좋네요.
アン セギ ジョンネ ヨ

**7** 松葉杖もだいぶ慣れたようですね。

목발도 제법 익숙해진 모양이예요.
モック パル ド チェポプ イック スケ ジン モ ヤン イ エ ヨ

8 早く治って、また一緒に山登りしましょうね。

## 빨리 나아서 또 같이 등산 가요.
パルリ　ナアソ　ット　カチ　ドゥンサン　ガヨ

9 退院はいつですか？

## 퇴원은 언제예요？
テウォヌン　オンジェエヨ

10 忙しいのにわざわざ来てくれてありがとう。

## 바쁘신데 이렇게 와 주셔서 고마워요.
パップシンデ　イロッケ　ワ　ジュショソ　コマウォヨ

11 お陰様で、今週末には退院できそうですよ。

## 덕분에 이번 주말에는 퇴원할 수 있을 것 같아요.
トックプネ　イボン　チュマレヌン　テウォナル　ス　イッスル　コッ　カタヨ

病気になったら

433

## <薬>

| | 日本語 | 韓国語 | |
|---|---|---|---|
| 飲み薬 | (子供用)風邪薬<br>喉の風邪薬<br>鼻の風邪薬<br>コンタク600・<br>葛根湯 | (어린이용) 감기약<br>목감기약<br>콧물감기약<br>콘택육백・<br>갈근탕 | (オリニヨン) カンムギヤック<br>モックカンムギヤック<br>コンムルガンムギヤック<br>コンテックユックペク・<br>カルグンタン |
| | 胃薬(正露丸) | 위장약(정로환) | ウィジャンヤック(チョンノファン) |
| | 整腸剤 | 정장제 | チョンジャンヂェ |
| | 頭痛薬(バッファリン) | 두통약(바파린) | ドゥトニャック(バパリン) |
| | 鎮痛剤 | 진통제 | ヂントンヂェ |
| | 消炎剤 | 소염제 | ソヨムヂェ |
| | 熱冷まし | 해열제 | ヘヨルチェ |
| | 下痢止め | 지사제/설사약 | ヂサヂェ/ソルサヤック |
| | 二日酔いの薬 | 숙취약 | スックチュイヤック |
| | 疲労回復剤 | 피로 회복제 | ピロフェボックチェ |
| | 虫下し | 회충약 | フェチュングヤック |
| | 鼻炎薬 | 비염약 | ビヨムヤック |
| | 便秘薬 | 변비약 | ビョンビヤック |
| 外用薬など | 痔の薬(座薬) | 치질약/좌약 | チジルヤック/ヂュアヤック |
| | 湿布 | 파스 | パス |
| | 水虫薬 | 무좀약 | ムゾムヤック |

| 外用薬など | 目薬 | 안약 | アニャク |
|---|---|---|---|
| | 軟膏 | 연고 | ヨンゴ |
| | 虫さされの薬 | 벌레물린데 바르는 약 | ボルレムルリンデ バルヌンヤック |
| | 消毒薬 | 소독약 | ソドンニャック |
| | ニキビの薬 | 여드름 치료제 | ヨドゥルム チリョヂェ |
| その他 | バンドエイド | 대일밴드 | デイルベンドゥ |
| | 包帯 | 붕대 | ブンデ |
| | 絆創膏 | 반창고 | パンチャンコ |
| | 脱脂綿 | 탈지면 | タルチミョン |
| | 眼帯 | 안대 | アンデ |
| | 妊娠判定薬 | 임신판정약 | イムシンパンジョンヤク |

## ＜体の部位、内臓、歯＞

| 体の部位 | 頭 | 머리 | モリ |
|---|---|---|---|
| | 後頭部 | 뒷머리 | ドィンモリ |
| | つむじ | 가마 | ガマ |
| | 額 / おでこ | 이마 | イマ |
| | こめかみ | 관자놀이 | クァンジャノリ |
| | 目 | 눈 | ヌン |
| | まぶた | 눈꺼풀 / 눈두덩이 | ヌンコプル／ヌントゥドンイ |
| | まゆ | 눈썹 | ヌンッソプ |

435

| | | | |
|---|---|---|---|
| 体の部位 | まつげ | 속눈썹 | ソンヌンッソプ |
| | 頬 | 볼 / 뺨 | ボル／ピャム |
| | 鼻 | 코 | コ |
| | 鼻孔 | 콧구멍 | コックモング |
| | 人中(鼻と上唇の間の窪み) | 인중 | インジュング |
| | 口 | 입 | イップ |
| | のどぼとけ | 목젓 | モックチョッ |
| | 舌 | 혀 | ヒョ |
| | あご | 턱 | トック |
| | のど | 목구멍 / 목 | モックモング／モック |
| | 耳たぶ | 귓불 | クィップル |
| | 鼓膜 | 고막 | コマック |
| | 首 | 목 | モック |
| | 肩 | 어깨 | オッケ |
| | 鎖骨 | 쇄골 | スェゴル |
| | わき（脇の下） | 겨드랑이 | キョドゥランイ |
| | あばら骨 | 갈비뼈 | カルビピョ |
| | 乳房 | 유방 | ユバング |
| | 乳首 | 젖꼭지 | ジョッコクチ |
| | みぞおち | 명치 | ミョングチ |
| | へそ | 배꼽 | ベッコップ |
| | 横腹／わき腹 | 옆구리 | ヨップクリ |

| 体の部位 | 下腹 | 아랫배 | アレッペ |
|---|---|---|---|
| | 性器 | 성기 | ソンギ |
| | 尻 | 엉덩이 | オングドングイ |
| | 二の腕 | 상완 | サンワン |
| | ひじ | 팔꿈치 | パルクンムチ |
| | 腕 | 팔 | パル |
| | 手首 | 손목 | ソンモック |
| | 手の平 | 손바닥 | ソンパダック |
| | 手の甲 | 손등 | ソントゥング |
| | 指 | 손가락 | ソンカラック |
| | 指の節 | 손마디 | ソンマディ |
| | 親指 | 장지 / 엄지 (손가락) | チャングジ／オムジ (ソンカラック) |
| | 人差し指 | 시지 / 검지 (손가락) | シジ／コムジ (ソンカラック) |
| | 中指 | 중지 / 가운뎃 손가락 | チュンジ／カウンデ (ソンカラック) |
| | 薬指 | 약지 / 약 손가락 | ヤックチ／ヤックソンカラック |
| | 小指 | 소지／새끼손가락 | ソジ／セッキソンカラック |
| | 指先 | 손끝 | ソンックッ |
| | (指の) 爪 | 손톱 | ソントップ |
| | 足の爪 | 발톱 | パルトップ |
| | 太もも | 허벅지 | ホポックチ |

437

| | | | |
|---|---|---|---|
| 体の部位 | ひざ | 무릎 | ムルップ |
| | ふくらはぎ | 종아리 | チョンアリ |
| | すね / 向こうずね | 정강이 | チョンガンイ |
| | くるぶし | 복숭아뼈 | ボックスングアピョ |
| | 足首 | 발목 | パルモック |
| | かかと | 발꿈치 | パルクムチ |
| | つま先 | 발치 | パルチ |
| | 皮膚 | 피부 | ピブ |
| | 毛穴 | 털구멍 | トルクモング |
| | しわ | 주름 | ヂュルム |
| | 指紋 | 지문 | ヂムン |
| | 髪の毛 | 머리카락 | モリカラック |
| | 体毛 | 체모 / 몸털 | チェモ／モムトル |
| | 食道 | 식도 | シックト |
| 内臓 | 肺 | 폐 | ペ |
| | 心臓 | 심장 | シンムジャン |
| | 気管 | 기관 | キグァン |
| | 大腸 | 대장 | テジャン |
| | 小腸 | 소장 | ソジャン |
| | 十二指腸 | 십이지장 | シビジジャン |
| | 腎臓 | 신장 | シンジャン |
| | 膵臓 | 췌장 | チュェジャン |
| | 膀胱 | 방광 | パングァン |

|   |   |   |   |
|---|---|---|---|
| 内臓 | 胆嚢 | 담낭 | タンムナン |
|   | 盲腸／虫垂 | 맹장／충수 | メンジャン／チュングス |
|   | 脳 | 뇌 | ノェ |
|   | 動脈 | 동맥 | トンメック |
|   | 静脈 | 정맥 | チョンメック |
|   | 毛細血管 | 모세혈관 | モセヒョルグァン |
|   | リンパ節／リンパ腺 | 림프절／임파선 | リンプジョル／インパソン |
| 歯 | 乳歯 | 유치 | ユチ |
|   | 永久歯 | 영구치 | ヨングチ |
|   | 前歯（門歯） | 앞니（문치／대문니） | アンムニ（ムンチ／デムンニ） |
|   | 奥歯 | 어금니／속니 | オグンムニ／ソンニ |
|   | 犬歯 | 견치／송곳니 | ギョンチ／ソンゴンニ |
|   | 八重歯 | 덧니 | ドンニ |
|   | 歯肉 | 치육 | チユック |
|   | 歯茎 | 잇몸 | インモム |

## ＜子供がよくかかる病気＞

|   | 日本語 | 韓国語 |   |
|---|---|---|---|
| 内科系 | インフルエンザ | 인플루엔자 | インプルエンザ |
|   | 流行感冒 | 유행성독감 | ユヘンソン ドッカム |
|   | 急性気管支炎 | 급성기관지염 | クップソン キグァンジヨム |

| 内科系 | 中耳炎 | 중이염 | ヂュンイヨム |
|---|---|---|---|
| | 肺炎 | 폐염 | ペリョム |
| | (日本)脳炎 | (일본) 뇌염 | (イルボン) ノェヨム |
| | 小児麻痺(脳性麻痺) | 소아마비 / 뇌성마비 | ソアマビ／ノェソングマビ |
| | 小児喘息 | 소아천식 | ソアチョンシック |
| 伝染病 | おたふく風邪 | 유행성이하선염 (볼거리) | ユヘンソンイハソンニョム (ボルゴリ) |
| | 猩紅熱／溶連菌ーヨウレンキン | 성홍열 / 용혈성연쇄구균 | ソンホンヨル／ヨンヒョルソンヨンセギュン |
| | はしか／麻疹 | 홍역 / 마신 | ホンヨック／マシン |
| | リンゴ病 | 전염성홍반 | ヂョニョムソン ホングバン |
| | 手足口病 | 수족구병(HFMD) | スゾッククビョング |
| | 水疱瘡 | 수두 | スドゥ |
| | 百日咳 | 백일해 | ベギルヘ |
| | ジフテリア | 디프테리아 | ディプテリア |

## ＜痛み、傷、症状など＞

| | 日本語 | 韓国語 | |
|---|---|---|---|
| 自覚症状 | (偏)頭痛 | (편) 두통 | (ピョン) ドゥトング |
| | 悪寒 | 오한 | オハン |
| | 目眩 | 현기증 | ヒョンギチュン |
| | 腹痛 | 복통 | ボックトン |

| | | | |
|---|---|---|---|
| 自覚症状 | 嘔吐 | 구토 | グト |
| | 冷え性 | 냉증 | ネンチュン |
| | 胸痛 | 흉통 | ヒュントン |
| | やけど | 화상 | ファサン |
| | 打撲傷 | 타박상 | タバックサン |
| | 擦り傷 | 찰과상 | チャルグァサン |
| | あせも | 땀띠 | タムティ |
| | 血尿 | 혈뇨 | ヒョルニョ |
| | 憂鬱症 | 우울증 | ウウルチュン |
| | ねんざ | 삠 | ピム |
| | 五十肩 | 오십견 | オシップギョン |
| | 肩こり | 어깨결림 | オケギョルリム |
| | 尿失禁 | 뇨실금 | ニョシルグム |
| | 下痢 | 설사 | ソルサ |
| | 便秘 | 변비 | ビョンビ |
| | にきび | 여드름 | ヨドゥルム |
| | 凍傷（霜焼け） | 동상 | トンサン |
| | 耳鳴り | 이명 | イミョン |
| | 耳だれ | 이루 | イル |
| | 鼻血 | 코피 | コピ |
| | 貧血 | 빈혈 | ビニョル |
| | 月経不順 | 월경불순 | ウォルギョンプルスン |
| | 動悸 | 동기 | トンギ |

| 自覚症状 | 息切れ | 숨참 | スムチャム |
|---|---|---|---|
| | 鼻水 | 콧물 | コンムル |
| | 鼻づまり | 코막힘 | コマキム |
| | 蕁麻疹 | 두드러기 | トゥドゥロギ |

## ＜病名＞

| 消化器系 | 肝炎 | 간염 | カニョム |
|---|---|---|---|
| | 肝癌 | 간암 | カナム |
| | 肝硬変 | 간경변 | カンギョンビョン |
| | 大腸炎・大腸癌 | 대장염・대장암 | テジャンヨム・テジャンアム |
| | 胆嚢炎 | 담낭염 | タンナンヨム |
| | 胆石症 | 담석증 | タンソックチュン |
| | 胃炎・胃癌 | 위염・위암 | ウィヨム・ウィアム |
| | 胃潰瘍 | 위궤양 | ウィグェヤン |
| | 胃下垂 | 위하수 | ウィハス |
| | 腸チフス | 장티푸스 | チャンティプス |
| | 膵臓炎・膵臓癌 | 췌장염・췌장암 | チュェジャンヨム・チュェジャンアム |
| | 十二指腸潰瘍 | 십이지장궤양 | シビジジャングェヤン |
| | 盲腸炎／虫垂炎 | 맹장염／충수염 | メンジャンヨム／チュンスヨム |
| | 赤痢 | 적리 | チョンニ |

| 呼吸器系（耳鼻咽喉） | 気管支炎 | 기관지염 | キグァンジヨム |
|---|---|---|---|
| | 肺炎・肺ガン | 폐렴・폐암 | ペリョム・ペアム |
| | 肺気腫 | 폐기종 | ペギジョン |
| | 肺挫傷 | 폐좌상 | ペジャサン |
| | 膿胸 | 농흉 | ノンヒュン |
| | 結核 | 결핵 | キョレック |
| | 肋膜炎 | 늑막염 | ヌンマギョム |
| | 喉頭炎 | 후두염 | フドゥヨム |
| | 咽頭炎 | 인두염 | インドゥヨム |
| | 扁桃腺炎 | 편도선염 | ピョンドソニョム |
| | 扁桃肥大 | 편도선비대 | ピョンドソンビデ |
| | 気管支喘息 | 기관지천식 | キグァンジチョンシク |
| | 副鼻腔炎／蓄膿症 | 부비강염／축농증 | ブビガンヨム／チュンノンチュン |
| | 鼻炎 | 비염 | ビヨム |
| | 睡眠時無呼吸症候群 | 수면시무호흡증후군 | スミョンシムホフプチュンフグン |
| | 中耳炎 | 중이염 | ヂュンイヨム |
| | 外耳炎 | 외이염 | ウェイヨム |
| | 難聴 | 난청 | ナンチョン |
| | 花粉症 | 화분증／꽃가루 알레르기 | ファブンチュン／コッカルアレルギ |

| | | | |
|---|---|---|---|
| 循環器系 | 高血圧症 | 고혈압증 | コヒョラップチュン |
| | 低血圧症 | 저혈압증 | チョヒョラップチュン |
| | 動脈硬化 | 동맥경화 | ドンメックキョンファ |
| | 低血糖症 | 저혈당증 | チョヒョルタンチュン |
| | 脳卒中 | 뇌졸증 | ノェチョルチュン |
| | 脳出血 | 뇌출혈 | ノェチュルヒョル |
| | 脳梗塞 | 뇌경색 | ノェギョンセック |
| | くも膜下出血 | 거미막하출혈 | コミマッカチュリョル |
| | 心臓疾患 | 심장질환 | シムジャンジルファン |
| | 心不全症 | 심부전증 | シンブチョンチュン |
| | 狭心症 | 협심증 | ヒョップシムチュン |
| | 心筋梗塞 | 심근경색 | シムグンギョンセック |
| 内分泌系 | 甲状腺疾患 | 갑상선질환 | カプサンソンジルファン |
| | 糖尿病 | 당뇨병 | タンニョチュン |
| | 脳下垂体疾患 | 뇌하수체질환 | ノェハスチェジルファン |
| 産婦人科系 | 月経異常 | 월경이상 | ウォルギョンイサン |
| | 子宮筋腫 | 자궁근종 | ヂャグングンジョン |
| | 子宮癌 | 자궁암 | ヂャグンアム |
| | 子宮内膜炎・子宮内膜癌 | 자궁내막염・자궁내막암 | ヂャグンネマギョム・ヂャグンネマガム |
| | 卵巣癌 | 난소암 | ナンソアム |
| | 膣炎 | 질염 | チルヨム |
| | 妊娠中毒症 | 임신중독증 | イムシンチュンドクチュン |

| | | | |
|---|---|---|---|
| 産婦人科系 | 妊娠性糖尿病 | 임신성당뇨병 | イムシンソンタンニョビョン |
| | 胞状奇胎 | 포상기태 | ポサンギテ |
| | 乳癌 | 유방암 | ユバンアム |
| | 冷え性 | 냉증 | ネンチュン |
| | 更年期障害 | 갱년기장애 | ケンニョンギヂャンエ |
| | エイズ / 後天性免疫不全症候群 | 에이즈 / 후천성 면역결핍증후군 | エイズ／フチョンソンミョニョックギョルピップチュン |
| | 性感染症 / 性病 | 성감염증 / 성병 | ソンガミョンチュン／ソンビョン |
| 神経科 | 中風 | 중풍 | チュンプン |
| | 痴呆 | 치매 | チメ |
| | （偏）頭痛 | (편) 두통 | (ピョン) ドゥトン |
| | 癲癇 | 간질 | カンジル |
| | 脳性麻痺 | 뇌성마비 | ノェソンマビ |
| | パーキンソン病 | 파킨슨병 | パキンソンビョン |
| 泌尿器系 | 膀胱炎 | 방광염 | バングァンヨム |
| | 頻尿 | 빈뇨 | ビンニョ |
| | 尿失禁 | 뇨실금 | ニョシルグム |
| | 前立腺肥大 | 전립선비대 | チョンリプソンビデ |
| | 前立腺癌 | 전립선암 | チョンリプソナム |
| | 尿道炎 | 뇨도염 | ニョドヨム |
| | 腎臓炎・腎臓癌 | 신장염・신장암 | シンジャンヨム・シンジャンアム |
| | 尿路結石 | 요로결석 | ヨロギョルソック |
| | 無精子症 | 무정자증 | ムジョンジャチュン |

| | | | |
|---|---|---|---|
| 筋・骨格系 | 硬直性脊髄炎 | 경직성척추염 | キョンジックソンチョックチュヨム |
| | 熱性痙攣 | 열성경련 | ヨルソンギョンリョン |
| | 関節炎（リューマチ） | 관절염 / 류머티즘 | クァンジョルヨム／リュマティズム |
| | 骨粗鬆症 | 골다공증 | コルダゴンチュン |
| | 末梢神経炎 | 말초신경염 | マルチョシンギョンヨム |
| | 痛風 | 통풍 | トンプン |
| | 骨関節炎 / 退行性関節炎 | 골관절염 / 퇴행성관절염 | コルグァンジョルヨム／トェヘンソンクァンジョルヨム |
| 眼科 | 結膜炎 | 결막염 | キョルマギョム |
| | 角膜炎 | 각막염 | カンマギョム |
| | 緑内障 | 녹내장 | ノンネジャン |
| | 白内障 | 백내장 | ベンネジャン |
| | 網膜症 | 망막증 | マンマックチュン |
| | 飛蚊症 | 비문증 | ビムンチュン |
| | ドライアイ | 안구건조증 | アングコンジョチュン |
| | 充血 | 충혈 | チュンヒョル |
| | 近視 | 근시 | クンシ |
| | 遠視 | 원시 | ウォンシ |
| | 乱視 | 난시 | ナンシ |
| | 弱視 | 약시 | ヤックシ |
| | 色盲 | 색맹 | セングメン |

| | | | |
|---|---|---|---|
| 眼科 | 色弱 | 색약 | セギャック |
| | 夜盲症 | 야맹증 | ヤメンチュン |
| | ものもらい | 눈다래끼 | ヌンタレキ |
| 歯科 | 虫歯 | 충치 | チュンチ |
| | 歯肉炎 | 치육염 | チユンニョム |
| | 口唇・口蓋裂 | 구순구개열 / 언챙이 | クスングゲヨル／オンチェンイ |
| | 歯周疾患 | 치주질환 | チジュジルファン |
| | 不正咬合 | 부정교합 | ブジョンギョハブ |
| | 口腔内腫瘍 | 구강내종양 | クガンネ チョンヤン |
| | 親知らず | 사랑니 | サンランニ |
| | 歯ぎしり | 이갈이 | イガリ |
| | いびき | 코골이 | コゴリ |
| | 顎関節症 | 악관절 장애 | アクグァンジョル ジャンエ |
| | 知覚過敏 | 지각과민 | チガックァミン |
| 皮膚科 | (円形)脱毛症 | (원형) 탈모증 | (ウォニョン) タルモチュン |
| | 乾癬 | 건선 | コンソン |
| | 白癬 | 백선 | ベックソン |
| | 田虫 | 버짐 | ボジム |
| | 蕁麻疹 | 두드러기 | トゥドゥロギ |
| | 帯状疱疹 | 대상포진 | デサンポジン |
| | 汗疹 | 땀띠 | タムティ |
| | 湿疹 | 습진 | スップジン |

447

| | | | |
|---|---|---|---|
| 皮膚科 | にきび | 여드름 | ヨドゥルム |
| | 魚の目 | 티눈 | ティヌン |
| | 水虫 | 무좀 | ムゾム |
| | (アトピー性)皮膚炎 | (아토피성) 피부염 | (アトピソン) ピブヨム |
| | (水)いぼ | (물) 사마귀 | (ムル) サマグィ |
| | 吹き出物 | 뾰로지 | ピョロジ |
| | 伝染性膿痂疹＝とびひ | 전염성농가진 | チョニョムソン ノンガジン |
| | ヘルペス(単純疱疹) | 헤르페스 (단순포진) | ヘルペス (タンスンポジン) |
| | しもやけ(凍瘡) | 동창 | トンチャン |
| | 化粧かぶれ | 화장독 | ファジャントック |
| その他 | 五十肩 | 오십견 | オシップキョン |
| | 川崎病 | 가와사키병 | カワサキビョン |
| | ダウン症 | 다운증후군 | ダウンチュンフグン |
| | 血友病 | 혈우병 | ヒョルウピョン |
| | 自閉症 | 자폐증 | チャペチュン |
| | 白血病 | 백혈병 | ベキョルピョン |
| | ハンセン病 | 나병 | ナビョン |
| | 食中毒 | 식중독 | シクチュンドク |

## <外見、容貌>

| 外見 | かっこいい | 멋있는 | モシンヌン |
|---|---|---|---|
| | ハンサムな | 잘 생긴 | チャルセンギン |
| | 美しい | 아름다운 | アルムダウン |
| | きれいな | 예쁜 | イェプン |
| | かわいい | 귀여운 | クィヨウン |
| | 愛らしい | 사랑스러운 | サランスロウン |
| | 魅力的な | 매력적인 | メリョックチョギン |
| | 洗練された | 세련된 | セリョンデン |
| | 清楚な | 청초한 | チョンチョハン |
| | 派手な | 야한 | ヤハン |
| | むさ苦しい | 추접한 | チュジョッパン |
| | 見苦しい | 보기 괴로운 | ボギ ゲロウン |
| | ダサい | 촌스러운 | チョンスロウン |
| | 汚い | 더러운 | トロウン |
| | 醜い | 추한 | チュハン |
| | 野暮な | 촌스러운 / 세상물정 모르는 | チョンスロウン／セサンムルチョンモルヌン |
| | 野暮ったい | 세련되지 못한 | セリョンデジモタン |
| | 地味な | 화려하지 않은 | ファリョハジアヌン |
| | 男らしい | 남자다운 | ナムジャダウン |
| | 女らしい | 여자다운 | ヨジャダウン |

| | | | |
|---|---|---|---|
| 外見 | 精悍な | 정갈한 | チョンガルハン |
| | しとやかな | 얌전한 | ヤムチョナン |
| | 色っぽい | 끼있는 | キインヌン |
| | なまめかしい | 요염한 | ヨヨマン |
| | あどけない | 앳띤 | エッティン |
| | 愛嬌のある | 애교있는 | エギョインヌン |
| | 無愛想な | 퉁명스러운 | トゥンミョンスロウン |
| | 幼い | 어린 | オリン |
| | 若々しい | 젊은 | チョルムン |
| | 年老いた | 나이든 | ナイドゥン |
| | やせている | 마른 | マルン |
| | やせぎすの | 뼈만 남은 | ピョマン ナムン |
| | 太りすぎの | 뚱뚱한 | トゥントゥンハン |
| | 恰幅がいい | 듬직한 | ドゥムジカン |
| | がっしりとした | 떡 벌어진 | トックポロジン |
| | スタイルがいい | 스타일이 좋은 | スタイリ ジョウン |
| | 手足の長い | 손발이 긴 | ソンバリ ギン |
| | 短足の | 다리가 짧은 | タリガ チャルブン |
| | 肩幅が広い／狭い | 어깨폭이 넓은／좁은 | オケポギ ノルブン／チョブン |
| | なで肩の | 어깨가 처진 | オケガ チョジン |
| | 猫背の | 어깨가 굽은 | オケガ グブン |
| | いかり肩の | 어깨가 선 | オケガ ソン |

| 容貌 | 頭が大きい | 머리가 큰 | モリガ クン |
|---|---|---|---|
| | 丸顔の | 얼굴이 동그란 | オルグリ ドングラン |
| | 面長の | 얼굴이 긴 | オルグリ ギン |
| | 細面 | 얼굴이 갸름한 | オルグリ ギャルマン |
| | ひげ面の | 수염에 뒤덮힌 | スヨメ ドィドピン |
| | 童顔の | 동안의 | トンアネ |
| | 色白な | 살결이 흰 | サルキョリ ヒン |
| | 赤ら顔の | 얼굴이 붉은 | オルグリ プルグン |
| | 色黒の | 살결이 검은 | サルキョリ コムン |
| | 端正な | 단정한 | タンジョンハン |
| | 不器量な | 못 생긴 | モッセンギン |
| | 短髪の | 머리가 짧은 | モリガ チャルブン |
| | はげ頭の | 대머리인 | テモリイン |
| | 黒髪の | 머리가 검은 | モリガ コムン |
| | 金髪の | 금발의 | クンパレ |
| | 白髪まじりの | 새치가 섞인 | セチガ ソキン |
| | 目の大きい／小さい | 눈이 큰／작은 | ヌニ クン／ヌニ チャグン |
| | 目がパッチリしている | 눈이 동그란 | ヌニ トングラン |
| | 目が細い | 눈이 가는 | ヌニ カヌン |
| | 眉の濃い／薄い | 눈썹이 짙은／옅은 | ヌンソビ チトゥン／ヨトゥン |
| | 一重まぶた | 홑꺼풀 | ホッコプル |
| | 目つきが悪い | 눈초리가 안 좋은 | ヌンチョリガ アンジョウン |

| 容貌 | 優しい目をした | 부드러운 눈을 한 | ブドゥロウン ヌヌル ハン |
|---|---|---|---|
| | わし鼻 | 매부리코 | メブリコ |
| | 唇の厚い／薄い | 입술이 두터운／얇은 | イプスリ ドゥトゥン／ヤルブン |

## <天気、気象>

| 晴れ・曇り | 快晴の | 쾌청한 | クェチョンハン |
|---|---|---|---|
| | 秋晴れの日 | 맑은 가을하늘 | マルグン カウルハヌル |
| | 青空 | 푸른하늘 | プルン ハヌル |
| | 曇り | 흐림 | フリム |
| 雨 | 春雨 | 봄비 | ボンピ |
| | 梅雨 | 장마 | チャンマ |
| | 空梅雨 | 마른장마 | マルンジャンマ |
| | 夕立 | 소나기 | ソナギ |
| | にわか雨 | 소나기 | ソナギ |
| | 長雨 | 긴 비 | キンビ |
| | 小雨 | 가랑비 | カランビ |
| | 大雨 | 큰비 | クンビ |
| | 雷雨 | 천둥 번개를 수반한 비 | チョンドゥンボンゲルル スバナン ビ |
| | 暴風雨 | 폭풍우 | ポクプンウ |
| | 集中豪雨 | 집중호우 | ヂップチュンホウ |
| | 土砂降り | 장대비 | ヂャンテビ |

| | | | |
|---|---|---|---|
| 雪 | 粉雪 | 가랑눈 | カランヌン |
| | ぼたん雪 | 함박눈 | ハンバンヌン |
| | 初雪 | 첫눈 | チョンヌン |
| | みぞれ | 진눈깨비 | ヂンヌンケビ |
| | あられ | 싸라기눈 | サラギヌン |
| | 吹雪 | 눈보라 | ヌンボラ |
| | 雪崩 | 눈사태 | ヌンサテ |
| | 大雪 | 대설 (큰눈) | テソル (クンヌン) |
| 天気 | 良い／悪い天気 | 좋은／나쁜 날씨 | ヂョウン／ナプンナルシ |
| | ぐずついた天気 | 궂은 날씨 | クズン ナルシ |
| | 変わりやすい天気 | 변덕스러운 날씨 | ピョンドックスロウン ナルシ |
| | さわやかな天気 | 상쾌한 날씨 | サンクェハン　ナルシ |
| | すがすがしい天気 | 상쾌한 날씨 | サンクエハン　ナルシ |
| 風 | 春風 | 봄바람 | ボンパラム |
| | 春一番 | 입춘후 처음 부는 남풍 | イプチュンフ チョウムブヌン　ボンパラム |
| | 木枯らし | 겨울바람 | キョウルパラム |
| | 空っ風 | 마른바람 | マルンバラム |
| | 北風 | 북풍 | ブクプン |
| | 海風 | 바닷바람 | バダッパラム |
| | 微風 | 미풍 | ミプン |
| | 突風 | 돌풍 | ドルプン |
| | 暴風 | 폭풍 | ポクプン |

| | | | |
|---|---|---|---|
| 風 | 嵐 | 폭풍우 | ポクプンウ |
| | つむじ風 | 돌개바람 | トルゲパラム |
| | 竜巻／旋風 | 회오리바람／선풍 | フェオリパラム／ソンプン |
| | 向かい風 | 맞바람 | マッパラム |
| | 追い風 | 순풍 | スンプン |
| | 季節風 | 계절풍 | ケジョルプン |
| | 朝なぎ | 아침뜸 | アチムトゥム |
| | 乱気流 | 난기류 | ナンギリュ |
| 波 | 高波 | 높은 파도 | ノプン パド |
| | 津波 | 해일 | ヘイル |
| | しけ | 바다가 거칠어짐 | バダガ コチロジム |
| | 高潮 | 폭풍해일 | ポクプンヘイル |
| 気象 | 週間天気予報 | 주간 일기예보 | ヂュガン イルギイェボ |
| | 天気図 | 기상도 | キサンド |
| | 高気圧 | 고기압 | コギアップ |
| | 移動性高気圧 | 이동성고기압 | イドンソン コギアップ |
| | 低気圧 | 저기압 | チョギアップ |
| | 気圧の谷 | 기압골 | キアップゴル |
| | 温帯低気圧 | 온대저기압 | オンデ ヂョギアップ |
| | 熱帯低気圧 | 열대저기압 | ヨルテ ヂョギアップ |
| | 寒冷前線 | 한냉전선 | ハンネンヂョンソン |
| | 温暖前線 | 온난전선 | オンナンヂョンソン |
| | 梅雨前線 | 장마전선 | ヂャンマヂョンソン |

| 気象 | | | |
|---|---|---|---|
| | 秋雨前線 | 가을장마전선 | カウルチャンマヂョンソン |
| | 気圧配置 | 기압배치 | キアップベチ |
| | 夏型 (冬型) の気圧配置 | 여름형 (겨울형) 기압배치 | ヨルムヒョン (キョウルヒョン) キアップベチ |
| | 台風の目 | 태풍의 눈 | テプンエ ヌン |
| | 暴風域 | 폭풍역 | ポクプンヨク |
| | 風速 | 풍속 | プンソック |
| | 最大風速 | 최대 풍속 | チェデ プンソック |
| | 最大瞬間風速 | 최대 순간풍속 | チェデ スンガンプンソック |
| | 気温 | 기온 | キオン |
| | 平均気温 | 평균기온 | ピョンギュンキオン |
| | 湿度 | 습도 | スップト |
| | 不快指数 | 불쾌지수 | ブルクェジス |
| | 寒波 | 한파 | ハンパ |
| | 放射冷却 | 방사냉각 | バンサネンガック |
| | フェーン現象 | 푄 현상 | プェン ヒョンサン |
| | エルニーニョ現象 | 엘니뇨 현상 | エルニニョ ヒョンサン |
| | 降雨量 | 강우량 | カンウリャン |
| | 降雪量 | 강설량 | カンソルリャン |
| | 気候変動 | 기후변동 | キフビョンドン |
| | 異常気象 | 이상기온 | イサンギオン |
| | 酸性雨 | 산성우 | サンソンウ |
| | 地球温暖化 | 지구온난화 | チグオンナンファ |

●著者紹介●
## 李　明姫（イ・ミョンヒ）

韓国ソウルの徳成女子大学・日語日文科卒業。韓国外国語大学・教育大学院を経て、1989年来日。東京外国語大学院修士課程修了。韓国時事日本語学院にて日本語講師。日本の語学スクールにて韓国語講師歴任。司法・会議・企業セミナーの通訳に携わる。料理・洋裁・ビーズなど「モノ作り」が趣味で、無類の読書好き。
著書:『韓国語のスラング表現』（明日香出版社）

---

**ご意見をお寄せください**

ご愛読いただきありがとうございました。本書の読後感・ご意見等を愛読者カードにてお寄せください。また，読んでみたいテーマがございましたら積極的にお知らせください。今後の出版に反映させていただきます。

編集部　☎(03)5395-7651

---

**CD BOOK　韓国語会話フレーズブック**

2005年6月30日　初版発行
2019年3月5日　第10刷発行

著者　李　明姫
発行者　石野栄一

〒112-0005　東京都文京区水道2-11-5
電話(03)5395-7650(代表)
　　(03)5395-7654(ＦＡＸ)
振替00150-6-183481
http://www.asuka-g.co.jp

## 明日香出版社

■スタッフ■　編集　小林勝／久松圭祐／古川創一／藤田知子／田中裕也
　　　　　　営業　渡辺久夫／浜田充弘／奥本達哉／野口優／横尾一樹／関山美保子／
　　　　　　　　　藤本さやか　財務　早川朋子

印刷　株式会社研文社
製本　根本製本株式会社
ISBN4-7569-0887-X C2087

乱丁本・落丁本はお取り替えいたします
©Lee Myonghee 2005 Printed in Japan
編集担当　石塚幸子

# CD BOOK たったの72パターンで こんなに話せる英会話

味園　真紀：著
本体価格 1400円＋税
B6変型　216ページ
ISBN4-7569-0832-2
2005/01発行

## 全国で大好評発売中！
英語ぎらいな人も、
英語が好きな人も、
必ず英語が話せるようになる！

＜決まった「パターン」を使い回せば、誰でも必ず話せる！＞
英会話では、フレーズを丸暗記するのではなく、英語でよく使われる「パターン」を身につけることが、1日も早く英語が話せるようになる近道です。

＜これでもうフレーズ丸暗記の必要ナシ！＞
「〜じゃない？」「〜頑張って！」「よく〜するの？」「〜してもらえない？」「〜はどんな感じ？」「〜だよね？」などなど、ふだん使う表現が英語でも必ず言えるようになります。

＜こんな方にオススメです＞
・英語を始めたばかりの方、やり直し始めたばかりの方
・暗記が苦手な方
・英文法をコツコツ勉強するより、とにかく会話を楽しみたい方

# 72パターンに＋α（プラスアルファ）で何でも話せる英会話

味園　真紀：著

本体価格 1400円＋税
B6変型　216ページ
ISBN4-7569-0931-0
2005/11発行

『たったの72パターンで
こんなに話せる英会話』
の次は、この本にチャレンジ！
英語ぎらいなあなたでも
だいじょうぶ。

＜決まった「パターン」を使い回せば、誰でも必ず話せる！＞
英会話でよく使われる「72パターン」に加えて、さらにプラスアルファで覚えておきたい「38パターン」をご紹介。

＜４コママンガで英語の使い方がよくわかる！＞
４コママンガで、「72パターン」「＋α38パターン」の使い方を確認！　これでもう、電話でも旅行先でもあわてません♪

＜こんな方にオススメです＞
・『たったの72パターンでこんなに話せる英会話』を読み終えて、もう１冊英会話の本に挑戦してみたい！　という方
・英語を始めたばかりの方、やり直し始めたばかりの方
・英文法をコツコツ勉強するより、とにかく会話を楽しみたい方

## CD BOOK たったの 72 パターンで こんなに話せる中国語会話

趙 怡華

「〜はどう？」「〜だといいね」など、決まった基本パターンを使い回せば、中国語で言いたいことが言えるようになります！　好評既刊の『72 パターン』シリーズの基本文型をいかして、いろいろな会話表現が学べます。

本体価格 1800 円＋税　B6 変型　〈216 ページ〉　2011/03 発行　978-4-7569-1448-4

## CD BOOK たったの 72 パターンで こんなに話せる韓国語会話

李 明姫

日常会話でよく使われる基本的なパターン（文型）を使い回せば、韓国語で言いたいことが言えるようになります！　まず基本パターン（文型）を理解し、あとは単語を入れ替えれば、いろいろな表現を使えるようになります。

本体価格 1800 円＋税　B6 変型　〈216 ページ〉　2011/05 発行　978-4-7569-1461-3

## CD BOOK たったの 72 パターンで こんなに話せるポルトガル語会話

浜岡 究

「〜はどう？」「〜だといいね」など、決まったパターンを使いまわせば、ポルトガル語は誰でも必ず話せるようになる！　これでもうフレーズ丸暗記の必要ナシ。言いたいことが何でも言えるようになります。

本体価格 1800 円＋税　B6 変型　〈224 ページ〉　2013/04 発行　978-4-7569-1620-4

## CD BOOK たったの 72 パターンで こんなに話せるイタリア語会話

ビアンカ・ユキ
ジョルジョ・ゴリエリ

「～はどう？」「～だといいね」など、決まったパターンを使いまわせば、イタリア語は誰でも必ず話せるようになる！　これでもうフレーズ丸暗記の必要ナシ。この 72 パターンを覚えれば、言いたいことが何でも言えるようになります。

本体価格 1800 円＋税　B6 変型　〈224 ページ〉　2010/07 発行　978-4-7569-1397-5

## CD BOOK たったの 72 パターンで こんなに話せるフランス語会話

小林 知子
エリック・フィオー

「～はどう？」「～だといいね」など、決まったパターンを使いまわせば、フランス語は誰でも必ず話せるようになる！　これでもうフレーズ丸暗記の必要ナシ。この 72 パターンを覚えれば、言いたいことが何でも言えるようになります。

本体価格 1800 円＋税　B6 変型　〈224 ページ〉　2010/08 発行　978-4-7569-1403-3

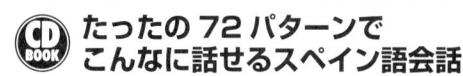

## CD BOOK たったの 72 パターンで こんなに話せるスペイン語会話

欧米・アジア語学センター
フリオ・ルイス・ルイス

日常会話でよく使われる基本的なパターン（文型）を使い回せば、スペイン語で言いたいことが言えるようになります！　まず基本パターン（文型）を理解し、あとは単語を入れ替えれば、いろいろな表現を使えるようになります。

本体価格 1800 円＋税　B6 変型　〈224 ページ〉　2013/02 発行　978-4-7569-1611-2

## CD BOOK イタリア語会話フレーズブック

ビアンカ・ユキ
ジョルジョ・ゴリエリ

日常生活で役立つイタリア語の会話フレーズを2900収録。状況別・場面別に、よく使う会話表現を掲載。海外赴任・留学・旅行・出張で役立つ表現も掲載。あらゆるシーンに対応できる、会話表現集の決定版！

本体価格 2800 円＋税　B6 変型　〈360 ページ〉　2007/03 発行　978-4-7569-1050-9

## CD BOOK フランス語会話フレーズブック

井上 大輔／エリック・フィオー
井上 真理子

フランス好きの著者と、日本在住のフランス人がまとめた、本当に使えるフランス語会話フレーズ集！基本的な日常会話フレーズだけでなく、読んでいるだけでためになるフランス情報ガイド的な要素も盛り込みました。CD3 枚付き！

本体価格 2800 円＋税　B6 変型　〈416 ページ〉　2008/01 発行　978-4-7569-1153-7

## CD BOOK スペイン語会話フレーズブック

林 昌子

日常生活で役立つスペイン語の会話フレーズを2900収録。状況別に、よく使う会話表現を掲載。スペイン語は南米の国々でも使われています。海外赴任・留学・旅行・出張で役立つ表現も掲載。あらゆるシーンに対応できる会話表現集の決定版！

本体価格 2900 円＋税　B6 変型　〈408 ページ〉　2006/05 発行　978-4-7569-0980-0

## CD BOOK ドイツ語会話フレーズブック

岩井 千佳子
アンゲリカ・フォーゲル

日常生活で役立つドイツ語の会話フレーズを2900収録。状況別に、よく使う会話表現を掲載。海外赴任・留学・旅行・出張で役立つ表現も掲載。カードに添える言葉、若者言葉なども紹介しています。

本体価格 2900 円＋税　B6 変型　〈400 ページ〉　2006/02 発行　4-7569-0955-8

## CD BOOK 韓国語会話フレーズブック

李 明姫

日常生活で役立つ韓国語の会話フレーズを2900収録。状況別・場面別に、よく使う会話表現を掲載。近年、韓国を訪れる日本人が増えています。海外赴任・留学・旅行・出張で役立つ表現も掲載。あらゆるシーンに対応できる、会話表現集の決定版！

本体価格 2800 円＋税　B6 変型　〈464 ページ〉　2005/06 発行　978-4-7569-0887-2

## CD BOOK 台湾語会話フレーズブック

趙怡華：著
陳豐惠：監修

好評既刊『はじめての台湾語』の著者が書いた、日常会話フレーズ集です。シンプルで実用的なフレーズを場面別・状況別にまとめました。前作と同様、台湾の公用語と現地語（親しい人同士）の両方の表現を掲載しています。様々なシーンで役立ちます。CD3 枚付き。

本体価格 2900 円＋税　B6 変型　〈424 ページ〉　2010/06 発行　978-4-7569-1391-3

## CD BOOK 中国語会話フレーズブック

趙 怡華

日常生活で役立つ中国語の会話フレーズを2900収録。状況別・場面別に、よく使う会話表現を掲載。海外赴任・留学・旅行・出張で役立つ表現も掲載。あらゆるシーンに対応できる、会話表現集の決定版！

本体価格2800円＋税　B6変型　〈468ページ〉　2005/06発行　978-4-7569-0886-5

## CD BOOK ロシア語会話フレーズブック

岩切 良信

日常生活で役立つロシア語の会話フレーズを2900収録。状況別・場面別に、よく使う会話表現を掲載。海外赴任・留学・旅行・出張で役立つ表現も掲載。手紙の書き方なども紹介しています。

本体価格3000円＋税　B6変型　〈352ページ〉　2005/08発行　978-4-7569-0905-3

## CD BOOK ポルトガル語会話フレーズブック

カレイラ松崎順子／フレデリコ・カレイラ

日常生活で役立つ会話フレーズを約2900収録。状況別に、よく使う会話表現を掲載。海外赴任・留学・旅行・出張で役立つ表現も掲載。本書では、ブラジルのポルトガル語とヨーロッパのポルトガル語の両方の表現を掲載しています。

本体価格2900円＋税　B6変型　〈336ページ〉　2006/12発行　978-4-7569-1032-5